社区体育服务与管理研究

吴　亮　杨海平　廖理连◎著

吉林大学出版社

·长春·

图书在版编目（CIP）数据

社区体育服务与管理研究 / 吴亮，杨海平，廖理连
著. -- 长春 : 吉林大学出版社，2025. 4. -- ISBN 978-
7-5768-4927-1

Ⅰ. G812.4
中国国家版本馆 CIP 数据核字第 2025AL0474 号

书　　名：社区体育服务与管理研究
SHEQU TIYU FUWU YU GUANLI YANJIU

作　者：吴　亮　杨海平　廖理连
策划编辑：李潇潇
责任编辑：李潇潇
责任校对：张　驰
装帧设计：寒　露
出版发行：吉林大学出版社
社　　址：长春市人民大街4059号
邮政编码：130021
发行电话：0431-89580036/58
网　　址：http://www.jlup.com.cn
电子邮箱：jldxcbs@sina.com
印　　刷：定州启航印刷有限公司
开　　本：710mm×1000mm　　16开
印　　张：16.75
字　　数：255千字
版　　次：2025年4月第1版
印　　次：2025年4月第1次
书　　号：ISBN 978-7-5768-4927-1
定　　价：98.00元

　　在当代社会，随着生活节奏的加快和工作压力的增大，人们对健康和休闲的需求日益增长，社区体育因其便捷性、亲民性和包容性，在我国体育事业发展过程中发挥着越来越重要的作用。社区体育不仅是一种简单的身体锻炼，它还是社区文化的重要组成部分，对提高居民的生活质量、促进社区和谐有着不可忽视的作用。因此，研究社区体育服务与管理，不仅是体育学科的需要，更是社会发展的需要。

　　在本书中，笔者将从多个角度出发，全面探讨社区体育的各个方面。第一章作为引子，为读者提供社区体育的基础知识，主要探讨了社区体育的概念、分类、特征、功能和相关要素，以及社区体育在我国的兴起背景和发展趋势，为后续章节奠定坚实的基础。第二章则进入更为具体的实务层面，不仅介绍了社区体育组织的定义和重要性，还分析了其类型与结构、管理策略以及评价与改进，对于那些希望提高社区体育组织工作效率和效果的管理者而言，具有实际的指导意义。第三章继续深入到社区体育的核心实践，阐述社区体育活动的定义、重要性、策划、组织、执行和评价，这些内容不仅对活动组织者有着重要的参考价值，对于普通参与者来说，也能提供更加丰富的体育活动体验。第四章则聚焦于社区体育经费与场地设施的管理。社区体育的健康发展离不开充足的经费支持和良好的场地设施。如何合理筹集和使用经费，如何规划和建设适合社区居民使用的体育场地，这些问题的答案都可以在本章找到。"社区不同人群的体育锻炼指导与服务"作为第五章，突出了社区体育的普惠性和包容性。从儿童少年到老年人，从女性到常见疾病患者，每一个社区成员都能在本章找到适合自己的体育锻炼指导和服务。第六章和第七章则是对社区体育服务的深化和拓展。这两章讨论了社区体育的其他服务与管理，以及社区运动健身项目的挖掘与开发。这不仅是对前面章节内容的补充，更是对社区体育服务和管理领域的创新和拓展。第八章和第九章讨论了现代新型社区体育体系的构建和大数据背景下社区体育智慧治理系统。随着科技的发展和大数据的应用，社区体育服务和管理面临着新的机遇和挑战。这两章为读者提供了构建现代新型社区体育体系的理论基础和实践方法。

通过这本书，我们希望读者能够全面理解社区体育的重要性，掌握社区体育服务与管理的基本知识和技能，并能够在实际工作中运用这些知识和技能，为提升社区居民的生活质量作出贡献。我们相信，随着社区体育的不断发展，它将在促进社会和谐、提高国民健康水平方面发挥更加重要的作用。

目 录
contents

第一章　社区体育的基本理论及其发展概况

第一节　社区体育的概念及分类

一、社区体育的概念

20世纪80年代末期，我国社区体育的实践开始产生，最初以"区域性单位横向体育联合体——街道社区体协"的模式出现。1989年，天津市河东区首次明确提出了"社区体育"这一概念。1991年，天津市体委群体处及国家体育总局群体司的相关人员开始对"社区体育"进行定义。到了1992年，体育院校的体育理论研究生在研究论文选题时，也开始涉足社区体育领域。1993年11月，国家体委在南京举办了"全国职工体育论文报告会"，首次将社区体育研究纳入会议征文范围。在这次会议中，只有肖叔伦、王凯珍、李建国提交的关于社区体育方面的论文获得了奖项。这一论文对社区体育进行了详细的定义和阐述，为我国社区体育的发展奠定了理论基础。[①]

（一）各学者对社区体育的概念分析

王凯珍在论文中提道："社区体育主要指在微型社区中开展的区域性群众体

---

① 王凯珍，赵立.社区体育[M].北京：高等教育出版社，2004：52.

育活动。"① 王凯珍补充提出："社区体育是指以基层（微型）社区为区域范围，以辖区自然环境和体育设施为物质基础，以全体社区成员为主体，以满足社区成员的体育需求、增进社区感情为主要目的，就地就近开展的区域性体育活动。"②

吕树庭、韩会君提出："社区体育是社区成员以社会感情为契机，以自发性为原则，以一定的地域空间为依托，利用人工（设施）或自然环境，在行政的支援下，以推进《全民健身计划纲要》的实施为目的，有计划进行的组织化的体育活动。"③

刘波、李建国、郭钫认为："社区体育是在居民生活区内由居民自主进行的群众体育活动，并且是通过体育活动建立相互良好关系和共同意识，促进地区社会化的一种社会活动。"④

王莉、肖淑红在论文中提道："社区体育就是以基层社区为单位，以社区成员为主体，实行政府部门支持、体育部门指导、社区部门参与、为社区成员提供社会保障的群众性体育活动。"⑤

任海、王凯珍、王渡等在分析不同社区体育概念时指出，对社区体育概念的理解，应当注意三个方面的问题：第一，既强调社区体育的区域性特性，又不拘泥于将社区体育限定在某一具体区位层次；第二，对社区体育进行定位时，应将社区体育实践与对社区体育实践的管理相区别；第三，强调社区体育的基础目标和本质功能。此观点对界定社区体育具有重要的指导意义和参考价值。⑥

① 王凯珍.对北京市城市社区体育现状的研究——兼论社区体育的定义及构成要素[J].体育科学，1994（5）：17-24.

② 王凯珍.社会转型与中国城市社区体育发展[D].北京：北京体育大学,2004.

③ 吕树庭，韩会君.社会学视角下的社区体育——对社区体育界限的思考[J].体育文史，1996（3）：9-10.

④ 刘波，李建国，郭钫.社会转型过程中的社区体育发展模式研究[C]// 中国体育科学学会.第五届全国体育科学大会论文摘要汇编.上海：上海体育学院，1997：1.

⑤ 王莉，肖淑红.社区体育管理探析[J].体育文史，1998（3）：17-18.

⑥ 任海，王凯珍，王渡，等.我国城市社区体育的发展模式——对我国城市社区体育的探讨之三[J].体育与科学，1998（4）：1-6.

这些学者在社区体育领域的研究观点既有共通之处，也存在差异。首先，他们一致认为社区体育的活动范围应以基层社区为主，但对于社区的界定存在两种理解：行政区域和生活区域。行政区域的划分便于组织管理，而生活区域的划分更贴近日常生活，便于开展活动。其次，他们都同意社区体育活动应以社区成员为主体，但对于"成员"的定义则分为居民和非居民（如单位职工）两种。居民论重视邻里关系和共同意识的培养，而非居民论则强调满足辖区内所有成员的需求。此外，这些学者在强调社区体育作为群众性体育活动的同时，也注意到了其社会性特征的多样性，如社会保障、社会活动和社区感情等。随着对社区体育本质认识的深入，还有学者从管理的角度出发，对于对社区体育区域进行过于明确的限定提出了异议。这表明，社区体育作为一个多元和动态的领域，其定义和管理方式仍在不断的演进和完善之中。

（二）社区体育的本质特征

　　综合国内的相关研究，社区体育的本质特性可简要总结如下：它是一种区域性的体育活动，其活动范围一般限于基层社区；面向所有社区成员；以社区内的自然环境和体育设施为物质基础；旨在满足社区成员的体育需求，促进他们的身心健康，并加强和发展社区间的情感联系。在多种定义中，王凯珍在1995 年提出的定义被认为较为全面地体现了社区体育的本质特征。因此，这一定义在之后的社区体育管理和研究工作中，获得了体育行政管理部门和学者的广泛认可和采纳。

　　基于此，社区体育可以被概述为，在一个特定的共同居住区域内（通常是街道、乡镇、居民或村委会的管辖区域），以该区域的自然环境和体育设施为基础，面向所有社区成员，旨在满足他们的体育需求、促进身心健康、加强和发展社区间的情感联系，便捷地进行区域性群众体育活动。

二、社区体育的分类

　　社区体育的分类如图 1-1 所示。

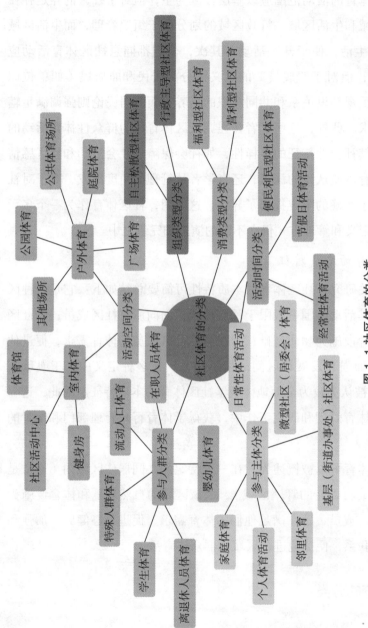

图 1-1 社区体育的分类

（一）按参与主体分类

社区体育活动根据参与主体的不同，可以划分为五个层级。这些层级按照参与群体的规模逐渐扩大，从个人到更大的社区单元。

第一个层级是个人体育活动，这是最基础的层级，涉及个人独自或与他人一起参与的各种体育锻炼和活动。第二个层级是家庭体育，这一层面的活动通常涵盖家庭成员共同参与的运动，强调家庭互动和健康。第三个层级是邻里体育，涉及相邻住户、楼群、庭院或胡同居民之间的体育活动。在这一层级上，活动通常围绕邻里社区的共同利益和需要展开，加强了邻里之间的联系和互动。第四个层级是微型社区（居委会）体育，这个层面的活动则涵盖了居委会范围内的居民。这些活动不仅加强了居民之间的联系，还有助于提升整个居委会的活力和凝聚力。第五个层级是基层（街道办事处）社区体育，这是最广泛的层级，包括了整个街道范围内的体育活动。这些活动不仅促进了街道内部的交流，增强了团结，还可能包括与其他街道的交流和竞争。

在社区体育中，参与者可以根据自己的兴趣和需要，选择参与不同规模和层级的体育活动和竞赛。可以作为个人参与锻炼，也可以作为家庭、邻里、居委会或街道的一部分参与进去，社区体育为居民提供了多种选择，满足了人们不同层次的社交和身体健康需求。

（二）按消费类型分类

社区体育活动可以根据消费类型分为三类，这三类分别针对不同的社群和需求。

第一类是福利型社区体育。这种类型的体育活动主要针对社会中的弱势群体，包括儿童、老年人、优抚对象、残疾人和经济困难家庭。福利型社区体育旨在通过体育活动提供支持和关怀，帮助这些群体提升生活质量，增强社会参与感，同时也关注他们的身心健康。

第二类是营利型社区体育。这种类型的体育活动主要针对中高收入人群，如白领等。营利型社区体育往往提供更专业、更高端的体育服务和设施，满足这部分人群对于体育活动的高品质需求。这类活动不仅包括常规的体育锻炼，还可能包括专业的健身指导、体育赛事的组织等，旨在为社区中的中高收入人群提供更多样、个性化的体育消费选择。

第三类是便民利民型社区体育。这种类型的体育活动面向全体社区居民，重点在于便利和惠及社区中的每一个成员。便民利民型社区体育活动通常包括各种易于参与、适合各年龄段和身体状况的体育项目，旨在鼓励社区居民积极参与体育活动，提升社区整体的健康水平和社区凝聚力。

（三）按活动时间分类

社区体育活动根据活动的时间安排可以分为三个主要类别。第一种是日常性体育活动。这类活动通常是社区居民日常生活的一部分，如早晨或傍晚的锻炼等。日常性体育活动往往不需要特别的安排或计划，它们是居民日常生活的一部分，如散步、慢跑、太极拳或瑜伽。这些活动有助于居民保持规律性的身体锻炼，对促进身心健康十分重要。第二种是经常性体育活动，这类活动通常在固定的时间和地点进行，如在社区俱乐部或体育中心举办的活动。经常性体育活动可能包括团体运动、健身课程、体育比赛等，这些活动往往需要一定的组织和计划。它们不仅为社区居民提供了一个保持活跃社交的平台，还有助于建立社区内部的关系，增强凝聚力。第三种是节假日体育活动，这类活动通常在特定的节日、周末或寒暑假期间举行，如端午节的龙舟赛事。节假日体育活动可能包括特殊的体育赛事、户外探险、家庭运动日等，这些活动往往具有庆祝性质，为社区居民提供了休闲和娱乐的机会，同时也强化了社区的文化和传统。

（四）按组织类型分类

社区体育活动根据其组织形式可以划分为两大类，这两种类型分别展现了社区体育活动的不同组织和管理模式。

第一种是自主松散型社区体育。这种类型的体育活动通常具有较高的灵活性和自主性，它包括了晨晚练体育活动点、社区内特定人群或项目的体育协会、辅导站等。自主松散型的社区体育活动依赖于社区居民个人或小团体的自发组织，它们可能不固定于特定地点或时间，更多地依赖于参与者的兴趣和自发性。这种形式的活动通常具有较低的组织成本，且能够灵活适应社区居民的多样化需求。

第二种是行政主导型社区体育。[①] 这种类型的体育活动通常由社区的行政机构主导，包括街道社区体育协会、社区体育活动中心、社区体育俱乐部等。行政主导型的活动往往具有更为固定和正式的组织结构，它们可能提供更多样化的体育项目和服务，包括定期的体育课程、比赛和活动。这种形式的活动有助于提高社区体育活动的专业性和规范性，同时也可以更好地满足社区居民的广泛需求。

（五）按参与人群分类

社区体育活动按照不同的参与人群可细分为六类，每一类都针对特定的群体需求和特点安排各项活动。第一类是婴幼儿体育，这类活动专为年幼的孩子设计，注重促进婴幼儿的早期发展，包括基本运动技能的培养和身体协调性的提升。第二类是学生体育，针对的是在校学生群体。这类活动旨在通过体育锻炼促进学生的身体发展，同时培养团队精神和运动习惯，有助于学生在学习和生活中保持积极和健康的态度。第三类是在职人员体育，这类活动专为职场人士设计。这些活动旨在帮助在职人员缓解工作压力，提高身体健康水平，并通过体育活动促进工作与生活的平衡。第四类是离退休人员体育，这类活动专门为退休人群提供。这类活动通常注重保持和提升退休人员的身体健康水平，同时也为他们提供社交的机会，增加生活的乐趣。第五类是特殊人群体育，这类活动专为有特殊需求的人群设计，如残障人士、慢性病患者等，活动内容会根据他们的具体需求和能力进行调整。第六类是流动人口体育，这类活动针对的是流动或临时居住在社区内的人群，目的是帮助他们更快地融入社区生活，同时提供适合他们参与的体育活动。

（六）按活动空间分类

社区体育活动根据举行的空间可以分为两大类：室内体育和户外体育。

室内体育活动通常在室内环境中进行，如健身房、体育馆、社区活动中心

---

① 刘庆大. 社区体育管理对策研究 [J]. 产业与科技论坛，2020（22）：213-214.

等。这类活动的优势在于它们不受外界天气和环境的影响，能够提供一个相对稳定和可控的环境。室内体育活动包括健身、瑜伽、舞蹈、篮球、羽毛球等，适合不同年龄和能力水平的居民。

户外体育活动则是在户外空间进行，这类活动可以进一步分为五种类型。第一种是庭院体育，主要在住宅小区的庭院或私家花园等私人空间进行。第二种是公园体育，活动地点是公园，体育项目包括慢跑、散步、太极拳等。第三种是广场体育，通常在社区广场或其他开放空间举行，具体项目如广场舞、太极拳等。第四种户外体育是在公共体育场所进行的体育活动，这些场所一般配备了相应的体育设施，适合进行足球、篮球、网球等活动。第五种是在其他场所如空地、江河湖畔等进行的户外体育，包括各种户外探险和运动活动。

第二节　社区体育的特征及功能

一、社区体育的特征

（一）综合性与自主性

社区体育的多元构成和广泛内容赋予了它综合性的特征。社区体育的组成要素涵盖了社区成员、体育组织、运动场地和设施，以及社会体育指导员等。[①]同时，社区体育的内容丰富多样，包括经营社区体育产业、提供体育资讯、开发体育活动和锻炼项目等。社区体育活动面向所有社区居民，这意味着无论性别、年龄、职业、兴趣或体质，每个人都能在社区体育中找到适合自己的运动项目。这些活动不是强制性的，居民可以根据自己的情况自由选择和安排参与的活动内容，体现了社区体育的自主性。这种自主性不仅增加了参与者的乐趣，也促进了个人健康和社区凝聚力的提升。

---

① 李军. 社区体育文化探析 [J]. 体育世界（学术版），2018（4）：55-56.

（二）休闲性与地域性

社区体育与社会体育既有共同点也有各自的独特之处，它们都具备健身和娱乐的属性。社区体育中的健身和娱乐特性是融合在一起的，反映了身心合一的理念。不同于工作或劳动，社区体育是人们在闲暇时间自愿选择进行的活动，其主要目的在于休闲和放松身心，因此它具有显著的休闲性特征。同时，社区作为一个具体的社会单元，其地域性特征非常明显。社区体育的目标是以本地社会成员的需求和愿望为基础的，一方面帮助社区居民解决健康和娱乐方面的问题，另一方面提供多样化的服务。社区体育的组织者和参与者主要是社区内的组织、单位和居民个体。社区体育活动通常限定在特定的社区区域内，这在一定程度上受到特定地理环境等条件的影响。

（三）多样性与自由性

社区体育的参与者具有多样性，这意味着社区成员的体育需求也是多样化的。为了满足这些多样化的需求，社区体育活动必须考虑到不同的地理环境、时间安排和参与个体的特点，采取多种活动方式和组织形式，提供丰富多彩的活动内容和形式。这种多样性不仅使社区体育更具吸引力，还有助于满足更广泛居民的需求，从而促进和提升社区的整体健康和幸福感。

社区体育的另一个关键特征是自由性。社区体育组织，包括社区体育协会和俱乐部，通常具有自由性的特点。这些组织的成立和解散，并没有固定的规定，成员的加入和退出也是自愿的，不存在强制性。这种自由和灵活性使得社区体育组织更容易适应社区成员的变化和需求。

在社区体育组织的管理中，一般采用自我管理和自我服务的方式。[①]这种自治管理模式有助于确保社区体育活动更加贴近社区居民的实际需求，同时也提升了居民对社区的归属感和体育活动参与度。居民不仅是活动的参与者，同时也是活动的组织者和决策者，这种参与方式增强了社区的凝聚力和活力。

多样性和自由性的结合，为社区体育活动提供了一种独特的发展模式。在这种模式下，社区体育活动不仅能够迎合不同居民的兴趣和需求，还能够鼓励

---

① 胡雪晴. 城市社区体育管理研究 [J]. 当代体育科技，2020，10（17）：194，196.

居民积极参与社区事务的管理和决策，进一步提升了社区居民的整体参与感和满意度。

此外，多样性和自由性的结合还带来了更广泛的社区参与。不同年龄、性别、背景和兴趣的居民都能在社区体育中找到适合自己的活动，从而使得社区体育成为连接不同群体、增进理解和友谊的平台。这种多元化的参与不仅有助于建立一个更加和谐、包容的社区环境，也为社区的持续发展奠定了坚实的基础。

（四）持续性与社会性

社区体育的核心目标是满足所有社区居民的体育需求，确保每个人无论其收入水平、社会地位如何，都能平等地参与社区体育活动，并享受社区体育服务及公共体育设施的使用权。随着健康意识的增强，健康的生活方式和理念已经成为推动社区居民参与体育活动的内在动力。这种对健康的追求不仅增加了个人福祉，也为社区体育的持续发展提供了强大的推动力。

社区体育的特点之一是其持续性。它不仅关注当前的体育需求，还着眼于未来的发展，确保社区体育活动能够长期持续并适应社区成员不断变化的需求。这种持续性是通过不断地更新和改进体育项目、设施和服务来实现的，从而确保社区体育始终能够满足居民的需求。

社区体育的另一个关键特征是社会性。社区体育不是单纯的政府行为或民意活动，而是不同社会主体和社区力量共同参与的过程。社区体育的多层次参与主体和多样化的体育需求，不能仅仅依靠政府来满足。除了政府提供的基本公共体育服务和物品，社区体育还依托市场、体育中介组织和民间非营利组织来提供所需的私人体育物品和准公共体育物品。这种多元化的供给体系不仅确保了社区体育活动的多样性和包容性，还增强了社区体育的有效性和可持续性。

（五）弱竞技性与消费低廉性

社区体育的特点之一是其弱竞技性，这主要由其综合性、自主性、休闲性、地域性、多样性以及自由性等特征所决定。社区体育活动的核心目的是健身和娱乐，而不是竞技。参与者的自主性和对多样化体育活动的需求促使社区体育活动内容变得更加轻松活泼、简单易学，不强调竞技性和专业性。此外，这些活动对场地和设施的要求相对较低，更侧重于可达性和普及性。

社区体育的另一个显著特征是社区体育的消费低廉性。这主要由社区体育活动的弱竞技性、活动场地的非正规性以及管理的自由性所决定。由于社区体育活动不追求高水平的竞技性能，因此对参与者的专业化水平、专业指导、场地设施质量规格或特殊服装的需求并不高。这使得参与社区体育活动的成本相对较低，更易于吸引各个收入层次的居民参与。

这种弱竞技性和消费低廉性的结合，使社区体育活动成为一种普及性很高的活动形式，不仅适合不同年龄、能力和经济水平的人群，而且有利于促进社区内的社交互动和团结。它强调的是参与和享受过程，而不是竞赛的结果，这有助于建立一种包容、健康和活跃的社区环境。

二、社区体育的功能

（一）推动社会转型

随着改革开放和社会经济的迅速发展，单位体制的观念正在逐渐减弱，人们的生活逐步社会化。这意味着人们不再完全依赖于工作单位来满足生活需求，而是更多地依赖于市场和社区，这使得社区成为人们日常生活的主要活动场所。

生活方式的转变和健康观念的增强使得体育健身成为社区生活的重要组成部分。市场经济的发展、经济类型的多元化以及人口老龄化趋势，使得越来越多的人脱离单位体系，自谋职业。社区体育的发展在提高这些人群的体质和健康水平方面发挥着重要作用。

这些社会变化对社区体育的建设和发展提出了新的要求。具体而言，基层社区需要充分发挥其在体育整合、管理和服务方面的功能，积极推动社区体育的建设和发展。社区体育的发展不仅有利于改善居民的生活，还有助于推动整个社会的转型，通过普及健康和活跃的生活方式，增强社区的凝聚力和活力。

（二）提高生活质量

社区体育在提升生活质量方面扮演着重要角色。它不仅推广科学和健康的健身项目，而且组织多样化的体育活动，为社区居民提供优质的体育管理和服务。参与这些活动的社区居民不仅能够享受到充满活力和积极性的文化娱乐生活，而且能通过体育活动培养健康的生活习惯和科学、文明的生活方式。

社区体育活动的多样性确保了不同年龄、性别和运动能力水平的居民都能找到适合自己的活动方式。无论是传统的晨练、夜跑，还是团队运动如篮球、足球，甚至健身舞蹈和瑜伽等，社区体育活动都能满足不同人群的兴趣和需求。这种多样性不仅使体育活动更加有趣和吸引人，而且有助于提升社区居民的身体健康水平。

参与社区体育活动还能促进社区居民之间的交流与增进团结。共同参与体育活动能增强邻里关系，促进社区内部的交流和理解。这种交流互动有利于建立更和谐、更具凝聚力的社区环境。

此外，社区体育活动还有助于培养居民养成良好的生活习惯，如定期锻炼、健康饮食和良好的作息习惯。这些习惯对改善居民的身体健康和提高生活质量至关重要。通过参与体育活动，居民可以更好地管理自己的健康，减少生活中的压力，从而提高整体的幸福感和满足感。

社区体育活动的科学性和专业性也是提高生活质量的关键。通过提供科学的指导和专业的建议，社区体育活动不仅能确保居民安全地进行锻炼，还能帮助他们更有效地达到健身目标。这种专业性的提升，不仅使居民在体育活动中感到更加自信，而且确保他们能从中获得最大的健康效益。

（三）亲善人际关系

在社会快速发展的同时，人们的生活节奏也变得越来越快，这在一定程度上削弱了人与人之间的紧密联系，对社会的稳定和团结产生了影响。然而，社区体育的兴起和发展成了改善人际关系的有效途径，增强了社区内的相互交流和亲善。

首先，社区体育活动为居民提供了共享的社交空间。参与者在这些活动中自愿参与，并在一个平等、自由和轻松愉快的环境中互动。体育活动本身强调的民主、平等、公正和协作价值观，有助于增进成员之间的相互认识和理解，从而加强人际关系。其次，社区体育活动特别对青少年群体具有重要的社会价值。通过参与体育活动，青少年不仅能学习和体会体育的价值，还能在实践中学习遵守道德规范和明确正确的行为方式。这些经验对于他们形成适应社会的个性特征至关重要，同时也有助于促进社区居民间的良好人际关系。

（四）增强认同意识

社区体育在增强居民对于社区活动的关心和认同感方面发挥着重要作用，这对于促进社区体育的发展至关重要。共享的利益和强烈的归属感是构建这种认同感的关键要素。

首先，社区居民为了自己的健康利益，积极参与社区体育活动。这种自发参与不仅仅是为了健身本身，更为了社区体育活动及其相关方面，如社区绿化、服务、公共设施和卫生等。共同的健康利益促使居民间通过交流达成共识，增强了对社区体育活动的认同感。其次，社区体育组织通过开展各类活动，使社区成员在参与过程中获得健康上的好处，同时也使居民对社区组织和整个社区建立了归属感。当居民感到自己是社区和社区体育活动的一部分时，他们更有可能感觉到对社区体育发展乃至社区发展有一定的责任和义务，愿意作出贡献。此外，社区体育活动还促进了社区成员间的紧密联系。通过共同参与体育活动，居民之间的关系得以加强，这种社交互动有助于建立更为紧密的社区网络。在这样的环境中，居民不仅共享体育活动带来的乐趣，还共同参与社区的其他活动，如社区治理、环境保护等，从而增强了对社区的认同感和归属感。社区体育的发展还鼓励居民积极参与社区治理和决策过程。当居民参与社区体育活动的规划和管理时，他们更能感受到自己的影响力，从而增强了对社区体育活动的认同感和责任感。

（五）完善社区服务

社区体育作为社区服务的重要组成部分，以满足居民的体育需求为核心目标，不断丰富和完善社区服务体系。社会体制改革和社区建设发展的需要使得社区服务内容不断丰富，不仅涵盖日常的饮食起居便利，还逐步包括教育、卫生、体育和治安等多方面服务。随着人们对健康需求的提升，社区体育越来越受到重视。

为了迎合社区居民对休闲娱乐的追求，许多社区开设了多种形式的活动中心，如健身房、双休日学校和周末俱乐部等，举办各类有趣味性的体育活动。这些活动不仅为居民提供了丰富多彩的休闲选择，还增强了社区的活力和社区居民的凝聚力。

此外，在城市生活中，家庭中的老人和孩子常常有孤独感。社区体育作为一种社交活动，为他们提供了社交的机会，帮助他们减轻孤独感，促进了社会交往和心理健康。社区体育的发展为全年龄段的社区居民提供了交流和互动的平台。

（六）推动全民健身活动

在中国社会转型和体育强国建设的背景下，社区在精神文明建设和全民健身计划实施过程中的作用和地位越发重要。社区不仅是社会发展的空间基石，而且是体育事业发展的核心着力点。社区建设的重点在于提升居民生活的质量和水平，其中社区体育是这一建设的重要组成部分，成为全民健身活动的主要推动力。

社区体育与全民健身之间存在着密切的相互关系。社区体育活动为全民健身提供了良好的条件和环境，使得健身活动更加便捷和普及。社区体育活动的多样化和可接近性让各年龄段的居民都能方便地参与其中，从而形成了健康和有活力的社区环境。同时，全民健身运动的推广和普及有助于提升社区成员的身体素质和健康意识。伴随居民健康水平的提升，他们对社区体育活动的参与度也将增加，从而为社区体育的进一步发展提供动力。这种相互促进的关系使得社区体育成为全民健身计划的关键部分。

社区体育的发展不仅关注传统的体育活动，如晨跑、健身操等，还包括了更多创新和互动性强的活动，如街区篮球赛、社区健步走、家庭运动会等。这些活动不仅丰富了社区居民的健身方式，还增强了社区内居民的交流和团结。

此外，社区体育活动的组织和开展有助于提高居民的健康意识和生活质量。通过参与体育活动，居民不仅能够增强自身的体质，还能认识到健康生活的重要性，从而在日常生活中形成健康的生活方式。

第三节　社区体育的相关要素

一、社区体育与社区服务

（一）社区服务与社区体育简述

1. 社区服务的理念和功能

（1）社区服务的理念

社区服务作为现代文明的重要标志，反映了一个国家或地区的文明发展水平。在社区建设中，建立和完善社区服务体系至关重要。理解社区服务的核心理念需要关注以下几个关键点：

首先，社区服务的核心目的是在特定空间范围内寻求社区成员的共同发展。这意味着，社区服务不仅着眼于解决社区内的重要问题，还包括为社区成员提供福利支持，持续完善社区服务体系。[①]

其次，社区服务的主要任务是鼓励社区成员主动参与，成为组织力量和发展资源的一部分。这种参与不仅是解决个人问题的基础，还是积极关注和参与广泛社区服务的前提。社区服务应该成为一种具有主动性、双向性和互益性的参与行为，同时，要在此基础上建立社区成员间的共享机制。

最后，社区服务的作用并非直接影响人们的社会生活，而是一种从侧面进行调节的过程。社区服务通过各种活动和实践逐渐将社区行为转化为社会行为。社区服务不仅是推动社区发展的有效途径，也有助于提升人们对社会化过程的认识和理解。

---

① 刘庆大. 社区体育管理对策研究 [J]. 产业与科技论坛，2020（22）：213-214.

（2）社区服务的功能

社区服务具有以下五个核心功能。

①社会福利服务功能。社区服务的首要职责是为居民提供各类福利支持，包括健康、教育、养老等方面的服务，以保障社区成员的基本生活和提高他们的生活质量。

②社会化服务功能。社区服务还承担着将个人和家庭的需求社会化的重要功能。社区服务提供各种社交、文化和教育活动，有助于增强居民的社会参与感和社区归属感。

③促进形成良好社会风尚的功能。社区服务通过组织各类文化和教育活动传播正面的价值观和社会风尚，有助于构建和谐、健康的社区环境。

④扩大就业渠道的功能。社区服务为居民提供就业支持和职业培训，有助于拓宽其就业渠道，特别是对于社区内的弱势群体，这一功能尤为重要。

⑤完善城市管理和服务功能。社区服务作为城市管理的一个重要组成部分，其功能包括改善基础设施、维护公共秩序、提供环境卫生等，有助于提升城市的整体运行效率和居民满意度。

2. 我国社区服务的基本特色

我国的社区服务展现出了独特的特色，这些特色紧密结合了社会发展的客观需求和居民的积极参与。在政府的倡导和引导下，社区服务以有组织、有计划的方式稳步推进，涵盖了福利服务和社会化服务等多种形式，包括无偿、抵偿和有偿服务，以适应经济发展水平不一的地区差异。此外，社区服务中强调对社会主义精神文明建设的加强，旨在提升居民的思想道德和社会公德，同时培育良好的社会风气。这种价值导向不仅增强了社区居民的团结、友爱和互助精神，也增强了社区居民的社区意识、凝聚力和归属感。

我国社区服务的宗旨是"立足民政、面向社会"，致力"服务社会、奉献人民"。在组织运行机制上，实行的是"政府出面，民政牵头，各部门配合"的模式，确保了社区服务的高效运行和广泛覆盖。同时，我国社区服务注重社区与家庭的双重照顾，确保了服务内容的全面性和细致性。

3.社区体育服务的定义、目标和特征

（1）社区体育服务的定义

社区体育服务是社区服务的重要组成部分，涉及利用体育的途径、手段和方法来提供社区服务。其核心在于融合社区服务的基本概念和功能，同时体现出体育的本质和特性。社区体育服务的目的是在政府的指导和支持下，利用社区内的体育资源，动员和组织社区成员参与各种形式的体育活动。这种服务不仅具有福利性和互助性的属性，而且以提高和维护社区成员的健康水平为目标，同时满足人们在精神生活上的交往和情感联络需求。它主要通过健身锻炼和各类娱乐、休闲活动实现，运用体育原理和方法丰富社区居民的生活，促进居民的身心健康和社区的和谐发展。

（2）社区体育服务的目标

社区体育服务的目标是在尊重并满足社区居民的个性化需求的基础上，有效利用社区内部的体育资源。其核心在于不仅满足居民自身在休闲、健身和娱乐方面的需求，而且通过相互帮助和支持，寻求共同的利益。这种服务旨在建立一种互助与友爱的和谐社区环境，其中每个成员都能够积极参与进来并从中受益，共同推动社区居民的健康水平和生活质量的持续提升。

（3）社区体育服务的特征

社区体育服务展现出独有的特征，其核心在于三个方面：首先，服务对象的明确指向性是其本质特点，即社区体育服务以社区为基础，主要面向社区内的所有居民。这一特征确保了服务的普及性和包容性，使每一位社区成员都能成为服务的受益者。其次，服务目的的公益性体现了我国社区服务的基本福利属性，是社区体育服务改革和发展中必须保持的重要特征。这种公益性确保了社区体育服务的主要目的是公共利益，而非追求利益最大化。最后，服务方式的互助性强调社区体育服务并非依赖政府或单一体育组织的支持，而是鼓励社区成员之间相互帮助和支持。

（二）社区体育服务的基本内容

1. 推广社区体育项目

在当前我国的社区体育服务中，一个核心的内容是在社区内推广和普及各种适宜的体育项目，目的是丰富社区居民的健身方式。尽管体育运动的种类繁多，许多运动项目既有益于健身，又具有趣味性和娱乐性，非常适合在社区内开展，但目前的社区体育服务实践表明，社区居民参与的体育项目仍然较为有限。因此，有必要对这些体育项目进行更大范围的推广。

随着社会的发展和人们健康意识的提高，人们对体育健身及其娱乐功能的认识也在不断加深。在这样的背景下，社区体育项目的种类和形式也将发生相应的变化。因此，社区体育服务需要紧跟这一变化趋势，对体育项目进行有效的推广和更新，以更好地满足社区居民的多样化需求。

为了有效推广社区体育项目，首先需要进行市场调研，了解社区居民的健身需求和兴趣点。基于这些信息，社区体育服务可以设计和引入各种新颖的体育项目，如团队运动、户外活动、休闲体育等，同时也可以根据社区居民的年龄、性别和体能特点，提供更个性化的运动选择。此外，社区体育服务还应加强宣传和教育工作，增加居民对新体育项目的认识，提升参与体育活动的兴趣。这可以通过组织体育节、健身讲座、示范活动等形式进行。通过这些活动，社区居民不仅能了解到更多的体育项目信息，还能直接体验和感受体育带来的乐趣。同时，社区体育服务还应注重培训和引进专业的体育指导员，为社区居民提供专业的指导和服务，确保体育活动的安全性和有效性。专业指导员不仅可以帮助居民正确掌握运动技巧，还能在运动过程中提供必要的帮助和支持。

2. 提供社区健身咨询

社区体育服务的一个重要方面是向居民提供系统化的健身咨询，这一服务考虑到了社区成员在年龄、职业、教育水平等方面的多样性，以及他们对健身方法、原理和医学常识的不同认识水平。为了帮助社区居民掌握正确和有效的健身方式，形成科学的健身观念，并实现健身娱乐的目的，提供社区体育健身咨询变得尤为重要。

社区体育服务的咨询工作涵盖两个主要方面。一方面，社区体育组织和服务人员需通过多种方式传播体育与健康知识，帮助居民建立正确的体育价值观，增强他们对体育与健康的认识。这种知识传播旨在激发居民参与体育锻炼的积极性和自觉性，让他们理解体育与健康的基本原理。另一方面，社区体育服务还包括为居民提供个性化的健康咨询和健身指导。社区体育服务人员应指导居民根据自身情况选择合适的健身技能和方法，以促进他们的身心健康。

3. 积极开展社区体育活动

社区体育服务的核心在于积极采取多种形式，激励和组织社区成员参与定期进行的体育健身活动。这些活动以经常性的健身为主，强调业余、自愿参与的原则，并且注重多样性和小规模的活动，同时遵循适应地域、时间、个人差异和科学文明的原则。在开展体育健身活动时，需要注意几个关键点：首先，活动应科学安全，注重参与性，结合传统健身养生法和现代健身方式，个人锻炼和集体活动相结合，健身娱乐和医疗保健相结合，以此来丰富活动形式。其次，应考虑不同人群的特点，组织他们喜欢参与的体育活动，如组织开展针对老年人、幼儿和残疾人等群体的专项体育活动。此外，社区体育服务还应适时开展多种形式的竞赛活动，以提高居民的健身积极性。同时，努力动员更多居民参与竞赛活动，创造具有特色的活动，并逐渐形成传统。

4. 加强社区体育设施建设

为了确保社区体育活动的顺利开展，社区体育场地和设施的建设显得尤为重要。这不仅是提供优质社区体育服务的关键要素，也是使社区居民能够方便地参与体育健身活动的基础。因此，加强社区体育设施建设成为社区体育服务的一项核心内容。通过将体育活动场所和设施建设在社区内部，可以大大便利社区居民进行体育运动，满足社区居民的健身需求，促进他们的身体健康和生活质量的提升。

5. 培养社区体育骨干

要提升社区体育服务的效果，关键在于培养具备专业知识和领导能力的社区体育骨干。这可以通过举办培训班和实地指导来实现，邀请有经验的体育教练和专家来分享技能和策略。这不仅能使骨干成员提高自身的专业水平，还能有效地激励和引导更多社区居民参与各类健身活动。

二、社区体育与社区文化

（一）社区文化概述

1.社区文化的含义

社区文化可以视为社会文化的一个缩影，它根植于更广泛的社会文化环境中，同时也是国家或民族文化的一个组成部分。从更宽泛的角度来看，社区文化由社区居民在日常生活中共同创造的物质和精神文化元素组成。在中国，社区文化呈现出两个明显的特点：一方面，它延续并保留了中华民族的传统特色，这些特色可以看作民族"基因"的一部分；另一方面，随着改革开放的推进，现代的人文精神也在社区文化中得到了显著体现。

2.社区文化的特征

社区文化展现出六个主要特征，形成了其独特性。

（1）地域性

社区文化深受地理环境、社会形态和生产方式等因素的影响。这些因素相互作用，赋予社区文化特有的风格，使其随时间不断深化并凸显出独特的地域特色。

（2）独立性

在社区文化与更广泛的社会文化相对独立的同时，各个社区之间的文化也保持着各自的独立性。由于这种文化是经过长时间的传承和积累形成的，因此各社区的文化系统往往具有自身的独特性，不易与其他社区或社会文化发生完全同化。

（3）开放性

在现代开放的社区环境中，社区人口的流动性增加，文化活动更加丰富多样。这种开放性促进了不同文化之间的交流，涵盖了本土与外来文化、通俗与高雅文化、传统与现代文化等多方面的互动。

（4）多元性

社区文化的多元性表现在内容、模式和体制等多个方面。内容上，传统风格与现代元素相结合；模式上，家庭文化活动、广场文化活动、企业与机关的合作等多种模式并存；体制上，国有、集体、企业、个体等多种所有制形式共存。

（5）群众性

社区文化的普及性和受欢迎程度很高，因其内容通俗易懂，能满足不同层次居民的精神需求。社区居民积极参与其中，享受社区文化带来的乐趣，形成了广泛的群众基础。

（6）弥散性

由于社区成员之间关系稳定且交往频繁，社区文化能够在社区内迅速传播和普及。这种弥散性是文化自由、活泼天性的体现，使得社区文化能在社区中自然而然地扩散。

3. 社区文化的功能

社区文化的功能具体表现在五个方面，即社会沟通、心理凝聚、价值导向、行为规范和文化传承。

（1）社会沟通功能

社区文化在促进社会沟通方面发挥着重要作用，主要体现在两个层面：首先，它帮助社区居民与整个社区之间实现互相适应并增进融洽关系；其次，社区文化促进社区内居民间的相互联系，加深了他们之间的相互了解。

（2）心理凝聚功能

社区文化对于增强社区成员的心理凝聚力扮演着关键角色。它通过特殊的沟通方式，不仅加强了社区居民的情感和思想联系，还融合了他们的生活方式。社区文化还致力培养居民的道德情操，激发他们的集体意识，并加深他们对社区责任和义务的认识。这一切共同作用于加强社区居民对社区的归属感。

（3）价值导向功能

社区文化在塑造和引导居民的价值观方面发挥着重要作用。它在对历史的反思和对经济生活的深刻影响中孕育新的价值观念。社区文化因其在社区中的强大吸引力和渗透力，极大地影响着居民的各种选择，如生活方式、道德观、职业规划、婚恋观及信仰等方面。因此，在社区居民的社会化过程中，社区文化扮演着关键的价值导向角色。

（4）行为规范功能

社区文化在塑造行为规范方面起着核心作用。这种文化不仅体现在道德评价、价值取向和感情色彩等方面，而且在得到社区居民的普遍认同后，对他们产生显著影响。社区文化通过这种方式在一定程度上约束社区居民的行为，从而帮助规范他们在社区内的行为表现。

（5）文化传承功能

社区文化的传承功能不可或缺，它深深植根于社区居民对本地区以及本民族文化的行动性贡献。这包括手工工艺、窗花剪纸、健身方法、地方风俗习惯、民歌民谣、传统戏曲等多种形式，它们都是社区居民集体智慧和创造力的体现。社区文化源自社区本身，并在这里得以持续传承与发展。

（二）社区体育文化的含义和基本特征

除了作为社区文化构建的重要组成部分，社区体育文化还是体育文化的一个特定的领域。

1. 社区体育文化的含义

社区体育文化，相较于单纯的社区体育活动，具有更丰富的内涵。它包含了社区居民在长期参与体育活动过程中创造的体育相关的物质和精神文化的总和。这种文化综合体映射了社区特定环境中的人类体育实践及其成果，既包括体育的物质产品，也涵盖精神层面的成果。

2. 社区体育文化的主要特征

社区体育文化，作为一种特殊的文化形态，具有一系列的独特特征，深刻影响着社区居民的生活和身心状态。

（1）共享性

在社区体育文化活动中，社区居民不仅是活动的创造者和参与者，还扮演着维护者和管理者的角色。这种活动不仅为他们提供了自娱自乐和身心愉悦的机会，还促进了彼此之间的交流，使健身的经验和方法得以共享。

（2）指向性

体育文化的核心在于指向个体的身体和心理，旨在对自身进行改造。社区体育文化亦不例外。社区居民通过有目的、有计划的体育锻炼，不仅能够促进身心健康、增强体质，还能提高适应各种环境的能力。因此，社区体育文化的目标在于强化居民的体育锻炼，以促进他们的全面健康发展。

（3）时代性

社区体育文化在继承和发展传统体育文化的同时，紧跟时代步伐，融入新的体育文化内容。这不仅形成和维护了本社区的体育文化特色，还使其具备了新时代的特征，不断补充和更新。

（4）多样性

由于社区居民的组成具有多样性，因此社区体育文化在形态、体制、运作方式、服务对象、服务类型、服务设施等方面也展现出多样化的特点。居民可以根据自己的需求和意愿选择不同的体育文化形式和内容。

（5）教化性

参与社区体育活动的过程中，社区居民不仅要遵守相关的规则，还要发扬集体主义观念、爱国主义情怀和努力上进、团结协作等体育精神。这种活动有助于社区居民学习和接受科学的健身理念，从而促进良好的社区风气的形成。

三、社区体育与物业管理

（一）物业管理与社区体育物业管理

1. 物业管理的基本内容

物业管理涉及的领域较为广泛，通常按其服务性质和提供服务的方式可将物业管理的基本内容分为基本的常规服务、针对性的专项服务、委托性的特殊服务三大类，具体内容如下。

（1）基本的常规服务

基本的常规服务在物业管理中占据核心地位，涉及多个关键领域，包括对房屋内部的设备和设施进行全面管理，维护房屋建筑的主体结构，确保环境卫生得到妥善处理，进行绿化区域的养护，管理消防安全设施，维持治安秩序，以及管理车辆流动。此外，还包括提供各类公众代办服务，确保居民的日常需求得到满足。这些服务共同构成了物业管理的基础，保障了社区的正常运行和居民的舒适生活。

（2）针对性的专项服务

在物业管理的范畴内，针对性的专项服务为社区居民提供了一系列贴心且多元化的服务，满足了他们从日常生活到商业需求的各种特定要求。这些服务包括代购日常用品、票务代办、衣物清洗与缝制、孩子接送、室内装修和家庭清洁等日常生活类服务。同时，物业还提供商业类服务，如开办美发厅、商店和各类维修店，以及文化教育健身娱乐类服务，如图书馆、幼儿园、学前教育班、老年学校、健身房等设施的运营。此外，针对性的专项服务还涵盖金融类服务，如保险和信用服务的代办，以及经济代理和中介类服务，包括物业租赁、销售、公证、评估等。这些服务的综合提供，极大地丰富了社区居民的生活，满足了他们在不同层面的需求。

（3）委托性的特殊服务

委托性的特殊服务在物业管理中扮演着定制化的角色，专门针对物业产权人或使用人的个性化需求提供服务。这类服务的核心在于满足客户的特定要求，同时作为专项服务的补充和完善。例如，协助个人完成办理出国护照的手续，或者协助病人前往医院就诊等服务。这些定制化的服务不仅提高了物业服务的灵活性和个性化水平，而且进一步提高了物业管理的综合性和效率。

2. 我国社区物业管理的模式

我国的社区物业管理采取了多样化的模式，以适应不同类型社区的需求。地域型模式通常由房地产开发商自行管理或委托给经社会招标选出的物业公司；机关大院型模式主要应用于大中型城市中的政府机关和军事单位，它们通常自建自管；企业型模式则适用于那些拥有独立厂区的大型工矿企业，它们提供包括衣食住行、医疗、工商、政法和城管在内的全面管理服务；院校型模式多见于历史悠久、规模较大的大学和中等专业学校，主要服务对象是学生；最后是科研机构型模式，适用于地处偏远地区的大型科研机构和实验基地，这些机构通常具备完整的政府职能，形成独立的小区环境。这些不同的管理模式共同构成了我国社区物业管理的多元格局，旨在满足不同类型社区的特定需求。

（二）物业管理与社区体育的相互关系

在我国，物业管理与社区体育之间存在着紧密的联系。物业管理的职责通常包括对社区体育设施，如体育场地和健身娱乐设施的管理和维护。这一管理任务通常被视为专项服务和委托性特殊服务的一部分，具有明显的针对性。具体而言，物业管理机构通常根据社区居民的委托，负责社区内体育健身娱乐场地及其附属设施的维护和管理。这种服务通常是基于委托合同提供的，旨在为社区居民创造一个良好的健身娱乐环境，从而有助于提高他们的健康水平和生活质量。在处理社区体育与物业管理的关系时，我国目前采用了多种管理形式，包括行政型、福利型、个体经营型、企业化型和股份制型管理，这些管理模式旨在高效协调社区体育设施的运营与维护，确保社区居民能够享受到优质、便捷的体育健身服务。

四、社区体育与单位体育

（一）单位体育概述

单位体育，作为我国群众体育的一个重要组成部分，涉及在厂矿、企事业单位及机关等处工作的员工开展的体育活动。这些活动在党中央、国家体育总局、全国总工会和各级体育行政部门、工会的指导下，得到了迅速的发展并取得了显著成就。众多单位遵循员工自愿原则，利用业余时间举办各种体育活动，既丰富了职工的业余文化生活，又提升了他们的健康水平和身体素质，对于促进社会主义精神文明建设起到了积极作用。随着我国市场经济体制改革的深入，单位体育活动在内容、形式、组织和方法等方面进行了多方面的改革，以适应新的经济形势和满足员工的体育需求。

在市场经济体制改革的推动下，单位体育组织也经历了一系列变革。许多省区成立了职工体育协会、基金会和联合会，一些城市建立了区域性的体育协会，厂矿单位则成立了宿舍区的体育组织。这些新兴的体育组织不仅加强了经济活动中的横向联系，还推动了群众体育的普及与群众体育水平的提高。特别是街道体协和体育宣传部，它们在组织上将职工体育活动与城市居民的群众体育活动结合起来，进一步推动了城市社区体育的发展，使单位的职工体育得到更广泛的支持。

（二）单位体育与社区体育的相互关系

单位体育与社区体育之间存在着密切且互补的关系，共同促进了彼此的发展。单位体育不仅为社区体育提供了丰富的人力资源，还能通过其有组织、有计划的周期性活动提高社区居民的体育参与率。此外，单位体育活动中的体育骨干能在社区体育中发挥引导和组织的作用，丰富社区体育的组织体系。单位体育组织的社会化改革不仅使得单位成员参加体育活动，还有周边社区居民参与其中，从而实现了单位体育与社区体育的融合。

此外，单位体育在解决社区体育场地和设施不足的问题上也起到了重要作用。许多单位拥有完备的体育设施，能在不影响正常生产和工作的前提下，为社区体育提供必要的帮助。单位体育还能协助社区举办大型体育活动，提供场地器材、人力、物力支持，甚至财力资助。

同时，社区体育对单位体育的发展也产生了积极影响。社区体育的发展促使单位体育进行模式上的改革，以适应社会主义市场经济的需求。这种改革包括开发集服务型和经营型于一体的新型模式，以及满足社会主义初级阶段特色的需求。社区体育的多样化、自主性特点也为单位职工提供了更多元化的体育活动选择，弥补了单位体育在满足个性化需求方面的不足。

五、社区体育与学校体育

（一）学校体育概述

作为学校教育的组成部分，学校体育是培养德、智、体、美、劳全面发展的社会主义建设者和接班人的重要途径和形式。学校体育是终身体育的基础，国民体育包括学校体育、社会体育和竞技体育，这三者之间相互联系，共同构成我国的体育体系，同时，积极促进了我国社会的精神文明建设和物质文明建设。

1. 学校体育的功能

学校体育活动扮演着三个重要的角色：首先，它是一个全面的教育工具，不仅教授体育知识，还帮助学生认识自己和理解生命。这种教育方式深刻且潜力巨大。其次，体育活动的核心功能是促进学生的身体健康和发展。它有助于学生实现身体的正常生长，增强体质，全面提升身体素质和基本运动能力，同时提高适应环境和抵抗疾病的能力。最后，体育活动也具有娱乐功能。作为学校课外活动的重要组成部分，体育不仅为学生提供休闲和娱乐的机会，还是他们加强社交、建立友谊和展示自我的平台。通过参与体育活动，学生不仅能锻炼身体，还能在活动中找到乐趣，享受到身心的愉悦，从而加深对体育锻炼的认识，并逐渐影响他们的生活方式和人生态度。

2. 学校体育的目标

在新时代的背景下，学校体育的发展目标需要紧密结合中国的国情和学校的具体情况。随着社会的进步，学校体育的功能和要求也在不断变化，要能同时考虑到学生的需求和学生在不同阶段的身心发展特点。综合来看，学校体育的目标涉及多个层面，包括增强学生体质和促进其身心协调发展，以及推动教育和体育的协调进步。

这些目标包括了课程、条件、过程和效果四个方面。课程目标依据《义务教育体育与健康课程标准（2022 年版）》，注重培养学生在运动参与、运动技能、身体健康、心理健康和社会适应五个领域的能力；条件目标关注体育场地设施、经费和师资的投入，以确保体育教学的基础设施和资源充足；过程目标则涵盖师资培训、体育教学、课余训练、课外活动、运动竞赛、科学研究以及卫生保健等方面，确保体育教育的全面发展；最后，效果目标着眼于学生的体育能力、体质健康水平，体育人才培养及科学研究的最终成果，以衡量和提升学校体育工作的有效性。

（二）学校体育与社区体育的相互关系

1. 学校体育对社区体育发展的特殊作用

学校是社区的组成部分，在一定程度上，学校体育促进社区体育的发展。另外，学校体育具有特定的功能和目标，因此，学校体育对社区体育的发展还具有特殊的作用，具体包括以下几个方面的内容。

（1）学校体育能为社区体育提供急需的人才

学校体育在为社区体育提供急需人才方面发挥着重要作用。社区体育发展面临的主要挑战之一是缺乏具备专业知识的健身指导人员和能有效管理体育活动的组织人员。尽管其他单位能够提供一定的人力和物力支持，但这些资源在数量和专业水平方面往往有限。

在这种背景下，辖区学校的体育教师，作为经过专业学习和培训的专家，可以成为社区体育活动的组织者、指导者和管理者。他们的专业知识和技能对于社区体育的发展至关重要。

此外，大学和中等专业学校的体育专业学生以及高水平运动队的成员也是社区体育的宝贵人才资源。这些学生和队员数量众多，经过专业训练，拥有出色的体育技能，可以大大丰富社区体育的人才库。同时，在各个学校中，还有众多的体育爱好者和学校体育社团成员。他们虽然是业余训练者，但只要接受适当的培训，也能够成为社区体育急需的人才，为社区体育的发展作出贡献。

（2）学校体育能增强社区体育的活力

学校体育在激发和增强社区体育活力方面扮演着关键角色。社区体育中的一大活力来源是充满活力和好动的青少年及儿童群体，这些年轻成员大多是辖区学校的中小学生。他们的积极参与不仅为社区体育注入了活力和生命力，还使得社区体育活动变得更加生动和有趣。

此外，这些年轻人的参与还有一个重要的连锁效应，即能够引起他们家长的注意和参与。这种跨代的参与不仅增加了社区体育活动的多样性和趣味性，还有助于推动社区体育朝着更加融合学校、家庭和社会的一体化方向发展，从而形成一个更加广泛和紧密的社区体育网络。

2. 社区体育对辖区学校体育的影响

（1）社区体育能够丰富学生的课余文化生活

社区体育对于丰富学生的课余文化生活具有显著作用。与学校体育相比，社区体育更加贴近日常生活，其轻松自然的氛围能够为学生提供全新的体验和感受。此外，参与社区体育活动的大学和中专学生，常常承担社区体育指导和组织管理的职责。这不仅让他们有机会深入了解社区体育文化和当地文化，还有利于提升他们的服务意识和各项能力。同时，社区提供的体育设施和器材使学生更加方便地参与各类体育锻炼。这种便利性不仅鼓励学生更积极地参与体育活动，还有助于他们在课余时间更好地放松身心，同时培养健康的生活习惯。

（2）社区体育能拓展体育教学资源

社区体育活动的多样性为学校体育教学提供了丰富的资源。社区中的体育活动，如舞龙、舞狮、扭秧歌、踩高跷、跳竹竿、抖空竹等，不仅富含民间传统和地方特色，还承载着深厚的民俗文化内涵。这些传统体育项目通常对场地和器材的要求较低，易于组织和实施，使其成为学校体育和健康课程的宝贵教学资源。

通过将这些传统和地方特色丰富的体育项目纳入学校体育课程，不仅能够拓展学生的体育知识和技能，还能增强他们对传统文化的认识和理解。这种教学资源的整合有助于丰富学校体育教学内容，激发学生的学习兴趣，同时促进学生对民族文化的尊重和传承。

（3）社区体育促进终身体育理念的树立

社区体育在推动终身体育理念的树立中扮演着关键角色。终身体育理念，即从生命的起始到终结都参与体育活动，将体育作为生活的重要组成部分，并以正确的体育观念指导在不同生活阶段和领域中的体育实践，已成为中国学校体育改革和发展的主要趋势。

社区体育为居民提供了从小到大的体育指导和相关实践的机会，有效衔接了学校体育的教育。相比于学校体育，社区体育活动在内容和形式上更为丰富多样，具有较高的趣味性和自主性，这特别受到学生的喜爱。这种多样性和自主性有助于激发和培养学生对终身体育的兴趣和意识，从而使学生在心中树立终身体育的理念，为他们的身心健康和终身学习奠定坚实的基础。

第四节　社区体育兴起与发展的社会背景

随着中国改革开放的推进，群众体育迅速发展，为社区体育的兴起和发展提供了肥沃的土壤。这一发展背后的主要原因可以归纳为几个关键方面。第一，社会经济的持续增长为体育事业的发展提供了必要的物质基础。随着经济条件的改善，体育设施和活动的投资增加，为群众参与体育活动创造了更好的条件。第二，社会整体生活水平的提升为人们参加体育活动提供了更多的经济支持。随着人们收入水平的提高，他们更愿意投入时间和金钱用于体育锻炼和休闲活动。第三，随着工作和生活节奏的变化，人们的闲暇时间逐渐增多，这为参与体育活动提供了更多的时间。更多的空闲时间意味着人们有更多机会投身于各种体育活动。第四，公众的健康意识显著增强，体育活动逐渐成为人们生活的一个重要组成部分。随着公众健康意识的增强，更多的人开始积极参与体育锻炼，以提升自身的身体健康水平和生活质量。第五，国家对体育事业的高度重视也有效促进了体育活动的普及和发展。政府的支持和推广在很大程度上助力了体育活动的普及和群众体育的发展。正是在这些社会经济和文化背景下，社区体育作为群众体育的一种新形态应运而生，并逐渐发展壮大。社区体育的兴起和发展反映了社会发展的各个方面，不仅体现了经济和文化的进步，也反映了大众对健康生活方式的追求。

一、社区体育兴起的内部动力

新中国成立后，随着社会经济和文化的发展，逐渐形成了独特的"单位体制"，即由各个单位构成的社会调控体系。这个体制不仅是一个工作场所，更是一个实现社会整合和扩充资源的制度化组织，扮演着国家与个人之间的桥梁的角色。在这个体系下，城市社区体育活动多由单位、行业和系统组织开展，社区的作用相对较小，社区体育未能得到充分发展。随着时间的推移，单位逐渐承担了更多的社会服务功能，超出了其本职职能范围。这一现象导致了单位功能的扩散和效益的降低，同时也限制了社区服务功能的发展和社区意识的形成。

1984 年，中国开始实施城市经济体制改革，以转变企业经营机制为核心。这一改革强化了企业的经济功能，同时也对政府和事业单位的编制进行了调整。这一时期，中国的城市管理体制主要是由区、街道和居委会进行管理，但随着经济体制改革的深入和城市化的加速，这种管理体制逐渐显露出不适应现代城市发展的问题。城市管理的任务日益繁重，传统的行政管理机制面临挑战，管理工作量和任务量成倍增长，行政性和直接性的管理方式难以适应新的要求。同时，经济结构的调整和居民生活质量的提高，也给城市社区建设和管理提出了新的要求。在这一背景下，原有的"单位社会化"现象受到冲击，单位的许多非主要职能开始逐渐转移给社会，尤其是社区。单位不再像计划经济时期那样频繁地组织体育活动，以单位管理为主的社会体育受到限制。单位无法完全满足人们对体育活动的需求，于是人们开始转为向社区寻求体育活动的机会。因此，城市经济体制改革成为社区体育兴起的一个关键内部动力。这一变化促进了社区体育活动的发展，为社区居民提供了更多参与体育活动的机会，同时也丰富了社区生活，增强了社区的凝聚力。

二、社区体育发展的外部条件

随着社会的不断发展和经济体制的深化改革，党的十四大提出了建立社会主义市场经济体制的目标。在市场经济背景下，经济的发展策略更加注重区域性的规划和组织，这也为城市基层社区的建设带来了新的挑战和要求，尤其是在社会服务职能分配方面。

为了深化经济体制改革，有几个关键方面需要加强。首先是社区建设的加强，其中社区体育是社区文化服务的重要组成部分。社区体育的开展不仅可以增强社区居民的体质和丰富他们的业余文化生活，还能改善居民的生活方式和提高其生活质量。通过体育活动，居民之间的人际关系得以加强，社区的凝聚力和共同意识也随之增强。社区体育还对促进社区的安全和稳定以及精神文明建设发挥着积极作用。其次，社区管理和服务的加强也至关重要。随着人民生活水平的提升，社区管理和服务的质量与居民的日常生活、工作和学习越来越密切相关。因此，建立一个与经济体制改革相适应、管理有序、服务完善的社区管理体系显得尤为重要。

综上所述，社区体育的发展不仅是体育事业本身的需要，也是社区建设、管理和服务的重要需求。外部条件的核心在于建立一个与市场经济体制改革相适应的社区体育管理体系，这将有力促进社区体育的全面发展和提升社区居民的整体生活质量。

三、社区体育发展的催化剂

随着中国社会人口结构的变化和社会管理难度的增加，社区体育发展的催化剂作用逐渐显现。其中，社会人口老龄化的趋势尤为显著。随着离退休制度的建立和人均寿命的延长，越来越多的老年人成为社区的重要组成部分，中国也逐步进入老龄化社会。

在这样的背景下，社区中的老年人口增多，他们拥有大量的闲暇时间，同时对健康、长寿和社交圈的重建有着迫切的需求。体育活动因此成为他们的理想选择。参与体育活动不仅能够帮助老年人保持身体健康、增强体质、延缓衰老过程，还能够帮助他们扩大社交圈，减少孤独和寂寞感。老年人对体育活动的热情参与在很大程度上推动了社区体育的发展。

人口老龄化是全社会关注的焦点问题，也是人类社会进一步发展过程中的新挑战。然而，社区老年人口的增多在一定程度上增加了社区居民对体育活动的需求，从而成为推动社区体育发展的一个重要催化剂。这种变化不仅促进了社区体育活动的丰富和多样化，还有助于提升社区整体的活力和凝聚力。

第五节　我国社区体育的发展现状及趋势

一、我国社区体育的发展现状

（一）社区体育的管理体制

在我国城市基层社区体育管理体制的构建过程中，我们尚未形成完善、成熟的管理体制。因此，社区体育组织管理呈现出明显的基层化特点。社区体协成为主导力量，其他区域体协则发挥辅助作用。社区体协是由社区办事处、社区单位和居委会组成的上位管理型组织，它以社区办事处为依托，以社区单位和居委会为参加单位。而居委会体育小组、社区单位体协、体育服务中心、体育俱乐部、体育辅导站、晨晚练活动站（点）和专门体协等组织则属于下位活动性组织。社区体育与单位职工体育之间存在着密切的联系，而社区单位体协则是这种关系的具体表现。在构建城市基层社区体育管理体制的过程中，我们需要重视社区体协和其他区域体协的作用，加强组织间的协调与合作，推动社区体育的发展和完善。同时，我们也需要关注下位活动性组织的发展，提升其组织能力和活动水平，为社区体育的发展提供更多的支持和帮助。只有这样，我们才能让城市基层社区体育管理体制更加系统、完善，为社区居民带来更好的体育活动体验。

从城市社区体育发展的管理体制角度来看，城市社区体育在突破了以往群众体育"以条为主"的管理体制的基础上，进一步发展并有所创新。从城市社区体育发展的管理角度来看，群众体育已经深入城市的最基层，并逐步形成新的群众体育管理体制，这一体制是"条块结合""以块为主"的，为我国实现群众体育普遍化、生活化提供了组织上的保障。

我国城市社区体育组织形式主要分为五种：一是社区体协，二是住宅区体协，三是晨晚练活动站（点），四是地（片）区体协，五是街道体协。这些组织是群众进行体育健身活动的主要阵地，其中包括城乡社区体育指导站和活动站。调查显示，全国城市和乡镇体育指导站的数量正在逐步增加，其中县级体育指导站数量的增长比例较大。这些基层体育指导站数量的增加，为我国建立健全的社区体育组织网络奠定了良好的基础。

（二）社区体育活动状况

1. 社区体育的活动形式

社区体育的活动形式主要包含以下两种：一种是日常性活动，此类活动主要在晨晚练活动站（点）进行，活动的规模受到场地条件的限制，以小规模活动为主；另一种是经常性体育竞赛，这类竞赛既可以安排在节假日，也可以按季节安排举行，其活动内容根据各社区开展的体育活动的不同而有所差异。

2. 社区体育的活动内容

目前，日常性晨晚练活动主要涵盖五大类项目，包括散步、跑步、健身操、太极拳和气功。这些活动以其非竞技化的特性，及其展现出的韵律性、表演性、传统性和文体一体化的特色，吸引了广大市民的积极参与。社区体育活动的内容和形式丰富多样，各社区在选择体育活动内容时，通常会依据本社区的体育传统以及社区场地和设施等条件进行选择。而那些既有娱乐性又有趣味性的体育活动更是深受社区居民的喜爱，营造出欢乐祥和的社区氛围。

3. 社区体育活动参与人群

社区体育活动因其形式和内容的多样性，吸引了不同类型的人群参与。通常，日常性（晨晚练）活动的参与者主要是附近的居民，其中老年人占据较大比重，而女性参与者又相对较多。这可能反映了老年人和女性对身体健康和锻炼的关注度较高。另外，由于体育竞赛活动的计划性较强，组织者在制订比赛计划时，通常会考虑到各类人群的需求和特点。因此，体育竞赛活动的参与人群更为广泛，涵盖了各个年龄段和不同性别的人群。部分社区还会专门为少年儿童、妇女、残疾人等特定群体组织比赛，这体现了社区体育活动的多样性和包容性。这样的社区体育活动不仅能够满足不同人群的需求，促进社区内部的交流与互动，还能够提高居民的身体素质和生活质量。同时，通过组织各种形式的比赛和活动，可以增强社区居民的凝聚力和归属感，为构建和谐、健康的社区环境提供积极的支持。

（三）社区体育活动的管理和指导

社区体育活动的管理者主要是兼职人员，他们通常是社区居民或体育爱好者，通过担任管理者来组织和协调社区体育活动。当然，也有一些专职的管理者，他们具有更专业的体育管理背景和经验，能够为社区体育活动提供更全面和专业的服务。社区体育指导员则以义务服务为主，他们通常是具有体育专业背景和经验的志愿者，为社区居民提供免费的体育指导和训练服务。当然，也有一些有偿的社区体育指导员，他们会提供更专业和个性化的服务，如针对特定群体或提供定制化的训练计划等。总的来说，社区体育指导员的服务以义务为主、有偿为辅。

1. 社区体育活动的管理者

研究显示，社区体育协会中专职管理者的比例相对较低。在这些专职管理者中，有很多人都是身兼数职，他们不仅承担着管理职责，还负责其他一些与社区体育工作相关的任务。另外，还有一些管理者是聘请的离退休人员来担任的。由于大部分管理者都肩负着多项职责，他们的工作内容非常繁杂，这使得他们在社区体育工作上很难投入大量的精力。由于管理工作本身就是一项需要投入大量时间和精力的任务，而身兼数职的管理者又要分散精力去处理其他事务，因此他们很难在管理工作上发挥出最大的能力。在这种情况下，社区体育协会需要采取措施来解决这个问题。首先，应该增加专职管理者的数量，提高他们的比例，这样可以使得管理工作更加专业化，提高管理效率和质量；其次，对于身兼数职的管理者，应该考虑为他们减轻负担，减少他们的工作量，让他们能够更加专注于管理工作；最后，对于离退休人员担任管理者的现象，应该根据实际情况进行评估，如果发现他们无法胜任管理工作，应该考虑聘请其他人员来担任这个职务。

2. 社区体育活动的指导者

社区体育活动的组织者主要分为两类：有偿活动组织者和无偿活动组织者。在这两类中，无偿活动组织者的比例超过了有偿者。通常，社区体育活动，特别是晨晚锻炼活动，多由离退休人员负责指导。在担任体育活动指导者的人员中，只有一小部分接受过专业的培训。从历史角度看，我国在 2001 年开始初步建立了一个以体育行政管理人员为领导的群众体育工作队伍。这个队伍主要由体育社会团体成员、乡镇和街道的体育干部组成，以社区体育指导为核心。

（四）社区体育的物质条件

社区体育的物质条件主要包括两个方面：一是社区体育活动的场地设施；二是社区体育活动的经费来源。

1.社区体育活动的场地设施

随着人们对体育的重视以及对身体和心理健康的关注日益增加，人们对体育活动场所的需求也随之增长。由于传统体育场所已不足以满足日益增长的需求，人们开始将体育活动扩展到公园、空地以及江河湖边等地点。因此，社区体育活动的场地不仅限于专门的体育场所和社区公共体育设施，还包括这些开放空间和自然区域。许多地方的晨练和晚练活动都是在这些多样化的场所进行的。自 1998 年起，国家体育总局开始利用体育彩票的公益金来建设全民健身工程。这些新建的健身场地和设施的投入使用，在很大程度上缓解了社区健身场地和设施不足的问题。

2.社区体育活动的经费来源

基层社区体育活动的资金来源主要有四种途径：个人会员费或比赛报名费、社区拨款、社区单位的集资活动以及赞助。在这些资金来源中，通过个人缴纳会员费或比赛报名费所获得的资金相对较多。会员费、培训费和比赛报名费的收取主要是为了满足社区晨晚锻炼活动的经费需求。社区的经济实力是决定社区拨款金额的一个重要因素。社区单位的集资方式通常包括会员费和团体报名费等。至于赞助商的参与，则通常体现为产品或企业提供赞助并以其名称命名相关的体育赛事。

二、我国社区体育的发展趋势

（一）社区体育主体多元化

社区体育活动的参与群体正变得越来越多元化。由于工作和学习时间的限制，一般社区体育活动的主要参与者是离退休人员和学生。然而，随着职场中青年、学生群体以及各类体育爱好者对体育锻炼需求的增加，社区体育活动的参与者构成正在发生变化。这种变化在周末和节假日尤为明显，此时在职人员有更多的闲暇时间参与体育活动。这些群体基于他们各自对体育的兴趣和需求加入社区体育活动，进一步推动了社区体育活动主体的多元化。因此，可以预见，未来社区体育活动将涵盖更广泛的人群，形成更加丰富和多元的社区体育文化。

（二）社区体育组织网络化

随着人们对体育锻炼需求的不断增长，社区体育活动的组织和管理需要趋向网络化，以更有效地满足社区居民的需求。城市基层政府的派出机构，如街道办事处，扮演着城市基层社区管理者的关键角色。这些机构不仅有责任和能力，而且有潜力成为社区体育组织网络的支持和依托。通过建立这样的网络化体系，可以更加高效地组织和管理社区体育活动，从而更好地服务于社区居民的体育需求。[①] 这种组织方式有助于实现资源的优化配置，确保体育活动的广泛参与和有效管理。

（三）社区体育活动业余化

目前，尽管由社区体育协会和一些地区性体育协会组织的社区体育活动并非全部是业余性质的，但随着企业运作机制的加强、事业单位人员的减少以及工作节奏的加快，业余体育活动的重要性正在逐渐凸显。这种趋势主要是由于人们越来越多地受到工作时间的限制，因此非业余体育活动的开展和进行受到了一定程度的限制。同时，人们开始更多地利用清晨、傍晚、周末和节假日的

① 刘玉．我国社区体育服务智慧治理体系研究 [J]．体育科学，2023，43（4）：24-37．

时间进行体育锻炼，这一变化使得社区体育活动更加倾向于业余化。这种业余化的趋势反映了人们在紧张的工作生活中寻求平衡和健康的需求，以及社区体育活动适应这一需求的能力。

（四）社区体育内容与形式多样化

为了满足人们日益增长的体育需求，社区体育活动的内容和形式必须多样化。一方面，目前受欢迎的韵律性、表演性和传统性的体育活动将继续在社区居民的晨晚锻炼中占有一席之地。这些活动因其趣味性和易于参与性，一直深受社区居民的喜爱。另一方面，随着社区体育场地和设施的持续改进与提升，更多的竞技性和非竞技性体育活动也将被纳入社区体育活动的范畴。除了晨晚练习和年度的比赛、表演活动外，还将开展更多形式的体育活动和竞赛，如家庭体育活动、楼群体育活动和庭院竞赛等。这些活动不仅丰富了社区居民的体育生活，也增强了社区的凝聚力和活力。

（五）社区体育设施将更加完善

随着社区的持续发展和居民对体育重视程度的提升，人们对社区体育的认识和价值观正在发生深刻变化。这种变化不仅体现在参与体育活动的人数增多上，还体现在人们对体育设施的需求和期望上。全民健身计划的实施，作为这一变革的重要推手，不仅使得现有的社区体育场地和设施得到更有效的利用，而且还促进了新的体育设施的建设和现有设施的完善。

社区体育设施的完善和增加，将在多个方面显著提升社区居民的生活质量。首先，更多的体育设施意味着更多的选择和更大的便利性。居民可以根据自己的喜好选择合适的运动，无论是球类运动、游泳、健身还是散步和瑜伽。设施的多样化不仅能满足不同年龄和能力层次的居民的需求，还能鼓励更多的社区成员积极参与体育活动。其次，设施的完善也将提升社区的整体环境和居民的生活品质。设施的增加和改善将提供更安全、更舒适的运动环境，从而吸引更多的社区居民参与体育活动，这不仅促进了居民的身体健康，也增强了社区凝聚力和居民之间的交流。此外，随着体育设施的完善，社区体育活动的组织和管理也将更加高效。优质的设施将为社区体育活动提供更好的支持，使得活动组织更加专业和有序，从而提升居民的参与体验。在经济层面上，完善的体育设施不仅增加了社区的吸引力，也提高了房地产的价值。这不仅为居民提供了更好的生活环境，也为社区的长远发展提供了动力。最后，社区体育设施的改善还将有助于环境保护。通过提供方便的本地运动场所，减少了居民外出远距离锻炼的需要，从而减少了交通出行，有助于减少碳排放和环境污染。

第二章　社区体育组织的管理

第一节　组织的定义与重要性

一、社区体育组织的含义

社区体育组织，基本上是指以地方社区为基础的群众体育组织，但其含义远不止于此。它可以从三个不同的视角来理解和定义。

首先，社区体育组织可被视为区域性的民间社团组织。其区域性特征决定了成员的构成和活动的范围，而民间性质是其性质和发展模式的关键因素。这种组织依托于地方社区，致力于组织和管理社区内的体育活动和事业。其次，社区体育组织也可以被认为是一种横向的中介组织。这一定义基于当代中国社会组织系统由纵向的行政隶属关系向横向的中介联盟结构的转变。在这一过程中，社区体育组织充当了中间角色，具有间接的管理作用，扮演着半官半民的社会角色。最后，社区体育组织还可以被看作邻里型的网络组织。它不同于一般的社团组织，因为它既是基于共同兴趣和爱好的组织，也是基于共同居住地的居民组织。这种组织的成员间因为共享生活利益而拥有更多的共同语言和共同利益，形成了一种由多个活动组织构成的网络，这对提高体育服务质量至关重要。

尽管对社区体育组织的理解存在多样性，但从社会组织的通用属性来看，它主要由四个核心要素组成：规范、地位、角色和权威。规范指的是社区体育组织内部稳定且被普遍接受的规则和制度。这些规范为组织内部的活动提供了基本的指导和框架，确保其运作的有序性和连贯性。地位反映了人们在社区体育组织及其社会关系网络中的位置。它涵盖了个体在组织结构中的角色定位和相互关系的层次。角色则是指组织成员根据社会规范在其特定社会地位下的行为模式。社区体育组织由一系列相互依赖、紧密联系的角色组成，这些角色共同协作，确保组织目标的实现。权威是一种被合法化的权力形式，它对于维持组织的正常运行至关重要。权威在组织中的运用使成员感受到一定的约束和限制，从而保证组织内部的秩序和效率。综上所述，这四个要素共同构成了社区体育组织的基础，确保其作为一种社会组织能够有效运行并实现既定目标。

二、社区体育组织在社区体育中的地位

社区体育作为一个综合体系，其运行依赖于多个关键要素的相互作用。这些要素包括参与的社区成员、体育组织、场地设施、社会体育指导员、具体的体育活动以及经费保障。在这些要素中，社区体育组织扮演着核心和枢纽的角色，是推动整个社区体育系统运行的关键因素。

社区体育组织首先负责确定社区体育工作的目标。这包括制订长期和短期的体育发展计划、确定特定体育活动的目标，以及确保这些目标与社区成员的需求和期望相符合。通过明确的目标设定，社区体育组织为社区体育的发展提供了明确的方向和重点。此外，社区体育组织还承担着筹集经费的重要任务。这些经费对于保障社区体育活动的正常开展至关重要，包括场地租赁、设备购置、活动组织和社会体育指导员的薪酬等。组织需通过多种途径筹集资金，如申请政府资助、寻求赞助和组织筹款活动等。

在实施层面，社区体育组织负责落实社区体育活动的场地设施。这不仅涉及场地的选择和维护，还包括确保设施安全、适用和易于访问。合适的场地设施是开展高质量体育活动的基础，对于吸引更多社区成员参与体育活动至关重

要。同时，社区体育组织还需要管理社区体育活动，包括活动的策划、组织和执行。这涉及设计多样化的体育活动以满足不同群体的需求、安排社会体育指导员以提供专业指导，以及监督活动的安全性和效果。

总而言之，社区体育组织作为社区体育系统的核心要素，其作用不仅仅是一个管理者或协调者，更是一个激励者和创新者。它通过有效的管理和创新策略，不断提升社区体育活动的质量和影响力，促进社区成员的身心健康，并增强社区的凝聚力和活力。

第二节　组织的类型与结构

一、社区体育组织的类型

社会组织，作为更广泛社会结构的一部分，呈现出多样性和差异性。这些差异反映了它们所处的社会环境和背景。为了使研究更加细致和专业化，社区体育组织可以从不同的角度进行分类。从组织建立的方式来看，社区体育组织主要分为两类：自主松散型和行政主导型。自主松散型社区体育组织通常是由社区居民自发建立的，具有较为松散的组织结构。这类组织也被称作自发性社区体育组织，常见形式包括体育活动点、体育辅导站和社区体育单项体育协会等。在中国城市中，这种类型的组织以晨晚锻炼活动点为主。行政主导型社区体育组织则是依托于政府部门或企事业单位的，其组织程度较高。[①]这种类型的组织也被称为正式社区体育组织，如社区体育服务中心、社区体育俱乐部和街道社区体育协会等。在这些组织中，街道社区体育协会是最为常见的形式，通常是基于街道办事处，结合辖区内的单位和居委会共同成立。这两种不同类型的社区体育组织各自具有其特点和功能，反映了社区体育在中国的多元化和社会结构的影响。通过这样的分类，可以更加深入地理解和研究社区体育组织的运作方式和社会作用，为进一步推动社区体育的发展提供理论和实践支持。

---

① 赵立，骆秉全. 社区体育的理论与实践 [M]. 北京：北京体育大学出版社，2001：15.

根据组织受益者的不同，社区体育组织可以划分为互惠组织、服务组织、经营性组织和大众福利组织四种类型。互惠组织主要是成员因为共同兴趣聚集在一起的体育组织，其成员通常参与程度较低。这类组织的特点是成员数量与组织内的权力结构有密切关联，如晨晚锻炼活动点等。服务组织则以提供优质服务为主旨，致力于满足受惠者的具体需求。这类组织通常提供专业的体育技术指导和辅导，如体育技术辅导站等。经营性组织是指能够产生经济价值，其收益可用货币形式衡量的组织。这些组织通常按照国家规定经体育、税务和工商部门审查、登记和批准，如某些社区体育俱乐部等。大众福利组织的特点是服务于广泛的社会公众，目的在于增进整个社区的福祉。这类组织通常提供公共服务，如老年人文体活动中心、体育活动指导站等。这四种类型的社区体育组织各有其特点和功能，反映了社区体育在满足不同社会群体需求方面的多样性。通过这样的分类，可以更深入地了解社区体育组织的作用和价值，有助于促进社区体育的全面发展。

二、社区体育组织的结构

社区体育组织的结构是其运行和管理体育活动的基础。这种结构通常涵盖几个关键组成部分，共同确保组织能够高效地运作并实现其目标。

管理层：社区体育组织的管理层通常由一组负责决策和策略制定的个体组成。这可能包括主席、副主席和其他高级管理人员。他们负责制定组织的总体方针，监督组织的日常运作，确保组织目标的实现。

行政部门：这个部门负责处理组织的日常行政工作，如档案管理、财务管理、人事管理和通信协调。行政部门确保了组织的内部流程和外部交流的顺畅运行。

活动策划与执行部门：负责设计和实施社区体育活动。这包括规划各种体育活动、赛事和训练课程，同时协调各类资源，如场地、设备和人力资源等，以确保活动的顺利进行。

市场与公关部门：这个部门专注于提升组织在社区内的知名度和影响力。

他们负责营销策略的制定和实施、社区关系的建立和维护，以及与赞助商的沟通与合作。

技术支持部门：负责提供专业的技术支持，如体育设施的维护、体育器材的管理和更新，以及对体育指导员的培训和指导。

社会体育指导员团队：由专业的体育指导员组成，他们直接与社区成员互动，提供专业的体育指导和训练。他们是连接组织和社区成员的关键环节，对提高社区体育活动的参与度和满意度起着至关重要的作用。

志愿者和其他支持人员：志愿者和其他支持人员在社区体育组织中也扮演着重要角色。他们提供必要的辅助支持，如活动现场的管理、参与者的注册和信息传递等。

整体而言，社区体育组织的结构需要充分考虑到其多样性和综合性，确保能够满足社区体育活动的各种需求，同时促进社区体育的健康发展。通过这种结构的设置，组织能够更有效地服务于社区，推动社区体育的繁荣和进步。

第三节　组织的管理策略

一、战略规划与目标设定

社区体育组织的战略规划与目标设定是确保其长期成功和可持续发展的关键环节。这一过程涉及明确组织的使命、愿景和战略目标，并将这些转化为可执行的计划和具体的行动。

首先，制定长期和短期目标是战略规划的核心部分。长期目标通常涵盖组织的整体愿景和主要发展方向，如提高社区体育参与度、改善体育设施或提升服务水平；短期目标则更具体、更具操作性，如增加特定时间内的活动数量、提升成员满意度或筹集特定金额的资金。这些目标不仅要具有挑战性，还要具备可实现性，以确保组织能够在确定的时间框架内达成。其次，确定组织的发展方向是规划的重要组成部分。这包括分析当前社区体育的需求和趋势、评估组织的内外部环境，并据此确定发展重点。例如，如果社区内青少年体育活动的需求增长，组织可能决定增加青少年体育项目和活动。同样，组织还需考虑如何应对潜在的挑战，如资金短缺、人力资源不足或政策变化等。最后，设定可量化的绩效指标对于跟踪和评估战略规划的实施至关重要。这些指标应与组织的目标紧密相关，可以是参与人数、活动数量、资金筹集额度或成员满意度等。通过定期监测这些指标，组织可以评估其战略规划的效果，及时调整策略和计划，确保目标的实现。

二、财务管理和资金筹集

社区体育组织的财务管理和资金筹集是其运营和发展的关键环节，涉及预算编制、财务控制、资金筹集的策略，以及资金使用的透明度和效率。

首先，预算编制与财务控制是确保组织财务健康的基础。这包括评估组织的收入来源（如会员费、赞助和政府补助）和支出（如活动成本、设施维护和员工薪酬）。有效的预算编制需要考虑组织的长期和短期财务目标，并在此基础上制定合理的收支预算。同时，严格的财务控制机制是确保预算执行的关键，这包括定期审查财务报告、监控支出和调整预算以适应变化的需求。其次，筹集资金的策略是支撑社区体育组织持续运作的重要组成部分。有效的资金筹集策略可能包括寻找赞助商、组织筹款活动、申请政府或私人基金支持等。在这一过程中，组织需要清晰地传达其使命和目标，以吸引潜在的赞助者和捐助者。同时，创新的筹资方法，如在线众筹和合作营销，也可以为组织带来额外的收入。最后，资金使用的透明度和效率对于赢得公众信任和支持至关重要。这要求组织在资金使用上保持高度的透明，包括定期公布财务报告和资金使用情况。同时，确保资金的有效利用，如投资于高回报的项目和活动、减少不必要的开支、优化资源配置。

三、活动策划与执行

活动策划与执行对于社区体育组织来说至关重要，它直接影响着组织能否成功吸引和保留参与者，以及能否有效地推广体育活动和增强社区的活力。

体育活动的创新与多样化是活动策划的重要部分。社区体育组织应不断探索新的体育项目和活动形式，以适应不同年龄段和不同兴趣爱好者的需求。例如，除了传统的篮球、足球等团队运动，还可以引入瑜伽、舞蹈、健身操等个人锻炼项目，甚至组织户外探险、登山等活动，丰富社区居民的体育生活。同时，利用节日、纪念日等特殊时期，举办主题性体育活动，既能增加活动的吸引力，又能提高群众的参与度。

体育活动的组织与协调是确保活动顺利进行的关键。这包括明确活动目标、计划活动流程、准备所需物资设备、协调工作人员和志愿者等。组织者需要高效地处理活动的各个方面，确保活动安全、有序进行。有效的沟通策略对于协调内部团队和与外部合作伙伴的关系至关重要。此外，应急预案的制定和执行也是不可忽视的部分，它有助于应对突发情况，保障活动的顺利进行。

参与者的吸引与留存是评价活动成功与否的关键指标。为了吸引更多的社区成员参与，组织者应通过各种渠道宣传活动信息，如社交媒体、社区公告栏、口碑传播等。同时，提供个性化和差异化的服务也非常重要，如针对不同年龄和体能水平的参与者提供不同难度的活动选项。此外，增加与参与者的互动，提升其参与感，如组织比赛、团队建设活动等，能够提高他们的参与度和忠诚度。收集参与者的反馈，不断优化和调整活动内容，以确保能够满足他们的期望和需求。

四、合作伙伴关系建立与维护

在社区体育组织发展的过程中，建立和维护合作伙伴关系是实现其目标和提升影响力的关键。合作伙伴关系的建立涉及多个层面，包括与政府部门、私营企业以及其他社区组织的合作。

与政府部门的合作对社区体育组织至关重要。政府部门通常是政策制定者和资金来源，与之建立良好的合作关系可以为社区体育组织提供必要的支持和资源。这种合作可以是直接的财政资助，也可以是政策上的支持，如提供税收优惠、批准使用场地等。此外，政府部门还可以在推广体育活动、提升公众健康意识方面提供帮助。有效的政府合作不仅有助于组织获得稳定的资源支持，还能增强其在社区中的公信力和影响力。

　　与私营企业的伙伴关系也是社区体育组织不可忽视的资源。私营企业作为潜在的赞助商，可以为社区体育活动提供资金支持、技术援助或设备供应。除了财务资助外，与私营企业的合作还可以带来市场营销的机会，增加社区体育活动的曝光率。同时，企业也可以通过赞助社区体育赛事或活动来提升其品牌形象。为了维护这种合作关系，社区体育组织需确保合作双方的利益一致，并保持透明和高效的沟通。

　　与其他社区组织的联合对于扩大影响力和资源共享同样重要。与其他社区组织如学校、非营利组织或社区中心的合作，可以带来更多参与者和志愿者，丰富活动内容，同时扩大社区体育的覆盖范围。此外，这种联合还可以促进经验和知识的交流，共同解决社区面临的挑战。例如，社区体育组织可以与学校合作，共同推广青少年体育活动，或者与健康相关的非营利组织合作，共同举办公共健康推广活动。

五、沟通与社区参与

　　在社区体育组织的运营中，沟通和社区参与是至关重要的环节。它们不仅有助于扩大组织的社会影响力，还能促进社区成员的积极参与和对组织活动的支持。

　　提高社区参与度需要综合考虑社区的特点和居民的需求。这包括举办各种类型的体育活动以吸引不同年龄和兴趣的社区成员。例如，为青少年提供街舞、滑板等时尚运动项目，为中老年群体开展太极、瑜伽等健康促进活动。此外，举办社区体育赛事和节日活动，可以增强社区居民的凝聚力和参与感。同时，联合社区内的学校、社区中心等机构，建立合作网络，共同推广体育活动，扩大参与群体。另外，通过设置奖励和激励机制，如优惠券、荣誉证书或小礼品等，也能鼓励居民积极参与。

有效的内外部沟通机制对于确保信息准确传递和加强组织内部的团队协作至关重要。内部沟通应确保所有团队成员对组织的目标、计划和活动安排有清晰的了解。这可以通过定期会议、内部通信和工作小组等方式实现。对于外部沟通，社区体育组织需要利用多种渠道，如社交媒体、社区公告板、电子邮件通信等，及时向社区成员传达活动信息。同时，与当地媒体的合作也能有效提升组织的知名度和影响力。

社区反馈的收集与应用对于提升组织服务质量和满足社区需求至关重要。这包括通过问卷调查、社区会议或社交媒体等方式收集居民对体育活动的意见和建议。收集到的反馈应被认真分析，并用于指导未来活动的策划和改进。例如，如果收到关于活动时间或地点不便的反馈，组织应考虑调整以更好地适应社区成员的需求。同时，对于积极反馈和成功案例的分享，也能激励更多社区成员的参与。

第四节　组织的评价与改进

一、绩效评估

社区体育组织的评价与改进是其可持续发展的关键要素，特别是绩效评估在持续改善和提升服务质量方面扮演着重要角色。

设定评估标准与指标是有效绩效评估的前提。这些标准和指标应涵盖组织的各个方面，包括财务表现、活动参与度、会员满意度、社区影响力等。例如，财务指标可能包括收入增长率、成本控制率，而活动参与度可以通过参与人数、频率等来衡量。同时，会员满意度调查可以提供关于服务质量和活动安排的重要反馈。这些指标应具有可测量性，以便于准确评估组织的绩效。

定期绩效审查对于确保组织目标的实现和指导未来的决策至关重要。这通常包括定期的内部审查会议和外部审计。在这些审查过程中，管理层和相关部门需要汇报其绩效，并与预先设定的标准进行比较。这不仅有助于及时发现问题和挑战，还能识别成功经验和最佳实践，以便在整个组织中推广。

反馈与绩效分析是绩效评估的重要组成部分。组织需要从内部员工、会员、合作伙伴和其他利益相关者那里收集反馈。通过对这些反馈的深入分析，组织可以获得宝贵的洞见，了解自身的优势和改进领域。例如，如果多数会员反映某类体育活动不够吸引人，组织可能需要考虑调整活动内容或引入新的项目。同样，员工的反馈也能提供关乎内部流程和工作环境的重要信息。

二、质量控制与保证

在社区体育组织中，质量控制和保证是提升服务标准、增强社区参与度的关键。这一过程不仅涉及体育活动本身的质量控制，还包括服务质量的持续改进以及对客户满意度的评估和反馈利用。

体育活动质量控制是确保社区体育组织成功的基础。高质量的体育活动应该是安全、有趣且适合所有年龄和能力水平的人参与的。首先，安全是最重要的考量，这意味着必须确保所有设备和设施都符合安全标准，并定期进行检查和维护。其次，活动的设计应考虑到不同参与者的需求，确保活动既具有挑战性，也能适应不同技能水平的参与者。此外，创新的活动内容和教学方法能够激发参与者的兴趣从而提高其参与度，例如，引入新的体育项目或融合技术元素，如虚拟现实体育游戏，能够吸引年轻一代。

服务质量的持续改进对于社区体育组织来说至关重要。这包括不断审视和优化各项服务流程，如会员注册、活动报名、客户服务和投诉处理等。组织应定期收集员工和客户的反馈，以了解服务流程中的痛点和提升空间，并根据这些信息进行相应的调整。此外，培训工作人员和志愿者，确保他们具备所需的技能和知识，对提高服务质量至关重要。例如，提供客户服务培训和紧急情况应对培训，能够确保员工在各种情况下都表现出色。

客户满意度的评估是衡量社区体育组织绩效的另一个关键指标。这涉及通过问卷调查、面谈、社交媒体反馈和其他工具收集客户的意见。这些数据能提供宝贵的洞见，指导组织改善其服务和活动。例如，如果多数参与者表示他们希望有更多的团队运动活动，组织可以考虑增加相关项目。同时，客户满意度调查也可以揭示潜在的问题，如设施不足、工作人员服务态度差等问题，从而使组织能够及时采取措施进行改进。

三、策略调整与改进计划

在社区体育组织的发展过程中，调整策略以及制订并执行改进计划是保证组织持续进步和适应市场变化的关键。这个过程包含了基于评估结果的策略调整、改进计划的制订与实施，以及创新的引入和对市场变化的适应。

根据评估结果调整策略是持续改进的起点。组织需要定期对其运营的各个方面进行评估，包括财务表现、活动效果、会员满意度等。评估不仅涉及定量指标，还包括定性的反馈，如会员的意见和建议。基于这些评估结果，组织可以识别出需要改进的领域，并据此调整其运营和管理策略。例如，如果评估发现某些体育活动参与度低，组织可能需要考虑调整这些活动的内容或者时间安排，以更好地满足社区成员的需求。

改进计划的制订与实施对于将策略调整转化为实际行动至关重要。制订改进计划时，需要明确目标，确定具体的执行步骤和时间表，分配所需资源，并指定负责人。例如，如果目标是提高特定体育项目的参与度，改进计划可能包括市场调研、新的营销活动、教练员的培训等。实施过程中，需要定期监测进度，并根据实际情况作出必要的调整。

创新与适应市场变化对于组织保持持久竞争力至关重要。这意味着组织需要持续关注市场趋势和社区成员的动态需求，并相应地引入创新。创新可以是新的体育项目、改进的服务模式、先进的技术（如在线预订系统或移动应用），甚至是全新的合作模式。同时，组织也应灵活适应外部环境的变化，如政策变动、经济波动等，确保其策略和计划始终与时俱进。

四、风险管理与应对

对于社区体育组织而言，有效的风险管理和应对机制是确保其稳定运作和持续发展的关键。这一过程包括风险的识别与评估、风险应对策略的制定以及危机管理和应急预案的准备。

风险识别与评估是风险管理的首要步骤。社区体育组织需要定期进行全面的风险评估，识别可能面临的各类风险，这包括财务风险、运营风险、法律风险、安全风险等。例如，财务风险可能涉及资金不足或预算超支；运营风险可能包括设施维护不当或活动组织不力；法律风险则可能涉及合规性问题或合同纠纷。安全风险，尤其是参与者的安全问题，更是需要高度重视。通过识别这些潜在的风险点，组织能够更好地准备应对措施。

针对识别出的每一种风险，组织需要制定相应的应对策略。这些策略可能包括风险的避免、降低、转移或接受。例如，财务风险可以通过严格的预算控制和多元化的资金筹集方式来降低；运营风险可以通过加大员工培训力度和优化流程来避免；法律风险则需要通过合规性审查和专业法律咨询来应对。对于安全风险，采取预防措施和安全教育是关键。

尽管组织已经采取了各种预防措施，但面对不可预见的危机，如自然灾害、重大安全事故或财务危机，依然需要有充分的准备。应急预案需要详细规定在危机发生时的具体行动步骤，包括应急响应团队的组成、沟通渠道的建立、资源的调配，以及恢复计划的实施。此外，定期的危机响应演练和员工培训也至关重要，以确保在真实危机发生时，每个人都能知道如何行动。

五、资源管理优化

社区体育组织的资源管理优化是确保其有效运作和持续发展的关键。有效的资源管理不仅涉及现有资源的合理配置和高效利用，还包括对新资源的开发与整合。

进行资源配置的合理性分析是资源管理的基础。这一过程需要评估组织的资源需求，并与现有资源进行对比，包括财务资源、人力资源、物资资源和信息资源。例如，财务资源的分析可能涉及资金分配是否符合组织的长期和短期目标；人力资源分析则需要考虑员工的技能与职责是否匹配，以及是否有足够的人手支持各项活动；物资资源分析则涉及设施和设备的分配是否能满足活动需求。通过这种全面的分析，组织可以确保资源的配置最大化地支持其目标和计划。

高效利用现有资源对于提升组织效率至关重要。这意味着不仅要确保资源得到最有效的使用，还要避免资源的浪费。例如，对于财务资源，需要严格控制成本，确保每一笔开支都能带来最大的回报；对于人力资源，则需要确保员工的技能和能力得到最佳利用，同时提供培训和发展机会，以提高其工作效率和满意度；对于物资资源，需要定期维护设施和设备，延长其使用寿命，同时通过共享机制减少重复购置。此外，有效的信息管理系统也是资源高效利用的关键，它可以帮助组织更好地计划和调度资源。

新资源的开发与整合是资源管理的进阶步骤。这包括寻找新的资金来源，如新的赞助商、政府补助或众筹；招募和培养新的人才，特别是那些能够为组织带来新思路和具有创新能力的人才；以及探索新的合作机会，如与其他社区组织合作，共享资源和经验。在整合新资源时，组织需要考虑如何将这些资源有效地融入现有的体系中，以增强组织的整体能力和影响力。

六、员工培训与发展

在社区体育组织中，员工培训与发展是维持和提升组织效能的关键环节。它涵盖了员工能力提升培训、职业发展规划以及激励机制与团队建设。

员工能力提升培训对于提高组织整体效率和服务质量至关重要。这种培训应该多元化，包括专业技能、客户服务技巧、安全管理、应急反应等的培训。通过专业技能培训，员工可以更加熟练地进行体育指导和活动组织；客户服务技巧培训则能提升员工在与会员互动时的沟通能力和服务水平；安全管理和应急反应培训则对于保证活动安全、减少意外事故的发生至关重要。此外，鼓励员工参加相关研讨会和行业交流活动，也是提升其能力的有效方式。

职业发展规划对于保持员工的工作动力和忠诚度非常重要。组织应该与员工一起制定个性化的职业发展规划，帮助他们设定职业目标，并提供实现这些目标所需的支持。这可能包括提供晋升机会、培训津贴、学历提升的机会等。为员工提供清晰的职业发展路径，不仅能提高他们的工作满意度，还能激发他们为组织长期贡献的动力。

激励机制与团队建设是提升组织凝聚力和工作效率的重要因素。有效的激励机制包括奖金、加薪、表彰和奖励假期等，这些都能显著增加员工的工作动力。同时，团队建设活动，如团队培训、户外拓展和团队庆祝会等，能够增强员工之间的相互了解和合作，从而提升团队整体的工作效能。此外，创建一个支持性和开放的工作环境，鼓励员工之间的交流与合作，也是团队建设的关键。

第三章　社区体育活动的管理

第一节　活动的定义与重要性

一、定义和类型

社区体育活动是指在社区范围内组织的，旨在促进居民健康、社交互动、文化交流和娱乐的体育活动。这些活动通常由社区中心、学校、非政府组织或居民自发组织。它们有助于增强社区凝聚力，同时为居民提供参与体育运动的机会。

社区体育活动包括以下五种类型。

团队运动：足球、篮球、排球等，这些活动强调团队合作和集体竞技。

个人运动：游泳、跑步、网球等，这些活动更注重个人技能的提升和健康的维护。

健身活动：瑜伽、太极、舞蹈等，这些活动旨在提高身体素质，强化身心健康。

户外冒险活动：徒步、登山、划船等，它们不仅锻炼身体，还提供与自然亲近的机会。

社区运动赛事：定期举办的小型赛事，如社区马拉松、篮球联赛等，旨在激发社区居民的竞技精神和促进相互交流。

二、社区体育活动的重要性

社区体育活动在当代社会中扮演着至关重要的角色，这些活动对于个人、社区以及整个社会都具有深远的影响。

（一）增进身体健康

社区体育活动以其便利性和实用性，为社区居民提供了一种简易且有效的方式参与体育锻炼，从而使社区居民在多方面增进身体健康。首先，这些活动有助于改善心肺功能，定期的有氧运动如跑步、游泳、骑自行车等，能够加强心脏的泵血能力和提高肺部的氧气吸收效率，有效降低心脏病的风险。其次，社区体育活动通过各种运动形式，如举重、瑜伽、体操等，增强肌肉力量和灵活性。这种力量训练不仅有助于在日常生活中做各种动作更加轻松，还能预防肌肉退化和骨质疏松症，对中老年人来说尤为重要。此外，社区体育活动还有助于体重管理和预防慢性疾病。定期参与体育锻炼能有效控制体重从而降低肥胖的风险。同时，这种活动还能降低患糖尿病、高血压和高胆固醇等慢性疾病的风险，因为这些常见病通常与不良的生活习惯和缺乏运动密切相关。

（二）促进心理健康

参与社区体育活动对于促进心理健康具有重要意义。首先，体育活动在降低压力和焦虑水平方面发挥着显著作用。运动时，身体会释放内啡肽等自然的镇痛剂和愉悦激素，这些化学物质有助于缓解压力，达到一种自然的心情提升效果。此外，通过体育锻炼获得的成就感和进步，也可以有效提高个人的自信心和自我价值感。其次，定期参与体育活动对减轻抑郁症状也大有裨益。运动不仅提供了一种排遣情绪的途径，而且能够通过提升大脑中血清素的水平来改善情绪。血清素是一种重要的神经递质，与调节情绪和睡眠有关，其水平的提升有助于减轻抑郁症状。此外，参与社区体育活动还提供了社交互动的机会，这种社交连接对于心理健康至关重要。与他人一起运动可以增强社交网络，减少孤独感，对于那些可能感到孤独或缺乏社交联系的人来说尤其重要①。体育活动还可以提高睡眠质量。运动可以促进身体疲劳，从而有助于更快地入睡和更深度的睡眠，进而对心理健康产生积极影响。

（三）加强社区凝聚力

社区体育活动在加强社区凝聚力方面发挥着独特且重要的作用。通过共同参与体育活动，社区中的不同年龄群体、性别、种族和文化背景的居民能够在更加放松和非正式的环境中进行互动和沟通。例如，在社区足球比赛或者家庭日运动会中，人们可以在追求共同目标的过程中，携手合作，分享快乐和共同面对挑战。这样的活动为居民提供了理解和欣赏彼此差异的机会，有助于打破社交壁垒，营造一个更加包容和多元化的社区环境。孩子们在一起玩耍和竞争时，成年人在组织活动或加油助威时，都在无形中建立起相互的理解和尊重。

在这些活动中，居民们通过共同的体育活动体验，体会团队精神和公平竞争的重要性，这对于培养社区的整体和谐氛围极为重要。例如，通过团队体育项目，居民们可以共同庆祝胜利或共同应对失败，从而增强彼此的联结。此外，社区体育活动还提供了一种方式，让居民们可以积极参与社区的建设和发展。通过志愿服务、组织活动或者参与规划，居民们在共同打造一个更加活跃、健康的社区环境的过程中，感受到了归属感和自豪感。体育活动的这种凝聚力，不仅限于活动本身，其积极影响往往延伸到日常生活中，促进邻里之间更深层次的联系和互助，从而使社区成为一个更加团结、和谐的家园。

（四）促进社会交往

社区体育活动在促进社会交往方面发挥着显著作用。它们提供了一个自然的平台，使得居民们可以在轻松愉快的氛围中相互接触和交流。在这样的环境中，人们往往更容易打开心扉，分享个人经历和兴趣爱好，从而建立起新的友谊。特别是对于新迁入社区的居民或者那些社交圈相对较小的人群，社区体育活动成为他们快速融入社区生活的重要途径。通过参与篮球、网球、瑜伽课程

---

① 曹思杭,姜晓珍.社区体育存在的问题及发展对策研究[J].当代体育科技,2021,11(17):1-3.

或者跑步俱乐部等活动，新居民们有机会认识邻居和其他社区成员，从而帮助他们逐渐适应新环境。

对孩子们来说，社区体育活动尤为重要。通过这些活动，他们不仅能够发展运动技能，还能学习团队合作、公平竞争和尊重他人。同时，孩子们在参与体育活动中所建立的友谊往往是长久且深刻的。

此外，这些活动还为成年人提供了放松身心和摆脱日常工作压力的机会。在运动场上，人们可以暂时忘却工作和生活中的压力，享受运动带来的快乐。这不仅有助于个人心理健康，也为建立更深层次的人际关系创造了条件。

通过参与共同的活动，居民们发现了共同的兴趣和目标，这种共同性是建立稳固社交联系的基石。体育活动通过鼓励合作、竞争和相互支持，加强了社区成员间的相互理解和信任，为构建一个更加紧密和谐的社区奠定了基础。

（五）培养团队精神和领导能力

社区体育活动，尤其是团队运动，是培养合作精神、领导能力和团队责任感的有效途径。在团队运动如篮球、足球、排球等活动中，每个参与者都扮演着重要角色，他们必须学会相互信任、协作并共同努力以达成共同的目标。这种团队合作的经验教会参与者如何在集体中发挥自己的作用，同时培养尊重和支持队友的能力。在这样的环境中，领导能力也能自然而然地得到培养。团队成员要学习如何有效地沟通、激励队友和制定策略。领导者不仅需要展现出技术能力，更重要的是要能够鼓舞团队士气，确保团队成员之间的和谐与合作。

此外，通过参与团队运动，个人的责任感也得到了加强。每个队员都明白自己的行动和决策会直接影响到整个团队的表现。这种集体责任感让个人作出对团队成就的承诺，培养了个人的奉献精神。

（六）文化和价值观的传播

社区体育活动是传播文化和发扬文化多样性的有力平台。每个社区都有其独特的文化特色和价值观，而体育活动提供了一个展示这些独特性的机会。例如，通过举办特色体育赛事，如地方传统运动竞赛或各国特色的运动项目竞赛，社区不仅能够传承自己的文化遗产，也能够向其他社区成员介绍和传播这些独特的文化元素。这些活动也促进了人们对不同文化的理解和尊重。在多元文化的社区中，体育活动成为不同文化群体交流和相互学习的桥梁。参与者在共同参与体育活动的过程中，不仅分享了各自的运动技巧和策略，也分享了各自的文化习俗和传统。因此，体育活动有助于构建一个更加包容、和谐的社区环境。它鼓励人们欣赏和尊重不同背景的文化，同时也强化了社区内的共同价值观，如团队合作、公平竞争和相互尊重。这种文化和价值观的传播对于促进社区的长期发展和凝聚力增强具有重要意义。

（七）提供学习和发展机会

社区体育活动为儿童和青少年提供了宝贵的学习和发展机会。在这些活动中，年轻参与者不仅能够通过运动提高身体素质，增强体力、协调性和灵活性，还能学习到一系列重要的生活技能。例如，参与团队运动如足球或篮球，孩子们学会了纪律的重要性，理解遵守规则和指导的必要性，这对于他们的个人成长和未来的社会适应具有长远意义。此外，体育活动也教会儿童和青少年如何设定目标并为之努力。无论是提高运动技能，还是在比赛中获得胜利，这一过程都需要毅力和坚持，这就培养了他们面对挑战不放弃的精神。这种毅力和目标导向的态度不仅适用于体育领域，也是日常生活和未来职业发展中不可或缺的素质。通过参与体育活动，年轻人还能提高团队协作能力、领导能力和决策技能。在比赛和训练中，他们学会如何与队友有效沟通，共同解决问题，并在必要时展现领导才能。这些技能对于他们的全面发展和未来的社会参与至关重要。因此，社区体育活动不仅是一种身体锻炼的方式，更是年轻一代学习和成长的重要途径。

第二节　活动的策划与组织

一、目标设定与策略规划

在推动社区体育活动的发展过程中，设定明确的目标和制定有效的策略是至关重要的。社区体育活动的目标可能包括增强居民的体质，提高居民的体育文化素养，或是增强社区的凝聚力。而策略规划则应包括如何吸引和培训体育活动参与者，如何合理安排和使用社区内的体育设施，以及如何通过各种方式来激发社区居民的参与热情。首先，对于目标设定，我们需要确保它们是明确、可测量和可实现的。例如，我们可能设定的目标是"在接下来的一年内，社区体育活动的参与者数量同比增长 20%"。这样的目标明确、可测量，并且通过努力是可以实现的。为了实现这个目标，我们可能需要制定一些策略，比如加大宣传力度，改善活动内容以吸引更广泛的参与者，或者在社区内开设一些新的体育课程。对于策略规划，我们需要全面考虑各种可能的因素。例如，为了吸引更多的参与者，我们可能需要制定一些创新的宣传策略，比如通过社交媒体、海报或社区会议等方式进行宣传。同时，我们也需要对社区内的体育设施进行评估，看看是否需要升级或改造来满足更多参与者的需求。此外，我们还需要制定一些规则和程序来确保社区体育活动的安全和公平性。

二、资源管理和调配

社区体育活动的资源管理和调配是确保活动成功举办的关键因素之一。有效的资源管理不仅能提升活动的质量和效率，还能增强参与者的体验感。在活动策划过程中，资源管理主要涉及资金、设备和人力资源的有效调配。

资金资源的管理和调配对于活动的成功至关重要。资金是社区体育活动顺利进行的基础，涉及场地租赁、设备购买、宣传费用、员工薪酬以及其他日常开支。高效的资金管理要求精确的预算编制和严格的财务控制。这意味着组织需要详细预测活动的各项费用，并制订相应的预算计划。同时，为确保资金的有效利用，需要对支出进行严格监控，及时调整预算分配以适应实际情况。除了内部资金管理，寻找外部资金来源，如赞助商、政府补助或社区捐款，也是资金管理的重要组成部分。

设备资源的管理对于确保活动顺利举办同样重要。设备资源包括必要的体育器材、音响设备、安全设施等。有效的设备管理需要确保所有设备都处于良好状态，满足活动的需求。这包括对现有设备的定期检查和维护，以及根据活动特性进行必要的设备购买或租赁。同时，合理的设备调配也是确保各项活动顺利进行的关键，如根据活动规模和类型调整设备的数量和种类。

人力资源的管理和调配是社区体育活动成功的另一个关键要素。这涉及确保有足够的工作人员和志愿者支持活动的各个方面，包括活动策划、现场管理、安全保障、客户服务等。有效的人力资源管理要求对员工和志愿者的能力进行准确评估，并根据活动的需要进行合理分配。此外，要提供必要的培训和指导，确保每个人都能在其岗位上发挥最大效能。同时，通过激励机制和团队建设活动，提升员工和志愿者的工作热情和团队协作能力。

三、市场推广与宣传

在当今快速变化的社交和媒体环境中，社区体育活动的市场推广与宣传成为吸引参与者、扩大活动影响力的关键环节。有效的市场推广和宣传策略需要利用多种渠道，结合创新的方法，以及进行精准的目标群体定位。

社交媒体平台的利用是现代市场推广的重要组成部分。社交媒体，如社交网站、微博、微信、小红书等，提供了与社区成员直接互动的平台。通过这些平台，组织可以分享即将举行的活动、活动照片和视频、参与者反馈等内容。利用社交媒体的广泛覆盖和高互动性，可以有效提升活动的知名度和参与度。此外，定期更新内容并与用户互动（如回复评论、分享用户帖子）可以增强社区成员的归属感和忠诚度。

传统媒体与线下宣传仍然是重要的推广渠道。这包括地方报纸、广播、社区公告板和宣传册等。尤其是对于那些不经常使用社交媒体的社区成员，传统媒体和线下宣传可以更有效地触及这部分群体。例如，可以在社区中心、学校等地张贴活动海报，或在地方报纸上刊登活动信息。

合作伙伴的网络可以为活动推广带来巨大的助益。通过与本地学校、社区组织、商业合作伙伴或赞助商建立合作关系，可以扩大宣传范围，吸引更多的参与者。例如，可以邀请这些合作伙伴在自己的平台上分享活动信息，或共同举办活动。

创新的推广方法也是吸引参与者的关键。这可以是有趣的社交媒体挑战、抽奖活动或互动式体验活动。例如，设置有奖问答、在线健身挑战或虚拟现实体验，可以激发潜在参与者的兴趣。创造独特和有趣的体验可以增加活动的吸引力，从而增加参与者数量。

最后，精准定位目标群体对于有效的市场推广至关重要。这意味着需要理解不同目标群体的兴趣和习惯，并据此调整宣传策略。例如，针对年轻人的活动可以通过短视频和社交媒体挑战来推广，而针对老年群体的活动则可能更适合通过社区会议和传统媒体进行宣传。

第三节　活动的执行与评价

一、执行流程与管理

执行流程与管理要求对活动的各个阶段进行精确的规划和管理，以实现活动的高效性和有效性。

首先，活动的执行流程应从细致的规划开始。这包括明确活动的目标、确定活动类型（如体育比赛、健身课程、健康讲座等），以及确定目标受众。活动规划还涉及具体的实施细节，如活动时间、地点、预算、所需资源（如设备、人员、材料）的安排，以及与参与者的沟通策略。活动管理的关键是确保所有的准备工作按计划进行。这涉及对资源的有效分配和调度，如确保必要的设备和人员在适当的时间和地点准备就绪。同时，风险管理也是活动执行过程中的一个重要组成部分，包括预先识别潜在的风险（如恶劣天气、设备故障、安全隐患）并制定相应的应对措施。在活动执行过程中，对活动的监督和控制是保证其顺利进行的关键。这需要活动管理者密切监控活动进展，及时处理可能出现的问题，并确保所有参与者遵守既定的规则和程序。例如，在体育比赛中，需要确保比赛规则得到执行，同时提供适当的医疗支持和紧急响应服务。活动结束后，进行后续管理也同样重要。这包括清理场地、归还设备、支付相关费用，以及向参与者发送感谢信或参与证书。这些后续工作的细致执行有助于维护社区体育活动的良好声誉，并为未来的活动打下良好基础。

二、风险管理与应急预案

风险管理与应急预案的核心任务是识别潜在风险，并制定有针对性的应急措施，以应对可能出现的紧急情况。

风险管理的基础是全面评估活动过程中可能遇到的风险。这包括但不限于天气变化、参与者安全、设施故障、数据安全和健康危机等方面。例如，在户外运动活动中，恶劣天气可能导致活动延迟或取消；而在大型体育赛事中，人群管理和紧急疏散是主要的安全风险。对于每一种潜在风险，都需要进行详细的分析，以评估其可能带来的影响和发生的概率。在识别风险后，制定有效的应急预案是确保活动顺利的关键。应急预案应包括具体的应对措施、责任人的指派、资源的配置以及沟通计划。例如，在面对天气风险时，预案可能包括提前监测天气情况、准备室内替代场地，以及与参与者的及时沟通，对于突发的健康危机，如参与者受伤，应急预案应包括提供现场急救、联系紧急医疗服务以及实施疏散计划。此外，对参与者进行风险意识的培训和宣传也是风险管理的一部分。这可以通过提供安全指导、发布风险提示，以及在活动开始前进行安全播报来实现。提高参与者对潜在风险的认识程度有助于降低风险发生的可能性，并在紧急情况发生时促进有效响应。

三、活动效果评估与反馈

活动效果评估与反馈这一过程不仅涉及对活动成效的系统评价，还包括收集和应用反馈信息，以指导未来活动的改进和优化。

活动效果评估的目的是量化和分析活动达成预定目标的程度。这需要采用科学的方法和技巧来评估各种关键指标，如参与者数量、参与者满意度、活动目标的达成情况以及活动对社区的长期影响。例如，对于一个旨在提高社区居民体育活动参与度的项目，可以通过比较活动前后的参与数据来评估其效果。评估方法可以多样化，包括但不限于问卷调查、访谈、参与观察和数据分析。问卷调查和访谈可以收集参与者对活动的直接反馈，如对活动组织、设施质量和整体体验的满意度；参与观察则可以提供对活动进行情况的实时评价；数据分析则涉及对参与数据、健康效果和社区影响等的量化分析。评估过程中，收集和应用反馈信息对于活动的持续改进至关重要。反馈可以来源于参与者、社区成员、活动工作人员以及合作伙伴。这些反馈不仅提供了对活动效果的直接评价，还指明了改进的方向。例如，如果参与者反映某个活动环节不够吸引人，管理者可以针对这一点进行调整。

第四章　社区体育经费与场地设施的管理

第一节　经费的筹集与使用

一、经费筹集渠道

经费筹集渠道如图 4-1 所示。

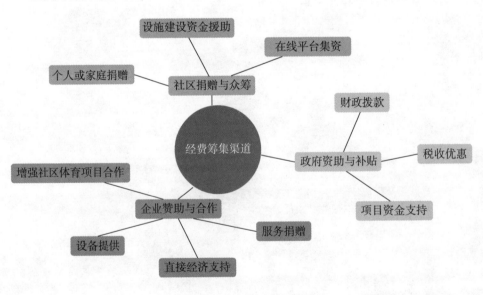

图 4-1　经费筹集渠道

（一）政府资助与补贴

政府资助与补贴是经费筹集的重要渠道，该渠道的有效性源于政府对于社区体育活动的支持和扶持，它不仅提供了必要的财政支持，也反映了政府对于提高公共健康水平和增强社区活力的承诺。政府资助和补贴通常以多种形式存在，包括直接的财政拨款、税收优惠或者特定项目的资金支持。这种资助的目的是减轻社区体育项目的经济负担，鼓励更多的社区参与和更广泛的民众受益。例如，政府可能会为配备新的体育设施、修缮旧有运动场所或者举办体育活动提供资金支持。

在实施政府资助与补贴时，重要的是确保资金的合理分配和有效使用。这需要政府部门与社区体育组织之间有良好的沟通和协作机制，确保资金真正用于推动社区体育的发展。同时，透明的资金管理和严格的财务监督也是必不可少的，以确保公共资源的合理使用和高效分配。除了直接的财政支持，政府补贴还可能以提供技术支持、人员培训或市场推广等间接方式存在。这些支持帮助社区体育组织提升管理能力、增强服务质量，并扩大社区体育活动的影响力。

（二）企业赞助与合作

企业赞助与合作是一种重要的经济支持形式。这种方式涉及私营企业在社区体育发展中的参与，不仅为社区体育项目提供了必要的资金支持，同时也带来了企业资源和专业知识的共享。在当前企业社会责任感和公民意识不断增强的背景下，企业赞助与合作已成为社区体育项目可持续发展的重要支撑。

企业赞助通常包括对特定体育活动或设施的直接经济支持。这种支持可能以现金赞助、设备提供或服务捐赠的形式出现，以满足社区体育项目的各种需求。例如，企业可能资助社区篮球赛事的举办，或为公园内健身器材的配备提供资金。这种直接的资金注入不仅减轻了社区体育项目的财务负担，也为企业提供了履行社会责任的机会。此外，企业与社区体育项目的合作可能包括资源共享和专业知识交流。例如，企业可以提供市场推广、项目管理或技术支持，帮助提升社区体育项目的运营效率和服务质量。这种合作不仅增加了社区体育项目的曝光度，也为企业创造了与公众互动和树立品牌形象的机会。

在实施企业赞助与合作时，重要的是确保双方的合作是基于共同的目标和价值观。这要求社区体育组织与企业在合作前进行充分的沟通，明确合作的目标、范围和预期成果。同时，确保合作的透明性和双方责任的明确也是成功合作的关键。

（三）社区捐赠与众筹

社区捐赠与众筹涉及社区成员的参与和支持，不仅为社区体育项目提供了必要的资金，也增强了社区内成员的凝聚力和共同目标感。

社区捐赠通常来自社区内个人或家庭的自愿贡献，这些捐赠可能是对特定体育项目的支持，也可能是对社区体育设施建设的资金援助。这种捐赠方式的优势在于它直接反映了社区成员对社区体育活动的重视和支持。在实施过程中，重要的是确保捐赠过程的透明和高效，比如建立专门的捐赠账户和公开捐赠的使用情况，以增强捐赠者的信任和参与意愿。

众筹则是一种利用互联网平台集资的现代方式，它允许社区体育项目组织者通过在线平台向更广泛的公众展示他们的项目并请求资金支持。众筹不仅可以筹集资金，还可以作为一种有效的宣传手段，提高项目的曝光度。众筹成功的关键在于有吸引力的项目介绍、明确的资金使用计划以及对支持者的回报策略。例如，对于捐赠一定金额的支持者，可以提供免费的体育课程或活动的优先参与权作为回报。

社区捐赠与众筹的成功往往取决于社区成员的参与度和项目的吸引力。为了提高捐赠和众筹的效果，社区体育组织应该积极与社区成员沟通，强调他们的贡献如何直接影响社区体育活动的质量和可持续性。同时，通过举办特殊活动或展示项目进展，可以激发社区成员的兴趣，增强他们的参与感。

二、经费使用管理

（一）预算规划与分配

预算规划与分配这一环节的主要目标是制订详细的财务计划，确保每一笔经费都能被合理利用，并且符合项目的长期和短期目标。

预算规划的首要任务是对社区体育项目的总体财务需求进行准确评估。这包括对场地建设与维护、活动举办、人员管理等各个方面的成本进行详尽分析。在此基础上，制订一个全面的预算计划，涵盖所有预期的收入和支出。重要的是，这个预算计划应具有一定的灵活性，以适应项目实施过程中可能出现的变化和意外情况。

预算的分配则涉及如何将有限的资源分配到不同的项目和活动中，以实现最大的效益。这要求管理者不仅要考虑到各个项目的重要性和紧急性，还需要考虑到其对社区体育发展的长远影响。例如，在设施建设和维护上的投入可能会对社区体育活动的可持续性产生重要影响，而在青少年体育培训或社区健身活动上的投入则直接关系到社区成员的健康和福祉。

（二）财务透明与监督

财务透明与监督强调在经费管理过程中必须保持高度的透明度，确保所有的财务活动都可以接受公众审查，同时建立有效的监督机制，以防止财务滥用和确保每一笔资金都被用于其预定目的。

财务透明意味着所有经费的来源和使用情况都需要公开透明。这包括详细记录所有收入和支出，如政府资助、企业赞助、社区捐赠等收入的详细情况，以及资金在设施建设、活动举办、人员管理等方面的具体支出。公开这些信息不仅有助于获取社区成员和赞助者的信任，也是对公共资金负责任的体现。为了保证财务透明，社区体育组织应建立一套完善的财务记录系统，记录每一笔交易的详细信息，并定期对外公布财务报告。这些报告应包括资金的使用情况、项目进展，以及资金使用的效果评估。此外，利用现代技术手段，如在线平台和数据库，可以更有效地管理财务信息，并方便社区成员进行查阅。

财务监督则涉及建立一套有效的内部和外部审计机制，以确保资金使用的合规性和合理性。内部监督可以通过设立财务监督委员会或引入内部审计程序来实现，而外部监督则可能包括接受第三方审计机构的审计，或向相关政府部门报告财务情况。

社区体育服务与管理研究

（三）经费效益分析与报告

经费效益分析与报告涉及对已投入资金的效果进行评估和分析，以及通过报告的形式向利益相关者展示资金使用的成果和影响。经费效益分析的核心在于评价投入的经费是否有效地促进了社区体育项目的目标达成。这需要对比预定目标和实际成果，如参与人数的增加、设施使用率的提升、社区居民健康状况的改善等。通过这种分析，管理者可以了解哪些资金投入产生了积极效果，哪些资金则需要重新调整使用策略。进行经费效益分析的同时，编制详尽的报告是必要的。这些报告应详细记录经费的使用情况，包括资金的具体支出项目、资金使用的效果，以及未来资金使用的建议。报告的编制不仅对内部管理有重要作用，也是对外部赞助者和社区成员的一种负责。

第二节　场地设施的规划与建设

一、设施规划原则

（一）社区需求分析

社区需求分析的核心在于深入了解社区成员的体育活动需求和偏好，以确保新建或改造的体育设施能够满足社区居民的实际需求。进行社区需求分析首先涉及广泛收集社区居民的意见和建议。这可以通过问卷调查、社区会议、集体讨论或个别访谈等多种方式进行。收集的信息应包括社区成员对体育活动的兴趣、偏好的运动类型、对现有体育设施的满意度，以及对新设施的具体需求和期望。

社区需求分析的过程中还需要考虑社区居民的多样性，包括不同年龄段、性别、身体能力和文化背景的居民。这种多元化的视角有助于识别并解决潜在的不平等问题，确保体育设施的设计和规划能够满足不同群体的需求。例如，

68

老年人可能需要更多的低强度运动项目，而年轻人可能对高强度运动和团队运动有更高的兴趣。此外，社区需求分析还应考虑到社区的地理特征、经济条件和社区发展的长期目标。这些因素对于确定合适的设施类型、规模和位置至关重要。例如，一个人口密集的城市社区可能需要更多小型、分散的体育空间，而郊区社区则可能有更多的空间来建设大型运动场所。

（二）可持续发展与环保考量

考虑到可持续发展与环保，体育设施的规划和设计需要采取一系列措施来减少对环境的影响。这包括使用环保材料、节能建筑设计、雨水收集和利用系统，以及绿色空间的综合规划。例如，选择可回收或低污染的材料来建设体育场馆，使用太阳能板来提供部分能源，或在体育场地周围种植树木和草地来提高生态效益。此外，可持续发展的体育设施规划还包括对社区居民健康和福祉的长期考量。例如，提供足够的户外活动空间和绿色环境，不仅有助于提升居民的身体健康水平，也有益于促进居民心理健康和提升社区的整体生活质量。在规划过程中，还需要考虑体育设施的可达性和普遍性，以确保所有社区成员都能方便地使用这些设施。对于已有的体育设施，可持续发展的原则还意味着通过有效的维护和升级来延长其使用寿命，而不是简单地拆除和重建。通过定期的维护和适时的技术升级，可以减少新建设施对环境产生的额外负担。

（三）安全标准与无障碍设计

安全标准与无障碍设计强调在设计和建设过程中必须遵守严格的安全规范，同时确保设施对所有人，包括有特殊需求的个体，都是可访问和可使用的。安全标准的遵循是确保社区体育设施安全运营的基础。这包括确保结构安全性、注意防火安全、紧急疏散通道的合理布置以及防止事故发生的预防措施。例如，在体育馆的设计中，必须确保建筑材料和结构能承受预期的负荷，同时设置足够的紧急出口，并配备必要的安全设备，如灭火器和急救设施。无障碍设计则关注为所有人提供平等使用体育设施的机会，包括残障人士、老年人和儿童。这意味着在设计过程中需要考虑到方便轮椅使用者通过的通道宽度、无障碍卫生间、视觉或听觉障碍者的特殊需求。例如，为轮椅用户设置专用的通道和观众席，安装有声信号的交通灯和指示标志，确保地面平整以避免跌倒风险。

二、设施建设过程

（一）场地选址与评估

场地选址与评估直接影响到项目的成功和设施的长期可用性。这一过程涉及对潜在场地的全面考察，以确保选定的地点最适合社区体育设施的建设和未来的使用。

首先，场地选址需要考虑社区的地理位置和人口分布。理想的场地应位于社区的中心地带或容易到达的区域，这样可以确保社区内的所有居民都能方便地访问。同时，考虑周边的交通连接，包括公共交通的可达性和停车设施的可用性，也是至关重要的。其次，场地的物理特性，包括大小、形状和地形，也是选址过程中必须考虑的重要因素。例如，平坦的地面更适合建设运动场和步行径，而斜坡地则可能需要特别的设计考虑。此外，对场地环境的评估也不可忽视，包括对周围生态的影响、排水系统的有效性以及是否有足够的自然光照。再次，场地的法律和规划要求也需要在选址过程中进行详细考察。这包括土地所有权、规划许可和可能的土地使用限制。确保场地符合所有法律和规划要求，可以避免未来的法律问题和建设延误。最后，进行详细的成本效益分析是场地选址的一个重要环节。这包括评估购买或租赁土地的成本、基础设施建设的费用以及长期的维护成本。通过这种分析，可以确保选定的场地在经济上是可行的，且符合社区体育设施的长期发展规划。

（二）设计与施工

设计与施工阶段是实现项目目标的关键环节。它涉及将初步的规划想法转化为具体的建筑和空间布局，同时确保整个施工过程的质量和效率。

设计阶段首先要求综合考虑社区需求、安全标准、环保要求以及预算限制。这需要设计团队与社区成员、工程师、城市规划者以及其他相关专业人员的紧密合作。在设计中，应充分利用现代建筑技术和创新理念，创造既美观又实用的体育空间。例如，可以设计多功能的体育馆，既适合篮球和羽毛球等活动，又能用于社区活动和集会。同时，考虑到可持续发展，设计中应使用环保材料，采用节能的设计理念，如自然通风、太阳能照明等。施工阶段则着重于项目的实际建设工作。① 在此阶段，工程管理的效率和质量控制至关重要。项目经理需要确保施工进度符合计划，并且在预算范围内。同时，施工过程中的安全管理是一个重要考虑点，需要采取适当措施保障工人和周边社区居民的安全。

（三）质量控制与验收

质量控制与验收是确保所建设施的质量符合既定的标准和预期，同时保证项目的完整性和功能性的重要环节。质量控制与验收的过程不仅涉及技术层面的考量，还包括对项目目标的实现程度的评估。

质量控制从项目开始到结束贯穿整个建设过程。这需要在施工的每个阶段实施严格的监控和评估措施。例如，对使用的材料、施工方法和建设过程进行定期检查，确保所有操作符合安全标准和建筑规范。此外，考虑到环境的影响，质量控制也应包括监控环保措施的执行情况，如减少建筑垃圾、使用可持续材料等。项目的验收则是对完成的设施进行全面评估的过程，以确保其符合设计标准、安全规范和用户需求。验收过程通常包括对建筑结构的稳固性、安全设施的完备性、功能区域的适用性和无障碍设计的实施情况等方面的检查。在验收过程中，通常会邀请工程师、设计师以及社区代表参与，以提供多方面的评估。

三、设施后期管理

（一）维护与保养

维护与保养阶段涉及对设施进行定期的检查、清洁和维修，以保持其最佳状态并延长使用寿命。

---

① 谢耀良．探究社区体育新模式［J］．内江科技，2020，41（11）：57，150.

维护与保养首先要求制订一个详细的设施维护计划。这个计划应包括定期的清洁日程、安全检查、设备检测和必要的修复工作。例如，对于室外运动场，需要定期检查地面的平整性，确保排水系统有效，同时对照明设备和安全栏杆等进行检查和维修。对于室内设施，如健身房或体育馆，重点是保持清洁卫生，定期检查和维护运动器材和空调系统。此外，维护与保养还包括对设施的使用情况进行监测，以便及时发现并解决问题。这可能涉及安装自动监控系统或定期进行用户满意度调查。通过这些方法，管理者可以了解设施的实际使用状况和用户的需求，从而更有效地进行维护和改进。

（二）改造与升级

改造与升级旨在确保设施能够适应不断变化的需求和新兴的技术标准。这一过程不仅涉及对现有设施的物理改善，还包括对服务和运营模式的现代化升级。

对社区体育设施进行改造与升级的决策应基于综合的需求分析。这包括评估现有设施的使用率、用户反馈，以及设施在功能性、安全性和舒适性方面的现状。例如，如果发现某个设施的使用率持续下降，可能表明需要对其功能进行重新定位或增加新的吸引点。在改造的具体实施中，考虑到环境的可持续性是至关重要的。这意味着选择更环保的材料、采用节能的建筑设计，或者引入绿色技术，如太阳能板或节水系统。此外，无障碍设计的原则应贯穿改造工程全过程，确保所有用户，包括残障人士，都能安全、方便地使用设施。改造与升级还应包括对设施内部技术和设备的更新。例如，随着体育科技的发展，引入智能健身设备、实时数据追踪系统或提供增强的虚拟体育体验，可以显著提高设施的吸引力和使用效率。在技术升级方面，应充分考虑到数据安全和用户隐私的保护。

（三）使用效果评估与反馈

使用效果评估与反馈涉及对设施使用情况的全面审视，评估其对社区体育活动的贡献，以及收集和应用用户反馈以指导未来的改进。

使用效果评估的目的是评估设施是否实现了其既定的目标和预期效果。这包括评估设施的使用率、用户满意度，以及设施对提高社区居民体育参与度和健康水平的影响。进行这种评估通常需要收集和分析大量数据，包括用户访问次数、活动参与情况、健康和健身效果的指标等。评估方法可以多样化，例如，利用问卷调查收集用户的直接反馈，进行观察研究以了解设施的实际使用情况，或利用数据分析技术评估设施的使用效率。此外，与地方健康部门和体育组织的合作，可以提供更广泛的视角和更全面的数据，以评估设施对社区健康的长期影响。在评估过程中，用户反馈的收集和应用是至关重要的。这不仅提供了对设施性能的直接评价，还指明了改进的方向。用户反馈可以通过多种渠道收集，包括在线调查、用户访谈、社区会议或反馈箱等。重要的是，管理者需要对收集到的反馈进行认真分析，并将其转化为实际的改进措施。

第三节　场地设施的维护与管理

一、科学规划

（一）规划与城市总体规划的协调

在社区体育场地设施的科学规划中，与城市总体规划的协调是一个不可或缺的重要环节。这种协调确保社区体育设施的建设不仅满足当前的需求，而且与城市的长远发展相一致。首先，与城市规划的协调意味着社区体育设施的位置、规模和类型必须符合整个城市的发展蓝图。例如，在城市发展的新区，可能需要更多的体育设施来满足日益增长的居民需求；而在历史悠久的城区，体育设施的建设则可能需要更多地考虑与周围环境的和谐和历史保护。其次，协调还包括确保社区体育设施的规划与城市的交通、环境保护、公共安全等多方面的政策和规划相适应。例如，体育设施的选址需要考虑交通便利性，确保居民可以轻松到达；同时，建设过程中要考虑环境保护，避免对周围生态系统造成破坏。此外，城市总体规划中对于绿地、公园的规划也与社区体育设施的布局密切相关。合理地将体育设施融入公园和绿地中，不仅能美化城市环境，还能提供更加舒适宜人的运动空间，提升居民的体育参与度。例如，在公园内设置跑道、篮球场或健身器材，可以鼓励更多居民在日常生活中参与体育活动。

（二）社区建设规划的融合

在讨论社区体育场地设施科学规划的过程中，社区建设规划的融合是一个关键概念。这要求体育设施规划不仅要顾及其功能性和适用性，还需要紧密结合社区的整体发展计划，包括社区文化、居民生活习惯以及社区环境的特点。在这一过程中，体育设施规划者需要密切关注社区的特殊需求和期望，确保新建设施能与社区的整体发展和居民的日常生活相协调。

社区体育设施的规划，并非单一维度的空间布局问题，它涉及广泛的社会、文化和经济因素。在这个过程中，重要的是考虑体育设施对于增强社区凝聚力、促进居民之间社交互动以及提高生活质量的作用。例如，社区内的体育设施不仅是进行体育活动的场所，它们也可以成为社区文化的一部分，反映并强化社区的特色和身份。

规划者应进一步考虑到体育设施对于提升社区环境质量和居民生活方式的潜在影响。这意味着体育设施的规划应与社区的绿化、休闲空间以及其他公共设施的规划相融合，共同构建一个和谐、宜居的社区环境。例如，将体育设施与公园、绿地相结合，不仅能提供宜人的运动环境，还能促进居民的户外活动和社交互动。

此外，体育设施规划还需要考虑到社区居民的多样化需求，这包括不同年龄层、不同身体能力和不同兴趣的居民。有效的规划应确保体育设施能满足各类居民的需求，无论是儿童、青少年、成年人还是老年人。这不仅意味着提供多样化的体育活动和设施，还包括确保设施的可达性和安全性。

在社区建设规划的融合中，重要的是理解体育设施不仅用于提供体育活动的物理空间，它们在构建社区身份、促进社区成员之间的互动以及提高居民生活质量方面扮演着重要角色。综合考虑这些因素的体育设施规划，能够确保新建设施不仅满足功能需求，还能与社区的整体发展目标和居民的生活方式相协调。通过这种方式，社区体育设施将成为促进社区可持续发展的重要资产。

（三）考虑社区体育传统文化和社区业主需求

考虑社区体育传统文化和社区业主需求的核心在于深入理解并尊重社区内部已有的体育文化传统，同时积极响应社区居民的具体需求和期望。社区体育设施不仅是推广体育活动的场所，更是文化传承和社区身份认同的重要载体。社区体育传统文化的考量意味着在规划过程中要特别关注该社区历史上流行的体育项目或特殊的体育活动形式。例如，某些社区可能有长跑、篮球或者棋类游戏的传统。在这些社区中，体育场地和设施的规划就需要特别考虑这些项目的特殊要求，以确保新建或改造的设施能够支持这些传统活动的持续发展。这种关注不仅体现了对社区文化的尊重，也有助于增强社区成员对新设施的接受度和归属感。社区业主需求则强调了在规划过程中必须密切关注和积极响应社区居民的实际需求。这包括通过问卷调查、社区会议或其他参与方式收集居民对于体育设施的意见和建议。了解社区居民的健身习惯、体育活动偏好以及对设施的具体需求，是确保规划结果符合社区居民实际使用情况的关键。例如，如果调查发现社区内有大量年轻家庭，可能需要增加儿童游乐区或青少年体育项目的设施；如果社区居民普遍偏好晨练，那么设施的开放时间安排就应相应调整。

二、合理布局

（一）针对不同人群的设施规划

针对不同人群的设施规划的核心在于确保社区体育设施能够满足不同年龄、能力和兴趣的社区成员的需求。为了实现这一目标，首要任务是对社区居民的体育需求进行细致的分析和理解。这涉及评估社区内不同年龄段、不同生活方式的居民群体的特定体育活动偏好。例如，儿童和青少年可能更倾向于有趣、互动性强的体育活动，如游戏化的运动场地和设备，而成年人可能更注重健身和休闲活动，老年人则可能更偏好低强度、安全性高的活动，如太极或瑜伽。因此，规划者需要考虑在社区体育设施中融入多样化的功能区域。例如，为儿童设计安全且充满趣味性的游乐场地，为青少年提供篮球场或滑板场，为成年人设置健身器材区域和散步径，为老年人准备太极或瑜伽练习区。这样的多功能布局不仅能够鼓励更多社区成员参与体育活动，也能促进不同年龄群体间的社交互动。此外，社区体育设施的设计应考虑到无障碍访问，确保包括残疾人在内的所有社区成员都能方便使用。这意味着必须在路径规划、设施设计和设备选择上考虑到易用性和可达性。

（二）体育活动的多样性考虑

体育活动的多样性考虑涉及对不同类型体育活动的包容性设计，以满足社区成员多元化的体育偏好和需求。一个多功能且多样化的体育设施布局有助于提高社区成员的参与度，也能提升社区的整体活力和促进健康生活方式的普及。

体育活动的多样性考虑意味着在规划和设计阶段就要考虑到各类体育活动的特点和需求。例如，设计篮球场、足球场等传统体育设施时，也需要考虑到越来越受欢迎的非传统体育活动，如街舞区域、攀岩墙、水上运动设施等。这样的设计不仅能满足传统运动爱好者的需求，也能吸引那些寻求新奇体验和挑战的年轻人。同时，考虑体育活动的多样性还涉及为不同能力水平的社区成员提供适宜的体育活动条件。例如，为初学者和儿童设计的运动区域可能需要更多的安全保护措施和指导员，而高水平运动爱好者可能需要专业化的设施和设备。此外，随着人们健康意识的提高，包括瑜伽、太极、跑步俱乐部等在内的健康导向型体育活动也应被纳入规划之中。社区体育设施的布局还需要考虑季节性和时效性的体育活动。例如，可以在夏季开放露天游泳池，在冬季设置滑冰场。这种灵活多变的设计能够确保社区体育设施全年都能得到有效利用。

（三）场地设施的多功能性设计

场地设施的多功能性设计旨在创造出能够适应多种用途和活动的体育设施，以最大限度地提高空间和资源的使用效率。多功能性设计不仅能满足社区居民多样化的体育和休闲需求，还能适应社区随时间变化的需求。

多功能性设计的核心在于灵活性和适应性。例如，一个可供篮球、排球和羽毛球活动使用的体育馆，通过简单的设备更换和地面标记调整，就能迅速适应不同的运动需求。同样，一个室外空间通过巧妙的规划和设计，既可以用作跑道，也可以作为举行社区活动的场所。此外，多功能性设计还意味着考虑到不同时间段的使用需求。例如，一些体育设施在白天可以用作学校的体育课场地，而在晚上和周末则向社区居民开放。这种时间上的灵活安排能够确保设施得到最大限度的利用。

在考虑场地设施的多功能性时，也要注意到安全性和可达性。设计需要确保在不同用途之间转换时，所有用户的安全都能得到保障。此外，设施的设计应考虑到不同能力和年龄群体的需求，确保每个人都能安全、舒适地使用设施。环境可持续性也是多功能性设计需要注意的一个重要方面。通过使用可持续材料和节能设计，体育设施不仅能服务于当下，也能为未来作出贡献。例如，使用可回收材料建造设施，或在设计中融入雨水收集和太阳能利用系统。

三、有效利用和及时维修

（一）现有场地设施的充分利用

现有场地设施的充分利用涉及通过策略性的规划和管理，确保社区内的体育资源得到最有效的应用。在城市快速发展和空间资源日益紧张的背景下，充分利用现有体育设施变得尤为重要。这不仅意味着最大化这些设施的使用频率和覆盖人群，也涉及通过多元化的活动安排和创新的管理方法，提升社区居民的体育参与度。有效利用现有设施首要关注的是如何在不同时间段和不同条件下，最大化设施的使用效率。例如，学校体育设施在课余时间和假期可以向社区居民开放，公园内的运动场所可以在白天用于休闲活动，在晚上用于举办小型体育赛事或健身课程。这种时间上的灵活安排不仅提高了设施的使用效率，也满足了不同群体的体育需求。

此外，现有场地设施的充分利用也涉及通过创新的设计和规划，使得单一的体育设施能够适应多种运动项目的需要。这可以通过可移动或可变换的设施设计来实现，如可调整高度的篮球架、可移动的网球网或多功能的运动场地。这样的设计不仅使设施能够适应更广泛的运动需求，还能增加社区居民参与不同体育活动的机会。在充分利用现有设施的同时，维持设施的良好状态也是重要的一环。规律的维护和及时的修缮不仅延长了设施的使用寿命，也确保了使用者的安全。例如，定期对体育设施进行检查，及时维修损坏的器械，保持场地的清洁和安全，都是确保设施得到持续有效利用的必要措施。通过策略性的时间安排、创新的设施设计和持续的维护保养，可以最大化现有资源的使用效率，促进社区居民的体育参与，提高社区整体的生活质量。这种综合性的管理方法不仅满足了社区居民日益增长的体育需求，也为社区体育的可持续发展提供了坚实的基础。

（二）预防性维护与应急维修

预防性维护与应急维修涉及通过主动的维护措施预防潜在的设施故障，并制定有效的应急响应机制以应对突发的维修需求。在这一过程中，综合性的维护规划和快速反应的维修策略是确保设施持续运作和保障使用者安全的关键。预防性维护的核心是通过定期的检查和维修来减少设施故障的发生，从而降低长期的维护成本和避免潜在的安全风险。这种维护方式要求维修人员对设施的每一个组成部分都有全面深入的了解，包括材料的磨损程度、结构的稳定性和机械设备的运作状态。例如，对于室外运动场地，需要定期检查地面的平整性、排水系统的有效性和照明设施的运作情况；对于室内体育馆，则需要关注空气流通系统、安全出口的畅通和运动器械的稳固性。应急维修则关注在设施发生突发故障时的迅速响应和修复。有效的应急维修策略包括制订详细的应急响应计划、配备必要的维修工具和材料，以及培训维护团队以快速准确地处理各种紧急情况。例如，应设有专门的维护团队负责日常巡查和紧急维修任务，同时保持与专业维修服务团队的紧密联系以应对复杂的维修需求。

第五章　社区不同人群的体育锻炼指导与服务

第一节　社区儿童少年的体育锻炼指导

一、儿童少年社区体育锻炼项目的选择

（一）儿童体育活动项目的选择

选择儿童体育活动时，应考虑其对儿童生长和心理健康的益处。在中国，小学体育教学旨在全面促进学生健康发展，包括基础技能的掌握和意志品质的培养。然而，应试教育的影响导致许多学校体育教学存在缺陷，如缺乏激发学生积极性和培养特长的有效方法。

为了提高儿童体育活动的效果，应根据儿童的身心发展特点科学选择和设计体育项目。重要的是，体育活动应具有趣味性和娱乐性，特别是在学校体育教学中，应利用课余时间结合儿童的兴趣开展活动，目的是吸引学生参与，培养他们的运动兴趣、爱好以及运动技能。

（二）少年体育活动项目的选择

在少年时期，人的身心迅速发展，体育活动对他们的生长和心理健康具有重大影响。这一时期的体育锻炼不仅影响青少年的当前健康状况，还对其成年后的身心状态和个性特征产生长远影响。

尽管教育大纲规定了体育教学的内容，但实际上，由于教育体制的限制，学校体育课程往往未能充分发挥其作用，有时甚至被其他学科的课程所替代。随着学习压力的增加，许多学生减少了课外体育活动，导致体质和健康状况受损，这严重影响了他们的未来发展。

为此，组织和开展体育活动时，应针对学生的具体情况，选择适合他们身心发展的体育项目。体育活动应尽量弥补学校体育教学的不足，并鼓励学生全身心地参与，以改善他们的生长发育，提高其身体机能、身体素质和心理素质，促进其全面健康发展。

针对少年学生，可以组织一些负荷较大、具有竞争性和对抗性的运动，如大球类运动。在开展这些活动时，应积极引导学生，让他们充分体会运动的乐趣，从而培养体育锻炼的习惯，并树立终身体育锻炼的理念。

二、儿童少年社区体育锻炼指导

（一）儿童体育锻炼指导

1. 有目的、有意识地加强体育兴趣的培养

为了促进儿童的全面发展，有必要有目的和有意识地培养他们对体育活动的兴趣。儿童参与体育活动主要是出于兴趣爱好，而非单纯的运动健身目的。因此，在组织和设计儿童体育活动时，应将重点放在引导和教育上，确保活动既有趣又有益。

在实施体育活动时，负荷量的安排应当适宜，确保儿童在享受"玩"的乐趣的同时也能从中受益。这样的方法不仅能持续提高儿童对体育活动的兴趣，还有助于他们形成进行体育锻炼的意识。这种方法对于儿童的身心健康和个人成长具有重要意义。通过这种方式，儿童不仅能够在愉快的环境中锻炼身体，还能在无形中培养出对体育活动的热爱和长期坚持的习惯。

2. 重视家庭体育的作用

家庭体育活动在儿童成长和发展中扮演着关键角色。由于学校体育课程的限制，儿童在校内的体育锻炼往往不足以全面促进其身体健康。因此，家长应积极参与和推动家庭体育活动，这不仅有助于增强家庭成员间的情感联系，还能为儿童提供更全面的身体锻炼机会。

家庭体育活动的开展，应与学校体育课程和课外体育活动紧密结合，形成优势互补，共同促进儿童的全面发展。家庭体育活动不仅有益于儿童的身体健康，还能促进其生长发育，提高其运动技能，并激发他们对体育运动的兴趣和参与热情。

通过在日常生活中融入家庭体育活动，儿童可以在轻松愉快的家庭环境中学习和练习各种体育技能，同时也能从家长那里学到健康生活的态度和方法。这样的做法对于儿童的身心健康和个人能力的提升都具有极大的益处，使得体育锻炼成为儿童日常生活中的一个重要部分。

3. 科学合理地组织体育健身活动

科学和安全是组织儿童体育运动的两个关键要素。设计体育活动时，必须以儿童的心理特点和生长发育需求为基础，旨在促进儿童的全面发展和提高其综合素质。在活动的组织过程中，运动负荷的安排应科学合理，避免过高的运动强度。运动中采用的技术动作应以基础技能为主，避免过于复杂的技术动作。

同时，开展体育活动应着重于让儿童了解和掌握基本的体育健身知识，培养他们长期坚持锻炼的意识和习惯。由于儿童正处于生长发育阶段，他们的身体相对脆弱，且自我保护意识不足，因此在体育活动的组织和实施中，应特别重视安全措施，确保儿童在任何时候都能得到充分的保护。通过这样全面的安全保障措施，可以确保体育活动既有效又安全，帮助儿童健康成长。

（二）少年体育锻炼指导

1. 增强体育健身意识，培养体育兴趣

在少年期，随着年龄的增长和身心的迅速发展，少年们对体育活动的态度

和参与度发生变化。这个阶段，他们开始有意识地进行身体锻炼，对体育活动产生更强的目的性，并对竞技体育的动作技术表现出追求。这也是他们掌握和提高运动技能的关键时期。因此，对少年期学生的体育活动进行适当指导至关重要。应满足他们的体育需求，并根据他们的身心特点安排适宜的体育活动，目的在于激发和培养他们的健身意识，使他们乐于参与体育活动，为未来的体育健身或从事体育事业打下坚实基础。

为了增强我国少年的身体素质，应积极利用少年期学生的闲暇时间，培养他们良好的锻炼习惯。为了改善少年期学生的体质健康状况，并激发他们对体育运动的兴趣，学校和家庭应共同努力，对场地设施、运动项目和课余时间的安排进行必要的开发和改革。这样，学生可以在有限的时间内充分体验到运动的乐趣，从而提高他们对体育运动的参与积极性。通过这些措施，少年期学生不仅能够提升自己的体育技能，还能在运动中找到乐趣，进而培养对体育的持续兴趣和爱好。

2. 重视学生对体育健康保健知识和运动技能的掌握

在少年时期，学生不仅经历着身体的快速成长，同时也在知识储备上迅速成长。这一阶段，学校体育教育应重视对学生的体育健身知识和运动技能的传授。掌握这些知识和技能对学生的身体健康和发展极为重要。当前，我国学校体育教育主要集中在传授基础知识和基本技术，这种方法有其优点，但也存在一些不足。这种教学方式往往忽略了学生间的差异性，未能充分发挥具有体育天赋学生的潜力，限制了他们更高水平技能的发展。此外，学校在健康保健知识的传授方面也相对欠缺。学生掌握的往往是基础性的运动技能，这可能导致他们在毕业后难以继续进行有效的体育锻炼。因此，在体育教学过程中，教师应确保学生不是仅学习基础动作，而是真正掌握并能熟练运用这些技能进行体育锻炼。同时，还应加强对体育健身知识的教学，使学生能够形成科学和健康的体育锻炼习惯，利用所学知识指导他们的日常锻炼。通过这种综合和个性化的教学方法，可以更好地满足不同学生的需求，发掘和培养他们的运动潜力。这不仅有助于学生在学校期间的体育学习，更能让他们在毕业后继续保持健康的生活方式，运用所学知识和技能维持良好的体质。这种教育方式对于培养学生终身体育锻炼的意识和习惯具有重要意义。

3.注重培养学生良好的思想品德

少年期是学生形成价值观、人生态度等的关键时期，这一时期对学生的思想品德培养至关重要。体育教学不仅要向学生传授运动技能和知识的培养，更是促进学生心理、道德和意志品质发展的重要途径，目的在于促进学生的全面发展。因此，在体育教学过程中，教师应利用并创造各种条件来促进学生在这些方面的素质提升。学生在少年期通常活泼好动，他们在体育活动和竞赛中表现出丰富而强烈的情感体验，这为教育者提供了良好的教育契机。通过有针对性的指导和体育活动的组织，可以有效培养学生的积极进取精神、团队合作意识和遵纪守法的习惯。举办各类体育竞赛不仅可以锻炼学生的身体，还能在竞争中培养他们的心理素质，如提升坚韧不拔、应对挑战的能力，以及懂得在团队中协作和相互支持的重要性。此外，体育活动还应该注重培养学生的乐观心态和自信心，这些个性特征对于他们未来的成长和发展具有重大影响。因此，体育教育不仅限于传授运动技能和知识，更应注重通过体育活动来塑造学生的整体人格和品质。在这个过程中，教师应充分认识到体育活动在培养学生良好思想品德方面的重要作用，将体育活动作为一种有效的教育工具，帮助学生在体育竞赛和日常锻炼中成长为全面发展的人。

第二节　社区中青年人的体育锻炼指导

一、青年人体育锻炼指导

（一）青年人群体育健身活动的选择

青年人适合几乎所有的运动健身项目，即使是完全陌生的运动项目，兴之所至，他们也会对相应的知识和技能进行学习和掌握。

1. 针对青年人的身体特点进行选择

在针对青年人设计体育活动时，首先应考虑他们的身体特点和心理需求。青年时期，人的身体和心理都处于一个快速发展和变化的阶段。这个时期，人的身体机能通常处于最佳状态，具有较强的耐力、力量和协调能力。因此，在选择适合他们的体育活动时，可以考虑一些强度较高、竞技性强的运动项目，以适应他们的身体条件。然而，仅仅考虑身体条件是不够的。青年人的个性化需求、兴趣爱好和心理特点也同样重要。每个人的体育健身需求和兴趣点都不尽相同，应鼓励青年人根据自己的喜好选择适合自己的运动项目。例如，有的人可能喜欢团队运动，如篮球、足球，这些运动不仅能锻炼身体，还能培养团队合作精神和社交技能；而有一些人可能更喜欢个人项目，如跑步、游泳，这些运动有助于提高个人耐力和专注力。此外，随着青年人步入社会，他们面临的学习和工作压力可能会增大，因此，体育活动不仅是锻炼身体的手段，更是缓解压力、增进身心健康的有效途径。在这一点上，可以考虑引入一些有助于放松心情、减轻压力的运动形式，比如瑜伽、太极等，这些运动不仅能增强身体素质，还能帮助青年人放松心情，改善精神状态。最后，对于青年人而言，持续性和科学性也是体育锻炼不可或缺的两个要素。应该鼓励他们根据自身的体质和健身目标，制订一个长期而科学的锻炼计划。同时，还需要注意适量运动，避免过度锻炼带来的身体伤害。可以通过定期的健康检查和提供专业的指导来帮助他们科学合理地进行体育锻炼。

2. 青年人体育锻炼项目的设计与组织

在设计和组织青年人的体育锻炼项目时，首先需要明确的是，这些活动旨在促进青年人的身心健康，而不仅仅是追求体能的提升。因此，选择的运动项目应符合青年人的身体条件和兴趣爱好，同时应考虑到他们的身体发育和心理健康。运动强度和对抗性是考虑的重要因素。适度的运动强度和对抗性可以有效地提高青年人的生理机能，增强其体力和耐力。例如，篮球、足球等团队运动不仅锻炼身体，还有助于培养团队合作精神、竞争意识和社交技能。此外，个人竞技类运动如田径、游泳等也能有效提升青年人的个人体能和专注力。重要的一点是，运动项目的设计和组织必须考虑到青年人的个体差异。每个人的体质、兴趣和能力都不尽相同，因此，在设计锻炼计划时，应该允许青年人根据自己的情况选择合适的运动项目。例如，体质较强的青年可以选择高强度的运动，而体质较弱或刚开始锻炼的青年则应选择强度较低的运动。另外，需要强调的是，青年人的体育锻炼不应该与专业运动员的训练相提并论。青年人参与体育活动的目的是健康和娱乐，而不是为了专业竞技。因此，运动负荷必须适度，避免超出青年人的生理承受范围。过大的运动负荷不仅不能提高体能，反而可能导致运动损伤。为了保证青年人在体育锻炼中的安全和效果，组织者应提供科学的指导和适当的训练计划。这包括正确的运动技巧指导、合理的运动强度安排以及必要的休息和恢复时间。此外，还应该鼓励青年人进行定期的体检，以确保他们的体育活动既安全又有效。

（二）青年人群体育健身指导

青年人应注重体育健身活动，并养成节律性体育健身的习惯，使得体育健身成为日常生活的重要组成部分。

1.明确体育健身的重要性

体育健身对于青年人来说，是一个不可忽视的话题。青年期是一个人生命中身体机能处于顶峰的阶段，很多青年人可能因为自身优越的身体状态而忽视了体育锻炼的重要性。一些青年人可能认为，体育健身是那些身体状况较差的人才需要的，而自己现在身体强健，不需要太多的体育锻炼。更有甚者可能会认为现在忙于学习和工作，暂时没有时间和必要进行体育锻炼，可以等到年老体弱时再考虑。然而，这种观点是错误的，体育锻炼对于青年人来说同样至关重要。首先，体育锻炼有助于保持和提升身体健康。青年时期，虽然人的身体机能处于最佳状态，但是随着年龄的增长，这些机能会逐渐衰退。定期的体育锻炼可以延缓这一衰退过程，保持身体的活力和健康。比如，有氧运动如跑步、游泳，可以增强心肺功能，提高身体的耐力和抵抗力；力量训练如举重，则有助于增强肌肉力量和增加骨密度。其次，体育锻炼对于青年人的心理健康也极其重要。随着学习、工作压力的不断增大，青年人可能会面临各种心理压力和挑战。体育锻炼不仅可以帮助青年人释放压力，还可以提升他们的心理韧性。运动过程中的身体活动会促进大脑释放内啡肽，这是一种自然的"快乐荷尔蒙"，可以帮助人放松心情，减轻焦虑和抑郁的症状。再次，体育锻炼还有助于培养青年人的社交能力和团队协作精神。参加团队运动，如篮球、足球等，不仅能锻炼个人的体能，还能学习如何在团队中协作，提升社交技巧。这对于青年人的个人发展和未来的职业生涯都是非常有益的。因此，非常有必要对青年人进行体育锻炼的宣传和教育，帮助他们认识到体育锻炼的重要性。学校、社区和媒体都应该承担起这一责任，通过各种方式宣传体育锻炼的好处，鼓励青年人参与体育活动。此外，还应该为青年人提供方便、可行的体育锻炼途径和资源，比如建立公共体育设施、组织各种体育活动和比赛等。最后，青年人自身也应该意识到，体育锻炼不仅是一种身体活动，更是一种生活方式。他们应该树立科学的健康理念，将体育锻炼融入日常生活，形成长期的健身习惯。无论是个人锻炼，还是参加集体运动，都应该成为青年人生活的一部分。通过这样的方式，青年人不仅能够保持身体健康，还能促进心理健康，提高生活质量。

2. 提高青年人体育健身知识与技能

青年时期是个人身体素质和体能发展的关键时期，但在现代社会，很多青年人因为生活和工作的压力，忽视了体育锻炼，导致身体机能逐渐下降，体质走向不健康的方向。这种趋势如果不加以改善，到了中年，他们很可能会面临各种健康问题，影响工作和生活质量。针对这一问题，增加青年人的体育健身知识和技能显得尤为重要。首先，应通过学校教育、社区活动、媒体宣传等多种途径，普及体育健身的基本知识，让青年人意识到体育锻炼对于维护健康、预防疾病的重要性。其次，应教授青年人科学的运动技巧和方法，帮助他们根据自身的实际情况选择合适的运动项目，制订个性化的锻炼计划。

在实际的体育活动组织中，应考虑青年人的工作和生活实际，提供灵活多样的锻炼方式和时间安排。例如，对于时间紧张的青年人，可以提供高效的短时锻炼项目，如快走、短跑、自由体操等；对于有特定运动兴趣的青年人，可以开设特色体育课程，如瑜伽、武术、舞蹈等。此外，鼓励青年人养成有规律的锻炼习惯同样重要。定期的体育锻炼不仅能够改善和提高身体健康水平，还能增强自我管理能力，培养坚持不懈的精神。同时，还应引导青年人树立终身体育的理念，认识到体育锻炼是一生的事业，而不仅仅是青年时期的需要。

3. 建立科学健康的生活方式

在现代社会，青年人面临的工作和生活压力日益增大。竞争激烈的环境和繁重的责任使得很多青年人采取了不健康的生活方式，如熬夜、不规律的饮食、吸烟和饮酒等。这些不良的生活习惯不仅损害了他们的健康，也影响了他们的社会适应能力和心理健康。因此，青年人应当建立科学和健康的生活方式。参与体育锻炼是构建健康生活方式的关键。体育锻炼不仅可以增强体质和强健体魄，还有助于提高青年人的社会适应能力和心理承受能力。通过体育活动，青年人可以培养坚强的意志、拼搏的精神和自信心，这些品质对于他们的个人发展和职业生涯都是非常重要的。此外，参与体育活动还可以扩大青年人的社交圈，促进人际关系的融洽和感情的交流。在体育活动中，青年人可以结识新朋友，学习团队合作，增进对他人的理解和尊重。这不仅丰富了他们的业余生活，也有助于他们形成更为健康、积极的社交态度。

为了吸引更多青年人参与体育锻炼，应注重运动项目的多样性和趣味性。学校和工作单位可以组织各种体育活动，如球类运动、户外徒步、健身操等，既能满足不同青年人的兴趣，又能提供多种选择，使体育锻炼成为一种享受而非负担。另外，青年人在日常生活中应注重健康饮食、充足睡眠和适当休闲，这些都是构建健康生活方式的重要组成部分。合理的饮食习惯可以为体育锻炼提供充足的能量，良好的睡眠有助于身体恢复和精神焕发，适当的休闲活动则可以缓解压力，提高生活质量。

二、中年人体育锻炼指导

（一）中年人体育健身活动选择

到达中年阶段，人们往往面临着身体机能和各方面素质的逐渐下降。这一时期，由于生活条件的改善和工作压力的增加，中年人可能会经历营养过剩和运动量减少的情况，这不仅导致身体健康问题的增多，也可能引发心理上的紧张和抑郁。因此，对于中年人而言，选择合适的体育健身活动尤为重要。考虑到中年人的身体和心理特点，他们的健身方法和手段应与青年时期有所不同。中年人在体育锻炼上的需求更偏向于休闲健身和民族传统等运动形式，这些活动不仅能够有效促进身体健康，还能帮助他们缓解心理压力。在安排中年人的体育活动时，应充分考虑他们的身心发展特点，以及他们锻炼的目的和需求。选择的运动项目应既能够满足中年人的兴趣爱好，又要确保运动的适用性和可操作性，避免对中年人的身体造成过大的负担。例如，太极拳、瑜伽、散步和游泳等都是适合中年人的运动形式，它们强度适中，既能锻炼身体，又能放松心情。①同时，培养中年人对体育锻炼的兴趣也十分关键。通过提供多样化的运动选择和创造愉悦的锻炼环境，可以激发中年人参与体育活动的热情。此外，制订固定的锻炼计划和鼓励他们与家人朋友一起锻炼，不仅能帮助他们形成持续的运动习惯，也能增进与他人的交流和情感联结。

有效的体育锻炼能够帮助中年人延缓身体机能的衰退，维持较高的健康水平。通过合理的运动安排，中年人不仅能够保持良好的身体状况，也能够享受健康愉快的工作和生活。通过这些措施，可以有效地帮助中年人应对身体和心理上的挑战，提高他们的生活质量。

（二）中年人的体育健身活动的指导

1. 树立科学的健康观念

经济社会的发展带来了人们思想观念的进步，特别是在健康领域。如今的健康观念已不仅限于身体健康，而是包括心理、情感和社会适应等多方面，构成了一个多维度的概念。面对这种全面的健康理念，中年人群特别需要树立正确的健康观念，以便进行必要的健康储蓄，确保现在和未来的生活质量。为此，加强对中年人的宣传和教育至关重要。这不仅涉及传统的健康知识，还包括心理健康、情感管理以及如何更好地适应社会。通过这些教育，可以帮助中

---

① 潘丽萍. 社区体育与全民健身 [M]. 上海：上海交通大学出版社，2014：15.

年人更全面地关注自身的健康状况，了解并认识到体育锻炼在维护多方面健康中的作用和功能。

在这个过程中，中年人应该调整自己的思维方式，改变可能存在的一些错误认识。他们需要认识到，参与体育锻炼不仅是一种身体活动，更是一种维护和提升整体健康状态的重要手段。这种转变将使得中年人将体育锻炼视为一种自觉的需求和行动，而非被动的选择。中年人在参与体育锻炼时，应选择适合自己的运动项目，充分考虑自己的身体状况、兴趣爱好以及日常生活的安排。无论是散步、游泳、瑜伽还是其他形式的运动，重要的是找到一种既能增强体质，又能带来心理愉悦的锻炼方式。同时，应鼓励中年人在日常生活中积极参与社交活动，与家人、朋友一起进行体育锻炼和其他健康活动，这不仅能增进社交关系，还有助于提高他们的情感满足感和社会适应能力。

建立科学的健康观念并不是一蹴而就的过程，它需要时间和持续的努力。中年人在这一过程中应保持耐心和决心，不断寻求适合自己的健康生活方式，从而实现身心的和谐与健康。通过这些努力，中年人不仅能够维护自己的健康，还能为未来的生活打下坚实的基础。

2. 科学健身，量力而行

在中年这一生命阶段，人们通常面临着较重的工作和生活负担，这往往导致他们的闲暇时间有限，进而影响到进行体育锻炼的时间和频率。因此，对于中年人而言，将科学健身融入日常生活成为一种必要且实用的选择。考虑到中年人时间和精力的限制，体育锻炼的安排应与他们的日常生活和工作紧密结合。例如，中年人可以在上下班的路途中通过快步走来进行身体锻炼，或者在上下楼梯时保持适当的速度。这些简单易行的方法不仅利用了碎片化的时间，还达到了锻炼的效果。

中年期的身体机能和素质通常呈逐渐下降的趋势，这就要求中年人在进行体育锻炼时必须充分考虑自身的实际状况。体育锻炼不应追求过高的强度或难度，而是应该量力而行、循序渐进。例如，可以选择适合自己的运动项目，如散步、游泳或太极等，这些运动强度适中，既能锻炼身体，又不易造成过度疲劳或伤害。此外，规律性是体育锻炼的关键。不规律的锻炼不仅无法达到良好的健身效果，还可能给身体带来负面影响。因此，中年人应尽量安排固定的锻炼时间，如每周固定几天进行一定时间的运动，从而形成良好的锻炼习惯。

在逐步增加运动强度和负荷时，中年人应谨慎行事。适时调整运动强度可以增强机体的适应能力，但绝不可盲目追求高强度锻炼，以避免身体的过度疲劳或受伤。同时，根据个人的身体状况和健身效果进行适当的调整也十分重要。中年人在进行体育锻炼时还应注意合理膳食和充足休息。均衡的饮食可以为身体提供必要的营养，帮助恢复体力；而充足的休息则是确保身体能够得到充分恢复的关键。

3.积极进行锻炼效果评价并及时调整锻炼计划

中年人的身体机能和素质往往处于逐渐下降的过程中，因此，在进行体育锻炼时，他们需要根据个人的具体情况及时调整锻炼计划。这是确保锻炼科学性和有效性的关键。

（1）食欲观察

食欲是反映身体健康状况的一个重要指标。适量的体育锻炼可以促进身体健康，从而使食欲保持在正常水平。如果锻炼者在进行体育运动后感到食欲下降，这可能是过度锻炼的信号。此时，中年人需要重新评估和调整他们的锻炼强度，以确保既能保持身体健康，又不会造成过度疲劳。调整锻炼计划时，可以考虑降低运动的频率和强度，或者尝试不同的运动类型，以找到最适合自己身体条件的锻炼方式。同时，应注意饮食的均衡，确保充足的营养摄入，以提供体育活动所需的能量。

（2）排汗量的变化

排汗量可以作为评估运动强度的一个重要指标。合适的运动量会导致适度地出汗，这有助于身体的新陈代谢和排毒。如果在运动过程中出汗很少或几乎不出汗，可能意味着锻炼强度不足，而出汗过多则可能表示运动负荷过重。针对排汗量的变化，中年人可以通过调整运动的类型和持续时间来适应身体的需要。例如，可以通过增加有氧运动的时间来提高出汗量，或者在高强度运动后适当休息，避免过度出汗和疲劳。

（3）睡眠质量

适当的运动量有助于获得更好的睡眠质量。如果发现运动后睡眠出现问题，如失眠或多梦，这可能是运动强度过高的信号。适度的运动应该能帮助放松身心，而不是造成额外的身体压力。针对睡眠问题，中年人可以尝试在傍晚进行轻松的运动，如散步或瑜伽，以促进夜间的良好睡眠。同时，避免在睡前进行高强度的运动，以减少对睡眠的负面影响。

（4）情绪变化

体育锻炼与情绪状态密切相关。适当的运动量应该能够带来愉悦的情绪体验。如果发现运动后情绪低落或压力增大，可能是锻炼负荷过重或不适宜。适度的运动应该能够提升精神状态，增强自我感觉。为改善情绪，中年人应考虑参与他们喜欢的运动活动，如团体运动或户外活动，这些可以帮助缓解压力、提升情绪。同时，避免过度竞争或高强度的运动，以保持良好的心态。

第三节　社区老年人的体育锻炼指导

一、老年人体育健身活动的选择

（一）选择合适的体育健身活动

老年时期是一个特殊的生命阶段，身心健康在此时显得尤为重要。在这一时期，适当的体育锻炼不仅能有效预防和治疗各种疾病，而且可以极大地丰富老年人的生活，带来愉悦和满足感。为老年人设计的体育锻炼计划应当从他们的实际情况出发，综合考虑健身目标、运动形式、场地设施以及季节因素等多方面内容。例如，太极拳、体育舞蹈、散步和游泳等活动，既适合老年人的身体条件，又能满足他们的兴趣需求。同时，这些活动的运动强度适中，不易给老年人的身体带来过大负荷。[①]

---

① 潘丽萍. 社区体育与全民健身 [M]. 上海：上海交通大学出版社，2014：36.

在体育锻炼实践中，重要的是科学地选择和规划锻炼内容。老年人在运动时应注意量力而行，避免过度竞争和超负荷锻炼。合适的运动方式应以有氧运动为主，如快走或慢跑，这些运动有助于提高心肺功能，但必须严格控制运动的强度和持续时间，以防身体受损。老年人在体育锻炼时还应考虑运动的全面性，平衡地锻炼身体各方面的素质和机能。例如，太极拳能够提高身体的柔韧性和平衡能力；游泳则可以锻炼全身的肌肉，同时对心血管系统也有益处。

自我监控在老年人体育锻炼中同样重要。老年人应注意观察自身在锻炼后的反应，如睡眠质量、食欲、情绪变化等，以此来评估运动强度是否适宜。例如，如果锻炼后感到过度疲劳或食欲减退，可能需要减少运动量或调整运动方式。另外，定期进行身体健康检查对老年人来说至关重要。这不仅可以及时发现和处理健康问题，还可以为他们提供更加科学、个性化的运动建议，确保他们的锻炼既安全又有效。

（二）根据老年人体育健身活动的特点选择

1. 老年体育项目多以传统体育养生项目为主

在中国，老年体育活动往往倾向于那些渗透着传统文化和哲学的项目，如太极拳、八段锦、气功等。这些活动不仅动作舒缓，适合老年人的身体状况，而且深受中国传统文化的影响，反映了一种对身心和谐的追求。

中国的传统体育项目不仅是一种身体锻炼，更是一种心灵的修炼。它们强调形神兼备、内外兼修，通过平和的运动节奏，注重呼吸调节和身体协调性的练习，在帮助老年人提升身体素质的同时，也促进了他们的心理健康。这些运动不仅有利于身体的灵活性和平衡感的提升，而且有助于减轻压力、提高心境。太极拳、八段锦和气功等传统体育项目在老年群体中广受欢迎，是因为它们不仅能满足身体健康的需求，还能提供精神上的满足。这些运动是中国文化的宝贵遗产，蕴含深厚的哲学思想和生活智慧，它们让老年人在享受运动的同时，也能感受到传统文化的魅力。因此，对于老年人来说，参与这些传统体育项目不仅是一种身体上的锻炼，更是一种文化和精神上的享受。通过这些活动，老年人不仅能够保持身体的健康，还能够在心灵上获得平静和满足，享受高质量的生活。

2. 老年体育活动形式多以群体活动为主

老年体育活动常常采取群体性的形式进行，这种方式对于老年人来说具有多重益处。群体活动不仅能够激发老年人参与体育锻炼的积极性，还提供了一个社交的平台，有助于他们在活动中找到归属感和社交的乐趣。通过群体性的体育活动，老年人可以在运动的同时，享受与伙伴们的互动和交流。这种交流不仅限于体育活动本身，还包括生活经验的分享、情感的支持以及文化交流等多方面。在这些活动中，老年人可以相互鼓励、共同进步，同时也能够缓解孤独感，增强社会参与感。例如，参加太极拳、舞蹈班或者健步走团体等，都是老年人群体活动的典型形式。在这些活动中，老年人不仅能够保持身体的活力，还能够享受团队合作的乐趣。这样的活动形式对老年人的身心健康都有着积极的影响。

3. 老年体育的强度较低

随着年龄的增长，老年人的身体机能和素质逐渐下降，这一变化要求他们在进行体育锻炼时，必须调整运动强度以适应自身的身体状况。因此，老年体育活动通常采取低强度、长时间的运动方式以确保安全，同时达到锻炼的目的。

老年人在进行体育锻炼时，通常会选择散步、慢跑、太极拳等轻松的运动方式，并将这些活动作为日常生活的一部分。通过这种方式，老年人不仅能够温和地锻炼身体、提高体能，还能够有效利用空闲时间，与其他老年朋友共同参与，享受社交的乐趣。这种低强度、长时间的运动模式非常适合老年人的身体状况，能够避免运动过度带来的身体伤害，同时帮助他们保持健康的生活方式。在这些活动中，老年人可以根据自身的体力和健康状况灵活调整运动的时间和强度，从而实现个性化的健身效果。

4. 老年体育的组织化程度较高

老年体育活动通常具有较高的组织化程度，这为老年人提供了更加方便和规范的锻炼环境。很多社区都设立了专门的老年人活动中心，这些中心为老年人提供了在固定的时间和地点进行体育运动的机会。这种固定的组织模式使老年人能够在熟悉的环境中定期进行体育锻炼，有助于形成持久的锻炼习惯。

此外，这些体育活动中心通常配备了专业的社会体育指导员。这些指导员不仅教授适合老年人的体育运动知识，还负责有效地组织和管理活动，确保运动的安全性和适宜性。他们的专业指导对于老年人而言至关重要，可以帮助他们正确地进行体育运动，避免运动伤害。

在一些地区，还成立了专门的老年人体育运动俱乐部。这些俱乐部不仅提供多样化的体育活动选择，还能满足老年人社交的需求。在俱乐部中，老年人可以结识志同道合的朋友，一起参与运动活动，增强社交互动。

二、老年人体育健身活动的指导

（一）因人制宜，科学锻炼

老年人参与体育健身锻炼时，往往以群体性活动为主，这种方式不仅符合他们的身心发展特点，还为他们提供了交流和社交的机会。在这些群体活动中，老年人可以分享各自的锻炼心得和体验，从而获得更多的启发和动力。然而，老年人的体质状况差异较大，因此在体育锻炼时应采取因人制宜的方法，确保锻炼既科学又安全。

在组织老年人的体育活动时，需要细致考虑他们的身体状况和心理需求。每个老年人的身体机能和心理状况都有所不同，因此不能简单地模仿他人的锻炼量和方式。老年人在选择体育锻炼项目时，应从自身的实际情况出发，选择适合自己的运动项目和锻炼方法。例如，有心脏病史的老年人应避免剧烈运动，而可以选择如太极拳、散步等轻度运动。

此外，老年人的体育锻炼计划应全面考虑身体的各个系统、部位和内脏器官的实际情况。随着年龄的增长，这些部分的机能可能会逐渐衰退，因此锻炼计划需要有针对性地强化这些部位的功能。例如，针对关节灵活性和肌肉力量的锻炼，可以帮助老年人提高身体的协调性和平衡性。

在体育锻炼的过程中，老年人还应注意适度调整运动强度和持续时间，以避免过度疲劳或运动伤害。运动后的适当休息和营养补充也是非常重要的。通过这样全面而细致的考虑，老年人的体育锻炼将更加科学、安全和有效。

（二）防病、治病相结合

在老年人享受退休生活的空闲时间中，体育运动扮演着至关重要的角色。通过参与适当的体育活动，老年人不仅能够增强体质、提高生活质量，还能有效预防各类疾病，甚至对已有疾病的康复过程产生积极影响。因此，在为老年人规划体育锻炼时，应将防病与治病相结合，提升健康水平，以全面满足他们对健康的需求。

体育锻炼对于提高老年人的免疫力具有显著效果。适量的运动可以增强身体的抵抗力，从而有效预防各种常见的老年病，如心血管疾病、糖尿病等。例如，规律地散步、慢跑或游泳等有氧运动，都是增强心肺功能、提高免疫力的有效方式。同时，专门的保健体育和康复体育活动对于促进老年人疾病的康复也至关重要。这些活动，如瑜伽、太极拳、柔力球等，不仅能够帮助老年人恢复身体机能，还能提高他们的心理健康水平。这些活动通常强调温和的运动强度和高度的可控性，可以根据每位老年人的具体病情和身体状况量身定制。在组织这些体育活动时，重要的是结合老年人的具体健康状况和需求。例如，对于患有关节炎的老年人，可以选择游泳等对关节冲击较小的运动；而对于心脏病患者，则需要选择低强度、节奏平稳的活动，如散步或太极拳。除了选择合适的运动项目，老年人在参与体育锻炼时还应注意运动的持续时间和频率。过度的运动可能会对身体造成负担，因此需要在专业人士的指导下，制订合理的运动计划。

（三）简单实用，持之以恒

对于老年人而言，体育锻炼应遵循"简单实用，持之以恒"的原则。随着年龄的增长，老年人的身体机能逐渐下降，因此选择的锻炼项目不宜过多，而应专注于几种简单、易学且对身体负担小的运动。这些运动应以轻缓适量为特点，避免复杂或幅度过大的动作，以保障运动的安全性。

为了有效延缓衰老过程，持续性的锻炼至关重要。老年人在进行体育锻炼时，应定期监测自身的健康状况，并根据身体反应适时调整运动的强度和时长。这种自我调节不仅有助于防止运动伤害，还能确保锻炼的效果最大化。此外，老年人在体育锻炼的过程中应注意动静结合，这意味着在进行有氧运动等活跃锻炼的同时，也应融入一些静态活动，如太极拳、瑜伽或冥想。这种动静结合的方式不仅能够锻炼身体，还有利于心理平衡和精神放松。

第四节　社区女性的体育锻炼指导

一、女性体育健身活动的选择

（一）女性健身的特点

1. 健身是主要目的

女性参与体育活动的动机多种多样，与她们的生理和心理特征紧密联系。随着时代的发展，女性的思想观念也在不断演变，这反映在她们参加体育锻炼的目的上。对于不同年龄段的女性而言，体育锻炼的主要目的各有侧重。

青年女性通常参加体育锻炼以达到健身、塑形、减肥和娱乐的目的。她们倾向于选择能够有效塑造身材、提升体态的运动项目，如瑜伽、有氧运动等，同时也享受运动带来的乐趣和放松。对青年女性而言，体育活动既是一种保持身体健康的方式，也是一种生活的乐趣。

中年女性则更多地将体育锻炼作为调节情绪、缓解压力的手段。随着年龄的增长，她们面临的工作和家庭压力可能会增大，因此她们会选择参加能够放松心情、提升精神状态的体育活动，如散步、太极拳等。

老年女性参加体育锻炼的主要目的是保持健康和娱乐。随着年龄的增长，保持身体健康变得尤为重要。老年女性通常选择轻缓的运动方式，如散步、广场舞等，这些活动不仅有利于身体健康，还能提供社交的机会。

对于职业女性而言，她们参加体育锻炼既是为了保持良好的身体状态，也是为了缓解职场压力。她们可能会选择一些高效的健身运动，如健身房锻炼、跑步等，以达到快速释放压力、维持身体活力的目的。

2. 健身手段以中低强度的户外徒手或轻器械的体育活动为主

在当今中国，女性普遍倾向于选择消费较低、便于进行的户外徒手或轻器械体育活动。这种选择在一定程度上反映了中国女性传统的"勤俭持家"观念。这些活动通常对体育设施的要求不高，且无须昂贵的费用支出，使得广大女性能够轻松参与。

随着年龄的增长，女性参与收费体育场所的锻炼频率有所降低，更倾向于在家附近的公园、社区运动场所等免费或低成本的地方进行体育活动。这些活动不仅方便，也更符合大多数女性的生活习惯和经济条件。

在锻炼强度方面，大多数女性选择的是中等或强度较低的运动，这样的运动负荷更适合女性的身体状况，既能有效锻炼身体，又能避免过度疲劳或运动损伤。例如，散步、慢跑、瑜伽和太极等都是女性常见的选择。

3. 活动方式以集体或友伴的形式为主

在体育活动的参与方式上，女性往往更偏好集体或伴侣形式的锻炼。由于女性通常更加重视情感交流和互动，她们倾向于与朋友或亲密伴侣一同参加体育活动。这种方式不仅为她们提供了锻炼的机会，还成为情感交流和共享的平台。在一起运动的过程中，女性不仅可以分享生活中的快乐和烦恼，还能相互理解和支持，从而加深彼此间的情感联系。

对于老年女性而言，集体性的体育活动同样重要。这类活动不仅有助于她们保持身体健康，还能有效缓解孤独感，并且提供社交的机会。老年女性通过参与广场舞、太极拳等集体活动，能与同龄人交流互动，享受群体的温暖和欢乐。

近年来，随着生活方式的变化，亲子家庭健身活动也逐渐受到欢迎。这种活动模式不仅促进了家庭成员之间的身体锻炼，更加深了家庭成员间的情感联系。通过共同参与运动，家庭成员可以共享快乐时光，增进理解和沟通，强化家庭纽带。

在体育锻炼的选择上，女性往往偏好那些能够同时满足身体锻炼和社交需求的活动。无论是与朋友一起慢跑、瑜伽，还是与家人共同参与户外徒步，这些活动都为女性提供了一个既能健身，又能加强情感联系的平台。

（二）女性健身的项目选择

女性在选择体育健身项目时，通常会根据个人的年龄、兴趣和身体状况进行选择，以满足她们多样化的健身需求。从年轻到成熟，再到老年，女性的运动偏好呈现出丰富性和多样性。

青年女性通常追求活力和时尚，因此她们倾向于选择能够塑形和提升体态美的运动项目，如健美操、体育舞蹈、街舞和慢跑等。这些运动不仅能有效增强体质、塑造优美身材，还能带来心理上的愉悦和自信。

中年女性在选择体育活动时，更加注重身心的放松和健康维护。因此，她们更倾向于选择徒手健身操、太极拳、太极剑、散步和游泳等项目。这些活动不仅有助于保持身体的健康，还能在忙碌的工作和生活中提供一个放松的空间。

到了老年阶段，女性则更多选择太极拳、气功、登山、门球等活动。这些运动强度适中，既适合老年人的身体条件，又有助于维持身体机能和社交，也能满足她们的娱乐和休闲需求。

二、女性体育健身指导

女性在进行体育健身运动时，必须考虑自身的实际情况，面对现实，不要盲目效仿和追随。在组织相应的体育健身活动时，应确保她们从事的健身锻炼项目符合其身心特点和健身需求。

（一）选择适合女性身心特点的运动项目，科学锻炼

在指导女性进行体育健身时，考虑到不同年龄阶段的女性在体育锻炼的目的上存在显著差异，因此，制订的锻炼计划应充分考虑她们的心理需求和生理特点，以确保运动既有效又令人愉悦。

青少年女性正处于生长发育的关键时期，她们参与体育锻炼的积极性可能

因身体变化而受到影响。为此，应通过组织吸引她们兴趣的运动项目，如羽毛球、篮球或舞蹈等，激发她们参与体育活动的热情。在这一过程中，重要的是考虑到每个个体的差异，包括她们的兴趣、身体条件和运动能力，以确保活动既安全又适宜。

对于成年女性而言，体育锻炼不仅是维持身体健康的重要方式，还是缓解工作和生活压力的有效手段。因此，推荐的运动项目应该是既能够提高身体素质，同时又能放松心情的活动，如瑜伽、慢跑或有氧健身操等。这些活动能够帮助成年女性保持良好的身心状态，提升生活质量。

对于老年女性来说，体育锻炼的重点应放在维持身体功能和提高生活质量上。因此，推荐的运动项目应包括太极拳、散步、游泳等，这些活动不仅有助于保持身体的灵活性和协调性，还能提供社交的机会，从而增强老年女性的社会参与感和生活满足感。

在进行体育锻炼时，女性应根据自己的身体状况选择适宜的运动强度。过高的运动强度可能导致身体疲劳甚至受伤，而适宜的运动负荷则可以有效提升身体素质，同时保证锻炼过程的愉悦感。通过这样全面而细致的考虑，女性可以在体育锻炼中获得最佳的身心效益，实现健康和幸福的生活方式。

（二）女性特殊时期的体育健身指导

特殊时期是指月经期、妊娠期、更年期。这三个时期，女性的身心表现出一定的独特性，因此，在这一阶段进行相应的体育健身应该遵循相应的规律。

1. 月经期的体育健身指导

月经期是女性生理周期的一部分，这个时期女性的身体会经历一系列特殊的生理变化，如腹部胀痛、腰酸、乳房胀痛、食欲下降、疲劳感、情绪波动等。合理的体育锻炼可以在这一时期起到缓解不适、改善身体状况的作用，特别是有助于促进血液循环，有利于经血的排出。

在月经期间，女性在选择体育锻炼项目时应考虑到自己的身体状况。建议选择那些动作幅度和震动相对较小的运动，如徒手操、乒乓球、散步、慢跑等。这些运动强度适中，不会给身体带来过大的负担，同时能够在一定程度上缓解月经期间的不适感。

运动的时间和强度应根据每位女性的身体状况进行调整。每个人的身体反应和承受能力不同，因此在月经期间的运动安排应因人而异，避免一刀切的运动计划。例如，一些女性可能在月经期间感到特别疲劳或不适，这时应减少运动量，甚至暂停锻炼。①

需要特别注意的是，月经期间不宜进行游泳等可能引起感染的运动。同时，对于那些有月经紊乱、月经过多或痛经等症状的女性，在月经期间应暂停体育锻炼，以免加重症状。

2. 妊娠期的体育健身指导

妊娠期对于女性来说是一个特殊且重要的时期。在这大约280天的时间里，女性的身体会经历多种变化，如恶心、呕吐、疲劳和下肢水肿等。适当的体育锻炼在这一时期不仅有助于改善心情，还能缓解一些妊娠相关的不适。

在进行妊娠期的体育运动时，应优先考虑轻度的有氧运动，这类运动有助于改善血液循环，减轻下肢瘀血，促进新陈代谢，从而维持整体健康，并为胎儿的正常发育提供良好的身体条件。在选择运动项目时，必须注意避免剧烈的运动，特别是那些可能对腹部造成冲击的活动。

一般来说，妊娠期适合进行的运动项目包括快走、慢跑、郊外踏青、游泳和保健操等。这些活动不仅能提供足够的运动量，还能确保安全性和舒适性。不过，在进行这些活动时，建议征得医生的同意，并有家人陪同，以确保运动过程中的安全。此外，妊娠期的体育锻炼还应根据个人的身体状况和孕期进展灵活调整。随着妊娠期的推进，运动的强度和类型可能需要适当调整，以适应身体变化。例如，在妊娠后期，可能需要降低运动强度和缩短持续时间，选择更加温和的运动形式。

3. 更年期的体育健身指导

更年期是生命中的一个自然阶段，女性通常在45至50岁时进入这一时期。在更年期，女性的身体会经历一系列内分泌系统的变化，这可能会影响到心血

---

① 潘丽萍. 社区体育与全民健身 [M]. 上海：上海交通大学出版社，2014：35.

管系统、精神神经状态和新陈代谢，导致诸如注意力分散、心慌、心律不齐、血压波动、情绪波动、记忆力下降和对活动兴趣减退等症状，从而对日常生活造成影响。

为了在更年期维持良好的身心健康，适当的体育锻炼显得尤为重要。进行体育锻炼时，应注意控制运动的强度，使之处于舒适的水平，并且需要长期持续地进行。适合更年期女性的运动项目包括散步、慢跑、郊游、羽毛球、门球、徒手操、器械操和体育舞蹈等。这些运动不仅能够帮助更年期女性保持身体活力，还有助于其保持心情舒畅和提升精神状态。

更年期女性应有计划地选择户外活动，利用自然环境的美好和宽松的氛围来缓解心理压力，陶冶情操。户外活动如郊游和慢跑等，不仅有利于改善身体状况，还能够提供一个放松心情的机会，帮助她们更好地应对更年期带来的身心变化。

在更年期进行体育锻炼的同时，也应注意适当调整生活方式和饮食习惯，保持健康的生活节奏。例如，保证充足的睡眠、均衡的饮食和适度的社交活动等，都是促进身心健康的重要因素。

第五节　社区常见疾病患者的体育锻炼指导

一、高血压患者的体育锻炼指导

美国运动医学会（ACSM）对 54 个随机临床试验进行分析，试验共研究了超过 2 600 名受试者，结果表明有氧训练能有效降低血压。具体来说，对一般人群而言，收缩压和舒张压分别可以降低 3 至 4 毫米汞柱和 2 至 3 毫米汞柱。对于高血压患者，这种降压效果更为显著，收缩压可降低 7.4 毫米汞柱，舒张压降低 5.8 毫米汞柱。

在训练强度上，当以最大摄氧量的 40% 至 70% 作为运动强度，每周进行 3 至 5 天的训练，每次持续 30 至 60 分钟时，可以达到相似的降压效果。这表明，规律的体育活动和体重控制是预防和治疗高血压的关键策略。

为了更好地为高血压患者定制个性化的体育锻炼计划，美国运动医学会建议在开始体育锻炼康复计划之前，先进行详细的运动测定，以准确评估患者的机能能力和身体状况。2005 年，美国运动医学会针对高血压患者提出了具体的运动测定和运动处方指导。

（一）运动测定

在进行高血压患者的运动测定时，应考虑到个体差异，并根据需要对测定程序进行适当调整。例如，对于肥胖或年龄较大的受试者，可以采用修改过的 Bruce 方案等适应性方法。同时，需要注意服药时间与运动测定时间的相互影响，以避免药物效果对测定结果的干扰。

测定过程中，监测血压的变化至关重要。如果受试者的收缩压超过 260 毫米汞柱，或舒张压超过 115 毫米汞柱，应立即停止测定。对于那些在运动中血压反应强烈的高血压患者，不建议进行大运动量的测定。然而，如果能够安全地获得测定结果，这些数据可以作为评估风险和制订个性化治疗计划的重要依据。这些测定结果不仅有助于了解患者对运动的血压反应，还可指导他们在日常生活中进行必要的生活方式改善，如适当的体育活动和饮食调整，以控制和降低血压。此外，在某些情况下，根据运动测定的反馈，可能还需要调整患者的药物治疗方案。

（二）运动处方

1.运动形式

对于高血压患者，推荐的运动方式主要是大肌肉群参与的有氧运动。这类运动不需要高技巧，能够维持机体氧气消耗与吸收的平衡，使人略感气喘而不至于喘不过气，轻微出汗却不至于汗流浃背，身体感觉舒展但不感到疲劳。常见的有氧运动包括步行、健身跑、骑自行车、游泳、太极拳和气功等。这些多样的活动形式可以适应不同人的技能和兴趣，从而增加坚持运动的可能性。

步行是最简单的方式，初期可保持 70 至 90 步 / 分钟的速度（相当于 3 至 4 千米 / 小时），持续 10 分钟以上。适应后可以尝试坡地行走或加快步速。对于有一定运动基础的人，可以选择健身跑，但运动前应进行体检和运动试验。跑步时要保持轻松的心态，控制好节奏和呼吸，心率不宜超过 130 次 / 分钟，运动后不应感到头晕、心慌或明显疲劳。

骑自行车和游泳的要求与健身跑类似，适宜保持中等强度；太极拳和太极剑的动作柔和，肌肉放松，运动幅度较大，要求思绪宁静，有助于降低血压；气功则以放松功为宜，动作应大幅度、有序，上下肢参与，避免长时间等长收缩。这些运动方式为高血压患者提供了安全且有效的锻炼选择。

2. 运动强度

对于高血压患者，特别是年长者和肥胖人群，推荐的运动强度是在 40% 至 70% 的摄氧量储备或心率储备范围内。这个运动强度区间被认为是降低血压的最适宜水平。这种适中的强度既能确保运动的有效性，又能避免对心脏和血管系统造成过大的负担，特别是对于那些具有高血压特殊风险因素的群体来说，这一点尤为重要。在这个强度区间内进行运动并保持，可以更安全地实现血压控制和健康改善的目标。

3. 运动持续时间

上述有氧运动的持续时间应为 30 至 60 分钟。

4. 运动频度

每周训练 3 至 7 天有降压的效果。由于一次运动后的血压降低可持续数小时，因此，每天训练可能会有更佳的效果。

5. 抗阻训练的应用

抗阻训练不应是高血压患者的主要运动形式，但是可与有氧训练结合使用。抗阻训练应是低阻抗多重复的模式。

二、糖尿病患者的体育锻炼指导

2 型糖尿病的核心问题在于外周组织对胰岛素的抵抗和胰岛素分泌功能减退。适当的体育运动可以有效提高这些组织对胰岛素的敏感性，并有助于纠正糖代谢的异常。因此，在糖尿病的运动治疗中，2 型糖尿病患者尤其能从中获益，尤其是肥胖型 2 型糖尿病患者，他们更是此类运动疗法的理想适应对象。通过定期进行体育运动，可以有效地改善糖代谢状态，对控制 2 型糖尿病的症状具有显著效果。

（一）运动强度

在 2 型糖尿病的体育运动治疗中，控制运动强度至关重要。由于不当的饮食习惯、肥胖和缺乏运动是 2 型糖尿病发生和发展的关键因素，因此，合理的运动计划对于改善这一状况至关重要。对于 2 型糖尿病患者，中等强度的运动被认为最合适，这样的运动可以显著降低尿糖和血糖水平，相当于最大摄氧量的 40% 至 60%。

从心率的角度来看，有效的心率范围可以通过公式（220－年龄）×（50% 至 70%）来计算。对于肥胖型糖尿病患者，更适宜的是较低强度的运动，这有助于更有效地利用和消耗体内的脂肪，相当于最大摄氧量的 40% 至 50%，或心率公式（220－年龄）×（50% 至 60%）。

运动强度的选择对 2 型糖尿病和肥胖型糖尿病患者的锻炼效果有直接影响，因此需要针对不同情况制订适当的运动计划。低强度运动主要以消耗脂肪为主，而中等强度运动则能有效降低尿糖和血糖水平。心率作为评估和控制运动强度的标准，因其简便、易行且科学，已被广泛应用于运动治疗中。通常，运动中的心率监测可以通过自我测量脉搏来完成，即测量 1 分钟内的脉搏次数。

为了确保运动的有效性和安全性，在运动过程中应将心率控制在预定的有效心率范围内。建议运动开始时采用最低强度，即心率控制在（220－年龄）× 50% 的水平。随着体力的增强、病情的改善及运动能力的提升，运动强度可以逐步增加，但不应超过最大运动强度，即（220－年龄）×70% 或（220－年龄）× 60%。

若在运动过程中出现血糖显著波动或明显疲劳且短时间内难以恢复的情况，应立即降低运动强度或停止运动。特别需要注意的是，尽管 2 型糖尿病患者多为非胰岛素依赖且病情较轻，但由于多数患者为中老年人，其体力相对较弱、运动水平较低，因此运动中的有效心率范围应根据运动耐力测试的结果来确定。此方法既能保证运动效果，又能确保运动的安全性。

（二）运动时间

在制订 2 型糖尿病患者的运动计划时，运动时间的适宜调整是非常重要的。开始时，每次运动时间可以设定在较短的 5 至 10 分钟，随着患者逐渐适应运动并且身体状况改善，这个时间可以逐步增加到每次 40 至 60 分钟。每次运动前应进行 5 至 10 分钟的热身活动，运动结束后至少安排 5 分钟的放松活动。有效的心率保持时间应在每次运动中达到 10 至 30 分钟。

运动时间的安排应根据运动强度和个人的运动实践进行相应调整。当运动强度较高时，可以适当缩短运动持续时间；反之，若运动强度较低，可以适当延长运动时间。对于年轻、病情较轻且体力较好的患者，可以选择强度较高、时间较短的运动方式；而对于年长者或肥胖患者，则更适合选择强度较低、持续时间较长的运动方式。这样的个性化运动计划既可以保证患者的运动效果，也能确保运动的安全性，有助于逐步改善患者的健康状况和增强其对运动的适应能力。

（三）运动频率

对于 2 型糖尿病患者，包括肥胖型糖尿病患者，制定合理的运动频率是关键。一般每周进行 3 至 5 次的运动是最适宜的。运动频率的具体安排应根据每次运动的量来决定。如果每次运动量较大，建议在运动之间间隔 1 至 2 天的休息，但休息时间不宜超过 3 天。对于运动量较小的情况，如果患者身体状况允许，每天进行一次运动是理想的选择。

而对于 1 型糖尿病患者来说，重点在于每天保持运动习惯，以维持良好的运动循环，每次运动的建议持续时间为 10 至 30 分钟。

通过这样的运动频率安排，不仅能帮助糖尿病患者有效控制血糖水平，还能促进其整体健康水平的提升，同时也有助于他们形成长期的健康生活习惯。

（四）运动种类

对于 2 型糖尿病患者，尤其是肥胖型 2 型糖尿病患者，选择合适的运动类型是管理病情的关键。理想的运动形式包括那些能够提高心肺功能和控制血糖水平的中等强度有氧运动。这类运动包括慢跑、散步、游泳和骑自行车等，不仅有助于改善身体健康，还能增进患者的整体福祉。除此之外，涉及全身肌肉参与的有氧体操也是极佳的选择。健身操、太极拳、木兰拳和医疗体操等活动能够加强肌肉力量和灵活性，同时提供心肺锻炼。这些活动通常节奏适中，适合不同年龄和体能水平的患者。此外，一些娱乐性的球类活动如保龄球、门球和羽毛球等，也是适合 2 型糖尿病患者的运动方式。这些活动不仅能够提供适度的身体锻炼，还能增添乐趣，促进社交互动。对于肥胖型 2 型糖尿病患者，这些运动在保证低至中等运动强度的同时，还能适当延长运动时间，以适应不同的身体状况。

三、肥胖症患者的体育锻炼指导

（一）合理的运动强度

在制定体育康复处方时，合理的运动强度是至关重要的。通常，运动强度可以通过运动时的心率来衡量。一个简单的方法是测量 10 秒钟的脉搏次数并乘以 6，从而得到每分钟的心率。为了达到最佳的运动效果，需要计算个人的"最适运动心率"。这个心率可以通过以下公式得出：

最大心率（次 / 分钟）= 220 − 年龄（岁）

心力储备 = 最大心率 − 安静心率

最适运动心率 = 心力储备 × 75% + 安静心率

一般来说，运动时心率达到最大心率的 55% 至 65% 是比较合适的强度。但是，这个比例需要根据个人的体质，如肥胖程度和并发症的情况，进行适当的调整。每次运动消耗的能量应不低于日总能量消耗的 10% 至 15%（约 1 046 至 1 255 千焦）。

在 55% 至 65% 的这个运动强度下，糖类和脂肪的燃烧供能比例几乎相等，这有利于激活参与脂质代谢的各类酶。此强度相当于平时无运动习惯的人的无氧阈强度，即使长时间运动也不会导致乳酸等物质的堆积，对心脏和下肢运动也不会造成负担，特别适合肥胖者。通过这种方式，可以确保运动的安全性和效果，同时减少身体的不适感。

（二）合理的运动项目

为了达到减肥的目标，选择合适的运动项目是非常关键的。一般而言，减肥运动计划应主要包含中等强度的持久性有氧运动，并辅以力量训练和球类运动等。运动选择可以根据个人的体质和兴趣爱好来定制，以确保运动计划的持久性和有效性。

目前流行的动力性有氧运动，如长距离步行、远足、慢跑、骑自行车、游泳、跳舞、划船、上下楼梯、骑马、健身操以及各种水中运动（包括水中行走、水中跑、水中跳跃和踢水等）都是减肥的好选择。特别值得一提的是，水中运动因其独特的阻力和减轻关节压力的特点，被认为是极为有效的减肥运动方式。

需要摒弃"针对某部位减肥"的错误观念。实际上，运动中消耗的脂肪来自全身脂肪组织，而非单一部位。即使是局部塑形，也需要在全身运动的基础上，结合特定的局部运动来达到效果。此外，力量训练的加入也不可忽视，它有助于增加身体的瘦体重，从而使体形更加健美。力量运动主要涉及躯干和四肢的大肌群，常见运动包括仰卧起坐、下蹲起立、俯卧撑等，也可以利用哑铃或拉力器进行练习。

科学研究表明，有氧运动虽然能有效改善心血管和呼吸系统的功能，提高最大吸氧量，但它本身并不直接增加瘦体重的比例。相对地，力量训练虽然不如有氧运动那样显著改善心肺功能，但它能明显增加体内的瘦体重含量。瘦体重的增加有助于提高人体在静息状态下的代谢率，意味着瘦体重较高的人在不运动时消耗的能量也更多。

（三）合理的运动时间

在规划减肥运动计划时，合理的运动时间是一个关键因素。运动的持续时间与运动强度是相互影响的：当运动强度增加时，运动时间往往会相应减少；而在较低运动强度下，运动时间可以相应延长。运动的持续时间可以通过距离或能量消耗来衡量。

根据美国运动医学会的建议，每天进行 30 至 60 分钟的中等强度运动是理想的，每次活动大约消耗 300 千卡的能量。在中等强度的运动中，机体在运动初期并不会立即动用脂肪作为能量来源。这是因为脂肪组织中的脂肪需要经过水解过程，脂肪酸通过血液转运到肌肉组织中，这个过程需要一定的时间，通常至少需要 15 分钟。因此，为了有效地消耗脂肪，运动时间需要持续超过 30 分钟。这样的运动时长有助于确保机体有足够的时间动用脂肪作为能量来源，从而实现有效的脂肪燃烧和减肥效果。通过这样的运动时间安排，可以最大化运动的减肥效果，同时保持运动的可持续性和安全性。

（四）合理的运动频率

在制订减肥运动计划时，运动频率的合理安排同样至关重要，这取决于运动的持续时间和强度。以日本爱知大学运动医疗中心的研究为例，他们发现在运动强度维持在 60% 至 80% 的情况下，每次运动时长达到 150 分钟，每周至少进行三次运动，才能够取得显著的减肥效果。这一研究结果强调了为达到减肥目标，不仅需要关注运动的强度和时间，也需要合理安排运动频率。每周三次的运动频率可以确保身体有足够的时间进行恢复和适应，同时保持运动的连续性和效果。因此，在制订个人减肥运动计划时，考虑运动的总时长、强度以及频率是关键，以确保运动既安全又有效。

四、骨质疏松症患者的体育锻炼指导

（一）运动方式

为有效延缓骨质疏松的进程并降低骨量下降的速度，选择合适的运动方式至关重要。建议选择与个人运动能力和生理特征相匹配的有氧运动，如长跑、中老年健美操、快走、登山、体育舞蹈、太极拳、门球和广播体操等。这些运动不仅有助于保持身体活力，还能对骨骼健康产生积极影响。

鉴于骨质疏松可能导致的骨折主要发生在腰椎、四肢长骨的近端和远端等部位，有针对性的肌力训练变得尤为重要。运动中肌肉对骨骼产生的牵张力可以有效增强骨骼的强度。因此，针对这些容易发生骨折的部位进行专项的肌力训练，是预防骨折和促进骨骼健康的关键策略。通过这样的综合运动方案，可以在增强身体健康的同时，有效抵抗骨质疏松带来的风险。

（二）运动强度

在制订运动计划时，确保运动强度既安全又有效是至关重要的。过高或过低的运动强度都不利于达到最佳的运动效果。因此，建议采用中等强度的锻炼方式。具体而言，运动强度应该达到最大摄氧量的 60% 至 70%，或者达到最大心率的 70% 至 85%。这样的运动强度既能有效促进骨密度的增加，预防和延缓骨质丢失，同时还能综合锻炼身体，增强体质和健康。

根据心率来确定运动强度是一种广泛应用、简便且科学的方法。最大心率的 70% 至 85% 的范围能够保证最佳的运动效果，同时确保运动安全。不过，通过（220－年龄）计算出的最大心率是近似值，存在一定误差，特别是对于运动能力较弱、体质较弱且有骨质疏松症的患者来说，他们的有效心率范围应在医生监督下进行运动耐力测试的基础上来确定，以确保运动的安全性。这种个性化和谨慎的方法有助于保障患者在锻炼过程中的健康和安全。

（三）运动时间与频率

制订骨质疏松症患者的运动计划时，运动时间和频率的选择应基于所选运动项目的具体性质、动作的复杂度以及患者的主观感受。重要的是，在确定运动强度时，要考虑到休息后能轻微感到疲劳的程度。

如果运动项目包含的动作相对简单，那么可以适当延长练习时间。总体来说，练习时间建议在 30 至 60 分钟。对于骨质疏松症患者来说，低强度、较长时间的运动效果更佳。每周进行 3 至 4 次运动是比较理想的频率。在身体条件允许的情况下，患者也可以选择每天进行运动锻炼，但应注意运动量要小，并且确保次日能够充分恢复，避免过度疲劳。这样的安排有助于保持运动的连续性，同时避免对患者身体造成过大的压力。

第六章　社区体育的其他服务与管理

第一节　社区健身房的服务管理

一、社区健身房的类型

我国社区健身房，因其目的和功能不同，包括如下类型。

（一）按健身目的设计的健身房

在现代社区生活中，健身房已成为居民开展日常健身活动的重要场所。为了满足不同健身需求，健身房应该根据健身目的设计不同的功能区域，以提供更加全面和专业的服务。

考虑到社区居民在日常生活中对休闲娱乐的需求，健身房可以设立一个专门的休闲娱乐区。这个区域旨在为居民提供轻松愉悦的健身体验，内容可以包括摇滚舞、健美操、体育舞蹈等项目。这些活动不仅能够增加健身的趣味性，还能使居民在轻松愉悦的氛围中达到锻炼的效果。同时，为了更好地放松身心，休闲娱乐区还可以配备氧吧、推拿、按摩等设施，帮助居民在紧张的工作和生活之余得到充分的放松和恢复。①

---

① 叁壹. 社区体育锻炼常识 [M]. 西安：太白文艺出版社，2011：25.

针对需要减肥塑形的健身者，健身房应设有专门的减肥区域。这个区域可以配备各种有氧运动器械，如跑步机、动感单车等，这些器械有助于提高心肺功能，促进脂肪燃烧。除了传统的有氧器械外，减肥区还可以提供团体课程，如尊巴舞、有氧拳击等，这些课程不仅能激发健身者的运动兴趣，还能增强社交互动，形成良好的健身氛围。

对于希望提高身体机能的健身者，特别是力量水平不足的中青年人，健身房应设置一个以提升身体素质为主的训练区。这个区域可以配备各种力量训练器械，如哑铃、杠铃、力量机等，专注于发展肌肉力量和耐力。除了提供器械，还可以提供专业的健身指导服务，为健身者制订个性化的训练计划，指导正确的训练方法，确保训练的安全性和有效性。

为了更好地服务社区居民，健身房还应提供一定的个性化服务。例如，可以通过智能健身系统记录健身者的训练数据，分析他们的训练效果，为他们提供个性化的健身建议。此外，健身房还可以定期举办各种健身讲座和健康咨询活动，增强居民的健康意识，提升他们的健身知识水平。

（二）按功能设计的健身房

在现代社区中，为了满足居民的多元化健身需求，健身房的功能设计越来越细化和专业化。通常，健身房会被划分为有氧运动区和无氧运动区，每个区域都提供专门的设施、器械和专业的健身指导，以满足不同健身者的功能需求。

在有氧运动区，主要提供的是健美操、韵律操、舍宾、瑜伽、艺术体操、轻器械健身项目以及体育舞蹈等。这些活动不仅能够提高心肺功能，促进身体新陈代谢，还能帮助减脂塑形。有氧运动区的设计注重营造一种轻松愉悦的氛围，通常配备镜面、音响设备等，以提升运动体验。此外，专业的健身指导员会根据不同居民的身体状况和运动目标，提供个性化的健身计划和指导。

无氧运动区则专注于发展力量和提高身体机能。这个区域通常配备杠铃、哑铃、力量机、引体向上器等力量训练设备。无氧运动对于增强肌肉力量、塑造肌肉线条、提高身体的整体素质都有重要作用。无氧运动区的设计更加注重器械的功能性和科学性，以确保运动的有效性和安全性。专业的健身教练在此区域提供力量训练的个性化指导，帮助健身者正确使用器械，避免运动损伤。

为了更好地满足社区居民的健身需求，现代健身房通常会根据不同的运动类型和功能需求进行空间布局和设计。例如，有氧运动区可能会更加开放和明亮，而无氧运动区则可能更注重保护隐私和打造有利于专注的训练环境。此外，健身房还会定期举办各种健身课程和活动，以提高居民的健身热情和参与度。

（三）按消费层次设计的健身房

在现代社会，健身房已经成为人们日常生活中不可或缺的一部分，其设计和服务水平也日益多样化，以满足不同消费群体的需求。目前，健身房主要分为大众型、中档型和高级型，每一种类型都有其独特的特点和服务对象。

大众型健身房主要面向普通消费者，其最大的特点是性价比高。这类健身房通常提供基础的健身设施和器械，如跑步机、动感单车、哑铃、杠铃等。大众型健身房尽管设施较为简单，但完全能够满足日常健身需求。大众型健身房的费用相对低廉，适合预算有限或对高端健身服务需求不高的消费者。此外，大众型健身房通常位置便利，分布广泛，方便社区居民就近选择。

中档健身房则提供更加全面和多样化的服务，除了基础健身器械外，还可能包括专业的团体课程、个人训练服务等。中档健身房的环境和设施相比大众型有所提升，如更加舒适的更衣室、淋浴间和休息区。这类健身房适合对健身环境和服务有一定要求，但预算不足以支付高级健身房费用的消费者。

高级健身房则提供顶级的设施和服务。它们通常配备最新的健身器械、专业的教练团队、高端的健康和休闲设施，如桑拿房、蒸汽室、SPA、高级运动课程等。高级健身房注重提供个性化和私人定制的服务，如个人健身计划设计、营养咨询等。这类健身房的环境通常更加豪华舒适，适合高端消费群体和对健身服务有特别要求的用户。

（四）按年龄层次设计的健身房

在现代社会，针对不同年龄群体设计的健身房已逐渐成为一种趋势。这种设计理念的核心在于根据不同年龄群体的身体特点和健身需求，提供更加专业和贴心的健身服务。

对于儿童而言，健身房应更注重娱乐性和安全性。儿童健身乐园通常配备各种色彩鲜艳、安全性高的运动设施，如小型攀岩墙、弹跳床、平衡木等，旨在通过游戏化的方式提升儿童的运动兴趣，同时促进其身体协调性和灵活性的发展。此外，儿童健身区域还会配备专业的儿童运动教练，为孩子们提供专业的指导，确保他们在安全的环境中进行健身活动。

青少年健身房的设计则更加注重运动技能的培养和体能的提升。这个年龄段的用户通常对运动有一定的基础，且身体发育较为成熟，因此健身房可以提供更多样化的健身设施和器械，如力量训练器械、有氧运动设备等。同时，考虑到青少年正处于学习和成长阶段，健身房还可以开设一系列增强体能、提升专注力的训练课程，帮助青少年提高自身的身体素质。

对于中老年人群，健身房的设计则应更加注重健康保健和身体功能的维持。中老年健身房通常会提供低强度、低风险的健身项目，如太极拳、瑜伽、轻松的有氧运动等。这些活动不仅有助于保持身体的灵活性和稳定性，还能够有效预防和缓解老年常见疾病。同时，中老年健身房还会提供专业的健康咨询和个性化的健身指导，确保中老年人可以在科学安全的指导下进行健身活动。

二、社区健身房具体的服务管理

（一）场地的选址、规划与建设

社区健身房的成功运营在很大程度上依赖于场地的合理选址、周到的规划以及专业的建设。在场地选址时，主要考虑的因素包括交通便利性、居民密集度、周边环境和潜在的市场需求。交通便利性是吸引居民前来健身的重要因素之一。选择交通便捷的地点，如靠近公交站点、地铁站或社区中心地带，可以大大增加健身房的可及性。这不仅方便居民前来健身，也有助于提升健身房的知名度和吸引力。考虑社区居民的密集度也至关重要。密集的居民区域意味着更大的潜在客户群体，有利于健身房的长期发展和运营。此外，考察周边环境也不可忽视，确保所选位置周边没有太多的噪声干扰，同时也应考虑空气质量和周围景观，创造一个舒适、健康的运动环境。场地规划与建设则需要依据目标市场和预期服务内容来设计。健身房的整体布局应科学合理，以确保空间的最大化利用和运动者的安全。例如，有氧运动区和无氧运动区应分开设置，以避免互相干扰。同时，考虑到不同类型的运动需求，如力量训练、有氧健身、团体课程等，健身房内部的分区和器材布局应根据这些需求来规划。在健身房的建设过程中，材料的选择和环境的打造也非常关键。使用耐用且易于清洁的材料，可以降低长期维护成本。同时，创造一个明亮、通风的环境，配备适宜的照明和空调系统，是营造舒适健身体验的重要因素。此外，考虑到健身房可能对周边居民造成影响，如噪声问题，应在设计时采取必要的隔音措施。例如，在健身房地板上铺设减震垫，墙体和天花板采用隔音材料，以减少运动时产生的噪声对周围环境的影响。

（二）场地的日常维护与管理

社区健身房的有效运营离不开对场地的日常维护与管理。这一过程涉及对卫生的维护、设施的保养、安全的保障以及健身环境的持续监控。

场地的卫生维护是基础中的基础。这包括日常的清洁工作，如地面的清扫和拖洗、器材的擦拭和消毒、更衣室和洗手间的清洁等。特别是在流感季节，对健身器材、公共触摸点的定期消毒更是至关重要。此外，定期的深层清洁，如空调系统的清洁、墙面和天花板的清洁，也应纳入维护计划中。

健身房的设备维护同样重要。所有的健身器材都需要定期进行检查和维修，以确保其良好运转并延长使用寿命。这包括检查设备的磨损情况、润滑部件、紧固螺丝等。对于电子设备，如跑步机、动感单车等，还需要注意电气系统的维护。不仅如此，健身房应定期更换老旧或损坏的器材，以保证健身者的体验和安全。

场地的安全管理也不容忽视。这包括确保出入口、紧急出口的畅通无阻，消防设备的完好有效，以及紧急情况下的应急预案。健身房内应明确标示安全警示标志，并定期进行安全培训和演练，以提升工作人员对紧急情况的应对能力。

对于场地的环境控制也很关键。这包括保持适宜的温度和湿度，定期检查和维护空调系统，保证良好的空气流通和空气质量。适宜的环境不仅能提升健身者的舒适度，也对他们的健康有益。

客户服务和反馈机制的建立也是场地管理的一部分。健身房应设立客户服务台，解答健身者的疑问，收集他们的反馈和建议，及时解决问题。通过这种互动，不仅可以提升健身者的满意度，也能及时发现并解决管理上的问题。

（三）器材的采购、维护与管理

社区健身房的运营效率和用户体验在很大程度上依赖于器材的质量、维护和管理。合理的器材采购、有效的维护以及专业的管理对于确保健身房的顺利运作至关重要。

器材采购是健身房建设的初步阶段。在采购器材时，首先需要考虑的是社区居民的健身需求和器材的使用率。应选择适应不同年龄群体和不同健身水平人群的器材，从有氧设备如跑步机、动感单车到无氧设备如哑铃、杠铃等。同时，考虑到技术发展和健身趋势的变化，选择那些具有较长使用寿命和可以多功能使用的器材将更具成本效益。

在质量方面，选择耐用、安全且用户友好的器材至关重要。应优先考虑那些口碑良好、维修方便的品牌，确保器材的质量和长期的使用寿命。此外，器材的安全性能和舒适度也是重要考虑因素，以避免在使用过程中造成伤害。

器材的日常维护是确保其长期有效使用的关键。这包括定期的清洁、润滑、检查紧固件和调整器材设置。特别是一些电子设备，如跑步机，需要定期检查其电气系统是否运作正常，以及跑带的张力和磨损情况。正确的维护不仅能延长器材的使用寿命，还保证了用户的安全。

器材管理还涉及对健身器材使用的监控和调整。根据用户的使用频率和反馈，管理者应该对健身房内的器材布局和种类进行适时调整，以满足用户的需求变化。例如，某类器材使用率低，可以考虑替换为更受欢迎的设备。此外，制订一个有效的器材替换计划也很重要。随着时间的推移和技术的更新，部分器材可能需要更新换代。因此，健身房应设立专项基金，用于未来的器材更新和升级，确保提供最新、最有效的健身设施。

（四）经费的筹集、使用与审计

社区健身房的经济可持续性直接关系到其服务质量和长期发展。因此，对于经费的筹集、使用和审计，需要有一套清晰且高效的管理机制。

经费筹集是健身房运营的基础。首先，可以将会员费、日常使用费和课程收费等作为主要的收入来源。这些费用应根据社区居民的经济水平和市场情况合理设置，以保证健身房的服务对大多数社区居民来说既可负担又具有吸引力。此外，健身房还可以探索其他收入途径，如与本地企业合作、举办特殊健身活动、出租场地等。在经费使用方面，需要确保资金的合理分配和有效使用。经费主要用于健身房的日常运营、设备维护、员工工资、市场推广和未来的扩张计划。在制定预算时，应优先保证基础运营费用，如员工工资、场地租赁、水电费等。其次，对于设备的购买和维护也需有足够的预算，以保证健身房能提供高质量的服务。最后，应留有一定比例的资金用于市场推广和未来的发展，如新设备的投资、新项目的开发等。

审计是确保经费使用透明和合理的重要环节。定期的财务审计不仅有助于发现和防止可能的财务问题，也是对会员和投资者负责任的体现。审计工作应由专业的财务人员进行，他们将检查所有的账目，确保每一笔支出都有相应的凭证，并且符合预算规划。审计结果应定期向社区居民和相关利益方公开，以增强健身房的透明度和公信力。除此之外，健身房还应建立起一套有效的财务监控系统，包括定期的预算审查和调整，以及对收入和支出的实时监控。这不仅有助于及时发现和纠正财务问题，也有助于更好地应对市场变化和社区需求的变化。

三、社区健身房的设计和服务管理应注意的问题

社区健身房作为提升居民生活质量的重要设施，其设计和服务管理需要综合考虑多方面的因素。合理的规划和管理不仅能够提高居民的健身体验，还能

促进社区的和谐发展。

在选择健身房地点时，交通便利性和人口密集度是关键因素。理想的健身房位置应便于社区居民到达，且周边人口较为集中，以确保健身房的使用率和服务的有效性。此外，还需要考虑社区的经济水平和居民的消费习惯，确保健身房的服务与当地居民的经济承受能力相匹配。

健身房的面积和规模设计应符合社区居民的健身需求。面积不宜过大，以免造成资源浪费；也不宜过小，以避免拥挤不适。中型规模的健身房通常能够满足普通城镇居民的需求。为减少噪声对周围环境的影响，最好选在一楼或地下室等位置。

在健身房内部布局方面，应注重科学性和创新性。器材设备的选择需要丰富多样，能够满足不同年龄、不同需求居民的健身要求。同时，器材摆放应整齐有序，确保锻炼者有足够的空间进行活动。配套设施，如更衣室、淋浴间、休息区等，应齐全且环境卫生达到国家标准，确保安全可靠。

健身房的工作人员素质直接影响服务质量。工作人员不仅需要具备较高的文化和体育修养，还应熟悉健身房的服务流程和礼仪。此外，配备1至2名受过专业培训的社会体育指导员，他们需要熟悉各种健身器材的功能和使用方法，并具备较强的事业心和责任感。

健身房的收费标准应合理设定。收费要考虑社区居民的经济承受能力，既不可过高，也不宜过低。合理的收费标准不仅能够确保健身房的正常运营，还能够吸引更多居民参与健身活动。

第二节　社区体育信息服务

一、社区体育信息服务平台特点

社区体育信息服务平台特点如图6-1所示。

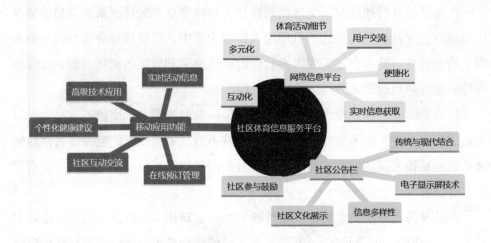

图 6-1 社区体育信息服务平台特点

社区体育信息服务平台，作为连接社区成员和体育资源的重要桥梁，展现出了多元化、便捷化和互动化的特点。这些平台不仅仅是信息的传播者，更是社区活动的促进器和参与者的连接点。

（一）网络信息平台

网络信息平台的发展使得社区体育信息服务更为高效和广泛。通过网络信息平台，社区居民能够实时获取关于各类体育活动、设施预订以及健身指导的信息。这些信息不仅包括活动的时间、地点、参与方式，还可能包括活动的性质、目标受众以及可能的健康益处。此外，网络信息平台的交互性也为社区成员提供了一个互相交流和分享经验的空间。例如，居民可以在平台上分享他们参与特定体育活动的体验和建议，从而吸引更多的社区成员参与到体育活动中来。

移动应用的功能在提高社区体育信息服务的便捷性和个性化方面发挥了关键作用。通过移动应用，用户不仅可以随时随地查看社区体育活动的信息，还可以根据自己的需求和兴趣定制信息推送。例如，如果某个居民对篮球特别感兴趣，他可以设置应用推送有关篮球活动的信息。此外，一些应用还提供了在线预订体育设施、跟踪运动数据，甚至是与其他社区成员线上互动的功能。

（二）社区公告栏

社区公告栏在现代社区体育信息服务中扮演着独特而重要的角色。作为传统与现代交互的节点，它不仅连接着不同年龄和技术使用习惯的居民，还在维护社区文化和促进体育活动中发挥着关键作用。

社区公告栏通常位于人流量大的区域，如公园入口、社区中心或主要街道，以确保信息的最大覆盖范围。这些公告栏提供的信息类型多样，包括但不限于体育活动安排、设施维护更新、健康与安全指导，以及社区体育成就展示。通过这种方式，公告栏成为社区居民了解体育相关信息的重要窗口。

公告栏的设计和内容管理也反映了对社区特色的重视。许多社区公告栏在设计上采用具有地方特色的元素，如使用本地艺术家的作品或体现地区文化的图案，以增强社区居民的身份感和归属感。内容方面，除了标准的信息发布，还经常展示社区成员的体育成就、健康小贴士或者即将举办的大型体育活动预告，这些内容旨在激发社区居民的参与热情和团体精神。

除了传统的纸质公告，一些社区公告栏开始融入电子显示屏等现代技术，以提高信息更新的效率和吸引力。电子公告栏可以实时更新信息，提供动态显示，甚至可以播放视频，如运动教学视频或社区活动的回顾，这种多媒体方式更能吸引居民的注意力。

社区公告栏还在鼓励居民参与社区事务和体育活动方面起到了桥梁作用。在公告栏发布关于如何参与社区体育活动的信息，这不仅是在传播信息，更是在邀请居民成为社区活动的一部分。例如，公告栏上可能会有关于志愿者招募、社区运动队组建或者健康讲座的信息，这些都是鼓励居民参与并贡献于社区的方式。

在维护社区文化和传统方面，社区公告栏也起着不可忽视的作用。通过展示历史性的社区体育活动照片或关于社区体育传统的文章，公告栏成为一种连接过去与现在、老一辈与年轻一代的纽带。这种文化传承的功能对于增强社区居民的凝聚力和身份认同感至关重要。

（三）移动应用功能

移动应用功能在社区体育信息服务中的作用日益显著，成为连接社区成员、促进体育活动和提高服务效率的关键工具。这些应用的设计不仅侧重于信息的实时传递和个性化体验，还强调互动性和用户友好性，以满足不同社区成员的需求。

移动应用的核心功能之一是提供实时的社区体育活动信息。用户可以轻松地浏览即将举行的各种体育活动，如球类比赛、健身课程、马拉松等，并根据个人兴趣进行筛选。这种即时性不仅使居民能够及时了解和参与社区活动，还有助于提高活动的参与率和社区成员的活跃度。另一个重要功能是体育设施的在线预订和管理。通过移动应用，用户可以查看社区内各类体育设施的位置、状态和预订情况，如篮球场、游泳池或健身房。应用中的预订系统允许用户根据自己的时间安排轻松预订设施，这大大提高了设施的使用效率并减少了现场排队等候的时间。此外，移动应用还提供了个性化的健康和运动建议。根据用户输入的健康数据和运动偏好，应用可以推荐适合的运动项目和健康饮食计划。这种个性化服务不仅能够帮助用户更好地达到健身目标，还有助于提升他们的整体健康水平。

移动应用在社区互动和交流方面的功能也不容忽视。用户可以通过应用分享自己的运动成就、参加的体育活动和健康心得，这不仅激励了他们继续保持健康的生活方式，还促进了社区成员之间的交流和互助。例如，居民可以在应用上组织跑步小组或参加健身挑战，增强社区内居民的团队精神和凝聚力。为了提高用户体验和便利性，许多移动应用还引入了高级功能，如虚拟现实（VR）或增强现实（AR）技术，使用户能够在虚拟环境中体验不同的体育活动。这些技术的应用尤其适合无法亲身参加现场活动的用户，如行动不便的老年人或远离社区中心的居民。

随着技术的不断发展，移动应用在社区体育信息服务中的作用也在不断扩展。未来，这些应用可能会引入更多先进技术，如引入人工智能（AI）分析用户数据以提供更精准的健康建议，或是利用大数据分析社区体育活动的参与情况，以优化活动安排和资源分配。

二、信息服务中的资源与设施管理

（一）信息化管理社区体育设施

信息化管理在社区体育设施的管理中起着至关重要的作用。通过运用现代信息技术，社区能够更高效地管理体育设施，提供更好的服务，并提升居民的使用体验。这种管理方式不仅涉及设施预订和使用情况的跟踪，还包括维护管理、安全监控、资源优化和用户反馈的收集与分析。

在体育设施预订系统的使用方面，信息化管理为社区居民提供了便捷的在线预订服务。用户可以通过网站或移动应用查看设施的可用性、预订条件和使用规则，并根据自己的时间表进行预订。这种系统不仅提高了预订过程的效率，还减少了现场排队等候的情况，使得设施的使用更加公平和有序。

维护管理和安全监控是信息化管理中的另一个关键方面。通过安装传感器和监控设备，管理者可以实时监控设施的状态，及时发现并处理维护问题，如损坏的器材或不安全的使用情况。此外，信息系统还可以自动记录设施的使用情况和维护历史，为未来的维护工作提供数据支持。

资源优化是信息化管理的另一大优势。通过收集和分析设施使用数据，管理者可以了解哪些设施最受欢迎、使用频率最高，以及使用高峰期。这些信息有助于更合理地分配资源，如调整开放时间、增加热门设施的数量或提高某些设施的维护频率，从而满足社区居民的需求并提高设施整体的使用效率。

用户反馈的收集与分析同样是信息化管理的重要组成部分。通过在线调查、应用反馈和社交媒体互动，管理者可以收集居民对设施的意见和建议。这种反馈对于持续改进服务质量、调整设施布局和提升用户满意度至关重要。例如，如果多数用户反映某个设施的使用时间不够灵活，管理者可以考虑调整开放时间以满足用户需求。

随着技术的进步，信息化管理还可以融入更多创新功能。例如，利用人工智能技术对用户数据进行分析，可以预测特定时间段的使用趋势，从而提前调整资源分配。此外，增强现实和虚拟现实技术也可以被用来提升用户的体验，如通过虚拟导览帮助新用户熟悉设施布局和使用方法。

信息化管理的挑战主要在于确保系统的安全性和用户隐私的保护。随着越来越多的个人数据被收集和分析，保护这些数据不被未授权访问或滥用成了一个重要课题。因此，加强系统的安全措施和制定严格的数据管理规则是实施信息化管理的必要条件。

（二）设备租借服务信息系统

设备租借服务信息系统在社区体育设施管理中占据了核心位置，它极大地简化了租借流程，提升了设备管理效率，并提升了用户体验。这种系统通过整合先进的信息技术，实现了设备租借的自动化和智能化，为社区成员提供了便捷、高效的租借服务。设备租借服务信息系统的主要功能包括在线设备查看、预订、自助租借和归还，以及设备状态跟踪和管理。

用户可以通过网站或移动应用浏览可租借的设备种类、数量和租借条件，如自行车、篮球、网球拍等。系统提供的实时库存信息帮助用户快速了解设备的可用性，并根据自己的需要进行预订。

在线预订功能是该系统的关键部分。用户可以选择租借日期、时间和设备类型，并在系统中完成预订流程。这种在线操作不仅提高了预订的效率，还减少了用户现场排队等待的时间。此外，系统还可以提供电子支付选项，使租借过程更加便捷。

自助租借和归还功能通过自动化设备如智能储物柜实现。用户在完成预订后，可以通过扫描二维码或使用会员卡在指定位置自助取用和归还设备。这种自助服务的设计不仅提高了租借和归还的灵活性，还减轻了管理人员的工作负担。

设备状态跟踪和管理是设备租借服务信息系统的另一大亮点。系统可以实时监控设备的使用情况和状况，及时发现和记录损坏或遗失的设备。通过收集和分析设备使用数据，管理者可以更好地了解设备的使用频率和维护需求，从而合理规划设备的采购和维护工作。

系统的用户反馈收集功能也发挥着重要作用。用户可以通过系统提供的反馈通道评价租借体验和设备质量，提出改进建议。这些反馈对于不断优化设备管理和提升用户满意度至关重要。

随着技术的发展，设备租借服务信息系统还可以融入更多先进功能。例如，利用人工智能技术分析用户的租借习惯和偏好，为他们推荐合适的设备或活动。此外，系统还可以与社区其他信息系统如活动预订系统或健康管理系统集成，提供更全面的服务。

（三）维护与安全信息指导

维护与安全信息指导在社区体育设施管理中扮演着至关重要的角色。这不仅涉及设施的定期维护和紧急修复，还包括为社区成员提供关于设施安全使用的指导和教育。有效的维护和安全信息指导能够确保设施处于最佳运行状态，减少事故发生，同时提升社区成员的体育活动体验。

维护管理的核心是确保所有体育设施处于良好的运行状态。这包括定期检查设施的完整性、安全性和功能性，如检查运动器材是否损坏、场地是否存在安全隐患。通过建立一个详细的维护计划和记录系统，管理者可以跟踪每项设施的维护历史，预测未来的维护需求，从而有效地规划资源和时间。紧急修复措施也是维护管理的一部分。在设施出现损坏或故障时，通过快速有效的响应机制可以最大程度地减少对社区成员体育活动的影响。这要求管理者建立一个可靠的故障报告和响应系统，确保在发现问题时能够迅速采取行动。安全信息指导则涉及教育社区成员如何安全使用体育设施。这可以通过多种渠道进行，如在设施入口处设置安全使用指南牌，通过社区应用或网站发布安全指南，或者举办定期的安全教育活动。对于特定的设施，如健身房或游泳池，提供专业的使用指导和安全培训尤为重要。

为了提高安全信息传播的效果，使用图像、视频和互动教程可以更直观地向社区成员展示正确的使用方法和安全防范措施。例如，通过展示正确使用健身器材的视频教程，可以减少使用不当导致的伤害。信息技术的应用在维护与安全信息指导中也占有一席之地。利用移动应用和网站，管理者可以及时发布和更新关于设施维护和安全警告的信息，确保社区成员随时了解最新的信息。此外，通过数据分析，管理者可以识别出事故发生的高风险区域和时间段，从而采取预防措施。

三、信息服务在促进社区参与中的作用

（一）通过信息服务宣传社区活动

信息服务在宣传社区活动方面起到了至关重要的作用，有效地促进了社区成员的参与和互动。通过各种渠道的信息服务，社区活动能够触达更广泛的受众，激发居民的兴趣和参与热情，从而增强社区的凝聚力和活力。信息服务的第一个关键作用是提高社区活动的可见性。通过社区网站、社交媒体平台、电子邮件通信和移动应用的推广，社区活动能更有效地触达更多的居民。这些平台可以发布活动的详细信息，如活动的时间、地点、内容、参与方式和预期效果。例如，社区跑步俱乐部的活动、节日庆典或健康讲座都可以通过这些渠道进行广泛宣传。信息服务还可以通过定制化和个性化的推广来提高居民参与度。根据居民的兴趣和历史活动参与情况，信息服务系统可以向他们推送最相关和感兴趣的活动信息。例如，对于经常参与篮球活动的居民，系统可以优先推送与篮球相关的活动信息。这种个性化的推广策略能够更有效地吸引目标受众，提高活动的参与率。互动性也是信息服务的一个重要特点。社区成员不仅可以接收到活动信息，还可以通过评论、分享和报名参与功能在社交媒体上与其他居民互动。这种互动不仅增加了活动的吸引力，还促进了社区内的交流和社会网络的构建。例如，居民可以在社交媒体上分享他们对即将到来的社区活动的期待，或者在活动后分享他们的经验和照片。

为了进一步提升信息服务的效果，可以运用多媒体内容，如视频和图像，来吸引居民的注意。动态的视频介绍或精彩的活动照片能够更生动地展示活动的内容和氛围，激发居民的参与兴趣。例如，通过发布以往活动的精彩瞬间视频，可以激发更多居民对即将举行活动的期待。信息服务还可以通过提供易于理解和访问的信息来降低参与门槛。对于那些不熟悉参与社区活动流程的居民

来说，清晰的步骤介绍和便捷的报名流程至关重要。通过简化的报名流程和详细的活动指南，信息服务可以帮助更多居民轻松参与社区活动。

（二）信息平台支持的家庭参与策略

信息平台在支持家庭参与社区体育活动方面扮演着至关重要的角色，为家庭成员提供了一个便捷的参与渠道。通过信息平台的多样化功能，家庭可以更轻松地发现、计划和参与各种社区活动，从而增强家庭成员之间的联系，同时实现健康的生活方式。

信息平台为家庭提供了一个集中的活动信息资源库。家庭成员可以轻松地浏览各种社区活动，如家庭运动日、亲子健身课程、户外探险活动等。通过了解详细的活动描述、时间安排和参与要求，家庭可以根据成员的年龄、兴趣和可用时间，选择最适合的活动。家庭日程管理功能是信息平台的另一个重要特点。家庭可以利用信息平台协调成员之间的日程，规划共同参与的活动。例如，平台可以提供日历同步功能，帮助家庭成员共享活动安排，确保所有成员都可以参与。信息平台还可以提供个性化推荐服务，根据家庭成员的偏好和历史活动参与情况，推送合适的活动。这种个性化推荐不仅提高了活动的吸引力，还确保活动能够满足不同家庭成员的需求。

信息平台的互动和社交功能在家庭参与策略中也至关重要。家庭成员可以在信息平台上分享他们的体育活动经历，发布照片和故事，从而鼓励其他家庭也参与到类似的活动中来。此外，平台可以提供论坛或聊天室，让家庭成员与其他社区居民交流体育活动的经验和建议。为了提高家庭参与的便利性，信息平台可以提供在线报名和支付功能。家庭可以轻松地在平台上完成活动的预订和支付过程，省去了传统报名方式的烦琐步骤。

健康追踪和活动反馈是信息平台的另一个有益功能。家庭成员可以使用平台追踪自己的运动数据和健康进展，如步数、运动时间或参与的活动数量。通过这些数据，家庭成员可以共同设定健康目标，并监控进展。此外，家庭成员可以通过平台提供对活动的反馈，帮助主办方优化未来的活动。

（三）信息技术促进跨年龄层交流

信息技术在促进社区内不同年龄层成员之间的交流方面发挥了显著作用。通过创新的信息平台，社区成员可以跨越年龄和背景的界限，共享资源、交流经验，从而增强社区的凝聚力和多元文化的融合。信息技术使得社区活动的信息传播更加多元和广泛，吸引了不同年龄层的社区成员。通过网站、社交媒体、移动应用等平台，从年轻人到老年人都能够方便地获取关于社区活动的信息。这些平台不仅发布活动的基本信息，还提供互动性的内容，如活动预告视频、用户评论和照片分享，这些内容对不同年龄层的成员都有吸引力。通过信息技术，社区可以针对不同年龄层的成员设计和推广活动。例如，为年轻人设计的户外探险活动，为中年人设计的健康讲座，以及为老年人设计的太极课程。信息平台可以根据用户的年龄和兴趣进行个性化的活动推荐，促进了不同年龄层成员的参与。

信息平台还提供了一个交流和分享的空间，促进了不同年龄层成员之间的互动和理解。社区成员可以在论坛、评论区或聊天室中分享他们的活动体验、健康建议或生活故事。这种交流不仅增强了社区成员之间的联系，还帮助他们从不同年龄层的视角了解社区和生活。

社区活动的在线直播和录播也是信息技术的一个重要应用。通过这种方式，那些无法亲自参加活动的社区成员，如行动不便的老年人或忙碌的年轻人，也可以参与到社区活动中来。他们可以在自己方便的时间观看活动的直播或录播，感受社区的氛围。

信息技术还可以用于收集和分析社区活动的参与数据，帮助社区更好地理解不同年龄层的需求和偏好。通过这些数据，社区管理者可以调整活动计划，设计更符合不同年龄层需求的活动，实现更广泛的参与。

信息技术还为社区提供了创新的参与方式，如虚拟现实和增强现实活动。这些技术不仅吸引了年轻一代的兴趣，也为老年人提供了新的体验方式。例如，通过虚拟现实技术，老年人可以在虚拟环境中参与远足或旅游活动，享受不同的文化和自然体验。

第三节　社区居民体质监测服务

一、体质监测的目的与重要性

（一）增强居民健康意识

体质监测在增强社区居民的健康意识方面发挥着至关重要的作用。通过对居民进行定期的体质监测，社区不仅可以帮助居民了解自己的健康状况，还可以激发他们对健康生活方式的兴趣和关注。这种健康监测服务是社区健康管理的基石，对于提升居民的整体健康水平和生活质量具有重要意义。体质监测服务使居民能够更直观地了解自己的健康状况。通过血压、体重、身体质量指数（BMI）、血糖等基本健康指标的测量结果，居民可以对自己的身体状况有一个基本的认识。这种直观的健康反馈对于提高居民对自身健康状况的关注程度至关重要。

体质监测还有助于提升居民的健康自我管理能力。通过定期的监测和反馈，居民可以学习如何根据自己的健康数据调整生活习惯，如改善饮食结构、增加体育锻炼等。这种自我管理的过程不仅增强了居民的健康意识，还有助于培养居民积极的健康行为。体质监测服务还为居民提供了预防性健康管理的机会。通过定期监测，可以及时发现健康风险和潜在的疾病迹象，如血压升高或血糖异常。及时的健康干预和管理措施可以有效预防疾病的发展，降低医疗成本，提高居民的生活质量。此外，长期的体质数据跟踪与分析对于理解居民健康趋势和需求具有重要价值。通过收集和分析居民的健康数据，社区可以发现健康问题的普遍趋势，如肥胖或高血压的普遍性。这些数据对于制定针对性的社区健康干预措施和政策具有指导意义。

（二）预防性健康管理

预防性健康管理在维护和促进社区居民健康中扮演着核心角色。预防性健康管理旨在通过主动的健康监测和干预措施，减少健康问题的发生，而不仅仅是对已经出现的疾病进行治疗。这种管理方式强调在健康问题发生前采取行动，从而提高居民的生活质量，减轻医疗系统的负担。预防性健康管理的关键在于定期的健康检查和监测。通过定期进行血压、血糖、胆固醇等基本健康指标的检查，可以及时发现健康风险。这些定期检查帮助居民了解自己的健康状况，及时发现潜在的健康问题。

除了定期检查，生活方式的指导和改善也是预防性健康管理的重要组成部分。健康的饮食习惯、规律的体育活动和充足的睡眠对于预防各种慢性疾病至关重要。社区可以通过组织健康讲座、提供营养咨询和开展体育活动等方式，引导居民形成健康的生活习惯。

心理健康的管理也不可忽视。心理健康问题如压力、焦虑和抑郁对居民的整体健康有重要影响。预防性健康管理应包括心理健康的评估和干预，如提供心理咨询服务、开展减压活动等。

预防性健康管理还包括对特定人群的关注，如老年人、儿童和慢性病患者。这些群体可能需要特定的健康干预措施和更密切的健康监测。例如，为老年人提供定期的骨密度检查和平衡训练可以预防跌倒和骨折。

健康教育和宣传也是预防性健康管理的重要环节。通过教育和宣传活动，可以增进居民对健康问题的认识，激发他们对自身健康的关注。社区可以利用各种渠道，如社区中心、学校、网络和社交媒体，进行健康知识的宣传和教育。

环境因素的管理也对居民的健康有重要影响。社区应关注和改善环境因素，如空气质量、水质和噪声水平，以减少对居民健康的负面影响。

（三）体质数据的长期跟踪与分析

体质数据的长期跟踪与分析在社区健康管理中扮演着至关重要的角色。这种持续的监测和分析不仅有助于评估居民健康状况的变化趋势，而且为制定个性化的健康干预措施和社区健康政策提供了重要依据。长期跟踪体质数据使得社区健康管理者能够观察到居民健康状况的动态变化。通过记录居民的体重、血压、血糖等健康指标，并定期更新这些数据，管理者可以获取个体和群体层面的健康趋势。这种持续的监测对于早期发现健康问题、评估健康干预措施的效果以及调整健康策略至关重要。

长期的数据跟踪还可以揭示特定健康问题的发展规律，如肥胖、高血压或糖尿病的发展趋势。通过分析这些数据，可以识别出哪些因素可能导致健康风险的增加，如不良的生活习惯或环境因素。这些洞察对于设计有效的预防措施和健康干预策略极为重要。长期数据分析还有助于个性化健康管理。根据居民的健康数据，可以为他们设计个性化的健康计划，包括饮食建议、运动计划和定期检查。这种个性化的健康管理方式可以更有效地满足个体的健康需求，提高健康干预的效果。

在群体层面，长期的体质数据分析对于公共卫生政策制定和资源分配具有重要意义。[①]通过分析社区居民的健康数据，管理者可以确定哪些健康问题最为普遍，哪些群体最需要支持。这些信息可以指导社区资源的分配和健康项目的设计，确保资源能够有效地用于改善居民的健康状况。此外，长期的数据跟踪与分析还为科学研究提供了宝贵的数据资源。这些数据可以用于研究特定健康问题的发展机制、评估健康干预措施的长期效果，以及探索健康与环境因素之间的关系。

二、体质监测的方法与工具

（一）常规体质检测项目

常规体质检测项目是社区健康管理的基础，它们为评估和监测居民的健康状况提供了重要的数据。这些检测项目通常包括一系列基本的健康指标测量，旨在及时发现潜在的健康问题，并为制订个性化的健康改善计划提供依据。

体重和身体质量指数（BMI）的测量是最基本的体质检测项目之一。这些指标可以帮助评估个体的体重状况，识别肥胖或体重不足的问题。BMI通过计算体重和身高的平方的比值得出，是评估个体体重是否健康的重要指标。血压测量是另一个关键的常规检测项目。高血压是许多心血管疾病的主要风险因

---

① 许毓成. 社区体育理论与实践 [M]. 长沙：中南大学出版社，2003：46.

素，定期测量血压对于早期发现和管理高血压至关重要。社区健康中心通常提供血压测量服务，并对异常的血压值进行跟踪和管理。血糖水平的检测对于识别和管理糖尿病及其前期状态至关重要。通过定期检测血糖水平，可以及时发现血糖异常，采取适当的干预措施，如饮食调整和增加体力活动。胆固醇水平的检测也是常规体质检测的一部分。胆固醇水平过高是心脏病和脑卒中的一个重要风险因素。通过测量总胆固醇、低密度脂蛋白（LDL）和高密度脂蛋白（HDL）的水平，可以评估个体的心血管健康风险。除了这些基本的生理指标，常规体质检测还包括肺功能测试、心电图、骨密度测量等。这些检测有助于评估呼吸系统、心脏和骨骼的健康状况。体质检测项目还应考虑年龄、性别和个人健康历史。例如，对于老年人，可能需要增加关节灵活性和平衡能力的测试；对于女性，乳腺检查和妇科检查也是重要的体质检测项目。

（二）高科技健康监测设备

高科技健康监测设备在现代社区健康管理中发挥着日益重要的作用。通过提供精准的健康数据，这些设备极大地增强了社区体质监测的能力，为个体和社区层面的健康管理提供了重要支持。

可穿戴健康监测设备是高科技健康监测设备的代表之一。如智能手表和健康追踪器，这些设备能够实时监测和记录用户的心率、步数、睡眠质量甚至是血氧饱和度。这些数据对于个人了解自己的日常健康状况非常有帮助，也能够为专业医疗人员提供重要的健康信息。智能体重秤不仅能测量体重，还能分析体脂率、肌肉量、水分比例等多种身体成分指标。与传统体重秤相比，智能体重秤提供了更全面的身体健康数据，帮助用户更好地理解自己的身体状况。远程健康监测系统是高科技健康监测的另一重要方面。这些系统通常用于监测慢性病患者的健康状况，如心脏病、糖尿病患者。通过在家中使用心电监测器、血糖仪等设备，患者可以定期上传自己的健康数据，医疗服务提供者可以远程监测患者的状况，及时提供医疗建议。先进的医学影像设备，如磁共振成像（MRI）和计算机断层扫描（CT）等，也是高科技健康监测的一部分。这些技术能提供详细的身体内部图像，对于诊断各种疾病至关重要。数字化健康管理平台也在高科技健康监测中扮演着重要角色。这些平台可以集成不同来源的健康数据，如可穿戴设备、家庭医疗设备和医疗机构的数据，为用户提供一个全面的健康数据视图。

（三）自我监测与评估工具

自我监测与评估工具在个人健康管理中扮演着至关重要的角色。这些工具使得个人能够主动参与到自己的健康管理过程中，提供了便捷的方式来跟踪和分析自己的健康状况。通过这些工具的使用，个人可以更好地了解自己的身体状况，作出有益健康的生活方式调整。手机应用是最常用的自我监测工具之一。许多健康管理应用提供了步数跟踪、卡路里计算、睡眠监测和心率监测等功能。这些应用通常与可穿戴设备同步，提供日常健康数据的实时反馈。此外，它们还可以提供健康小贴士、饮食和运动建议，帮助用户保持健康的生活方式。自我评估问卷也是一个重要的工具，尤其是在心理健康管理方面。通过回答一系列关于情绪、压力水平和日常活动的问题，个人可以评估自己的心理健康状况。这些问卷通常由专业机构制定，可以帮助个人及时发现潜在的心理健康问题，并寻求专业帮助。家用医疗设备，如血压计、血糖仪和体温计，也是自我健康监测的重要工具。这些设备使得个人可以在家中方便地监测自己的血压、血糖和体温等健康指标。对于有慢性病的人来说，这些设备尤其重要，可以帮助他们及时了解自己的健康状况，并根据医生的建议进行调整。互联网健康资源，如在线健康信息网站和论坛，也为个人提供了丰富的自我健康监测和评估资源。这些网站和论坛通常提供最新的健康信息、专家建议和同病患者的经验分享。用户可以利用这些资源了解健康相关的知识，提高自己对健康问题的认知水平。

三、监测数据的管理与保护

（一）数据收集与存储

监测数据的管理与保护是社区健康服务中的关键环节，其中数据收集与存储尤为重要。良好的数据管理不仅确保了信息的准确性和有效性，还有助于保护居民的隐私和数据安全。数据收集的第一步是确保数据的准确性和完整性。这包括采用标准化的方法和工具进行体质监测，确保收集的数据可靠和一致。例如，在血压和血糖测量中，使用经过验证和校准的设备是非常重要的。此外，训练有素的工作人员在数据收集过程中的作用不可忽视，他们需要确保每次测量都按照标准程序进行。数据的电子化存储是现代健康数据管理的核心。通过使用健康信息系统，如电子健康记录（EHR）系统，可以有效地存储、管理和检索大量的健康数据。这些系统不仅提高了数据管理的效率，还有助于保护数据的安全和用户的隐私。数据存储的安全性是一个重要的考虑因素。必须确保存储的数据受到足够的保护，防止未经授权的访问和数据泄露。这通常涉及使用强密码、防火墙、加密技术和安全的网络连接。另外，定期的数据备份也是确保数据安全的重要步骤，以防数据丢失或损坏。

（二）隐私保护与数据安全

在社区健康服务中，隐私保护与数据安全是监测数据管理的关键组成部分。确保居民的健康信息安全和保护其隐私不仅是法律和伦理的要求，也是赢得社区居民信任和有效进行健康管理的基础。

隐私保护首先要求确保个人健康信息的保密性。这意味着个人的健康数据只能被获得授权的医疗人员和健康管理者访问。为此，健康信息系统需要实施严格的访问控制措施，如用户身份验证、权限管理和访问日志记录。这些措施确保只有具有相应权限的人员才能访问敏感的健康数据。数据加密是保护健康信息的另一个重要方面。无论是在传输过程中还是在存储过程中，健康数据都应该被加密。这样即使数据在传输过程中被截获或存储设备被非法访问，数据的安全性也能得到保障。定期的安全审计和评估是维护数据安全的重要环节。通过定期检查和评估数据管理系统的安全性能，可以及时发现和修复安全漏洞，防止数据泄露和其他安全威胁。

在确保数据安全的同时，监测数据管理还需要符合相关的法律和行业标准的规定。例如，在许多国家和地区，有严格的健康信息保护法规，如欧盟的《通用数据保护条例》（GDPR）和美国的《健康保险流通与责任法案》

（HIPAA）。遵守这些法规不仅是法律要求，也是建立社区居民信任的基础。此外，对于健康数据的使用和分享也应该有明确的政策和指南。居民应该了解他们的数据如何被收集、存储、使用和共享，以及他们在数据管理方面的权利，如访问权、更正权和删除权。

（三）数据分析与报告生成

数据分析与报告生成在社区健康服务的监测数据管理中占据了核心地位。通过对收集到的健康数据进行细致的分析，可以提炼出有价值的洞见，帮助社区健康管理者作出更明智的决策，并向居民提供有用的健康信息。数据分析首先依赖于对大量健康数据的综合处理。这包括从基本的体质指标（如体重、血压、血糖等）到更复杂的数据（如运动习惯、饮食模式、慢性病历史）的分析。通过使用统计方法和数据分析工具，可以识别出健康风险因素、发现健康趋势，以及评估特定健康干预措施的效果。

在数据分析的基础上生成的健康报告对于居民来说是非常有价值的。这些报告可以为居民提供关于他们健康状况的清晰视图，包括潜在的健康风险和改善建议。例如，一份综合健康报告可能包括对个人健康指标的分析、与平均水平的比较，以及根据个人健康状况提出的生活方式改善建议。对于社区健康管理者而言，数据分析可以帮助他们更好地理解社区居民的整体健康状况，指导资源的分配和健康计划的制订。例如，如果数据分析显示某个社区区域居民的糖尿病风险较高，健康管理者可以针对这一区域增加糖尿病预防和管理的资源及活动。

随着技术的发展，更先进的数据分析方法，如人工智能和机器学习，正在被引入健康数据分析中。这些技术能够处理更复杂的数据集，提供更深入的分析，如预测个体的健康风险和提供个性化的健康建议。

四、体质监测服务的实施与维护

（一）服务人员培训与资质

体质监测服务的实施与维护在很大程度上依赖于专业的服务人员。因此，服务人员的培训与资质成为确保服务质量和效果的关键因素。适当的培训和资质认证不仅提升了服务人员的专业能力，还确保了体质监测服务的准确性和可靠性。服务人员的培训应该包括对体质监测设备和程序的全面了解。这包括如何正确使用血压计、血糖仪、体重秤等常用设备，以及如何进行标准化的体质测量。除了操作技能，还应当强调对数据记录和处理的准确性，以确保收集的数据的准确性和完整性。

对于使用高科技健康监测设备的服务人员，如操作先进的医学影像设备或管理复杂的健康信息系统，专业技能培训尤为重要。这需要他们不仅掌握设备的使用方法，还要了解相关的数据分析和处理技术。服务人员还应该接受关于隐私保护和数据安全的培训。了解和遵守相关的隐私保护法规，如 HIPAA 和 GDPR 对于保护居民的个人健康信息至关重要。此外，服务人员应接受良好的沟通技能和顾客服务技能的培训。这对于提高居民体验感、有效传达健康信息和处理居民咨询至关重要。良好的沟通技能可以帮助服务人员更有效地解释体质监测的结果和建议，提高居民对健康信息的理解水平和接受度。

为了确保服务人员的专业水平，定期的培训和评估是必要的。这可以通过定期的在职培训、参加专业研讨会和获得相关的专业认证来实现。这些活动不仅能更新服务人员的知识和技能，还能激发他们的专业热情和服务意识。

（二）监测流程与服务标准

监测流程与服务标准的制定和执行对于体质监测服务的有效性和一致性至关重要。这些流程和标准确保了服务的高质量，同时为居民提供了可靠和标准化的健康监测。监测流程应该详细且易于遵循，包括从初步接触居民到完成监测和数据记录的每一个步骤。流程的第一步通常是对居民进行健康评估，包括收集基本的健康信息和医疗历史。这一步骤对于确定后续的监测方案和需要关注的健康指标至关重要。接下来，进行实际的体质测量，这包括对各种健康指标的测量，如血压、体重、血糖等。在这一阶段，确保使用正确的测量技术和经过校准的设备是非常重要的。同时，服务人员应确保测量过程中居民感受舒适和隐私受到保护。

数据记录是监测流程中的另一个关键环节。收集的数据需要被准确无误地记录在健康信息系统中。这些数据的准确性直接影响到后续的数据分析和健康建议的有效性。完成测量后，服务人员应向居民解释测量结果，并根据需要提供健康建议或转介。这一步骤不仅是为了提供信息，也是为了增加居民对自己健康状况的理解和关注。在整个监测流程中，维护服务标准的一致性至关重要。这包括确保所有服务人员遵循相同的程序，使用相同的测量技术和设备。定期的质量检查和服务评估可以帮助维持这些标准的一致性。服务标准还应包括对居民的隐私保护和数据安全的考虑。这意味着在整个监测过程中，居民的个人信息和健康数据应受到严格保护。

（三）定期评估与服务更新

定期评估与服务更新是体质监测服务持续改进和适应社区居民需求的关键。这一过程不仅涉及评估服务的效果和效率，还包括更新服务以适应新的健康趋势和技术发展。定期评估应该包括对体质监测服务整体效果的全面审查。这涉及分析服务的覆盖范围、居民的满意度、服务流程的效率，以及健康成果的指标，如居民健康状况的改善程度。通过对这些方面的评估，可以确定服务的优势和需要改进的地方。

服务更新的重点在于确保体质监测服务能够适应最新的健康管理趋势和技术进展。随着新的健康监测技术和工具的出现，服务应及时更新以纳入这些新技术和新工具，如引入新型可穿戴设备或更新数据管理系统。此外，随着健康趋势的变化，服务内容也应相应调整，如增加对特定健康问题（如心理健康、慢性疾病管理）的关注。服务更新还应包括对服务人员的持续培训和发展。随着健康监测领域的不断发展，服务人员需要定期接受新的培训，以保持他们的专业知识和技能的现代化。这不仅包括技术技能的更新，还包括关于最佳实践、新的健康管理策略和客户服务技能的培训。

收集社区居民对服务的评价和反馈也是定期评估的重要组成部分。通过问卷调查、访谈或社区会议，可以收集居民对服务的反馈和建议。居民的直接反馈是评估服务效果和确定改进方向的宝贵资源。

五、社区参与与健康促进

(一)促进居民积极参与

社区参与与健康促进中,促进居民积极参与是至关重要的。积极的居民参与不仅能够增强健康项目的实施效果,还有助于提高整个社区居民的健康意识和生活质量。

为了促进居民的积极参与,首先,需要确保健康活动和项目与居民的需求和兴趣相吻合。这意味着在规划健康活动时,应该考虑到社区居民的年龄、文化背景、兴趣和健康状况。例如,为年轻家庭设计的户外活动和为老年人设计的健康讲座就需要有不同的形式和内容。

其次,积极沟通和宣传是提高居民参与度的关键。通过社区会议、宣传册、社交媒体和本地媒体,可以有效地传播健康活动的信息,激发居民的兴趣。清晰和吸引人的宣传材料能够更好地引起居民的注意,提高他们参与的可能性。居民的参与度也可以通过组织社区健康大使或志愿者团队来提升。这些团队由社区成员组成,他们在推广健康活动、组织活动和提供健康建议方面发挥作用。社区健康大使或志愿者由于与社区成员有更直接的联系,能更有效地鼓励他们参与健康活动。提供激励措施也是提高居民参与度的有效方法。这些激励可以是健康活动的折扣、健康产品的赠品或参与证书等。这些激励不仅增加了参与的乐趣,也给予了居民参与的额外动力。

最后,确保活动的可访问性和包容性也至关重要。活动地点应易于到达,时间安排应考虑到不同群体的日程,内容应适合所有年龄和能力水平的居民。例如,为行动不便的居民提供交通服务,为有特殊需要的居民提供适应性活动。

(二)健康教育与宣传活动

健康教育与宣传活动在社区健康促进中发挥着关键作用。它们通过提供信息和知识,帮助居民更好地理解健康问题,从而作出有益于健康的生活方式选择。健康教育活动应包括一系列针对不同人群的程序和工作坊,旨在提高居民对各种健康问题的认识。这些活动可以涵盖多种主题，如营养和饮食、体育锻炼的重要性、慢性病管理、心理健康和预防性健康检查。通过定制适合不同年龄群体和背景的教育内容，可以确保信息对所有社区成员都有吸引力和适用性。

宣传活动则侧重于通过各种渠道传播健康信息，包括社区公告栏、社交媒体、社区新闻和邮件通信。有效的宣传不仅提高了健康活动的可见性，还激发了居民对健康话题的兴趣。视觉吸引力强的宣传材料，如海报和信息图表，可以帮助居民更容易地理解复杂的健康信息。互动是健康教育和宣传活动的重要组成部分。举办问答会、健康挑战和互动研讨会等活动，可以促进居民的参与和互动。这种互动不仅使健康信息更加生动和有趣，还增强了居民之间的社区联系。与当地学校、企业和其他社区组织合作，可以扩大健康教育活动的影响力。通过这些合作伙伴关系，可以在更广泛的社区范围内传播健康信息，并吸引更多的居民参与。评估和反馈是健康教育与宣传活动成功的关键。通过对活动的参与度、居民反馈和健康成果的评估，可以不断改进和调整这些活动，确保它们满足社区居民的需求和期望。

（三）建立健康促进社区网络

建立健康促进社区网络是提高社区整体健康水平和增强居民间互助的有效方式。这个网络应该包括各种组织、团体和个体，各方共同努力，创建一个支持健康生活方式的社区环境。健康促进社区网络的建立首先需要明确共同的健康目标和原则。这些目标可能包括提高健康意识、降低慢性病发病率、促进居民的身心健康等。共同的目标有助于团结社区内的不同组织和个体，使其共同努力实现这些目标。建立健康促进社区网络的关键在于各方的积极参与和协作。社区中的医疗机构、教育机构、企业、非政府组织和居民团体都是网络的重要组成部分。每个组织都可以在其专业领域内贡献力量，如医疗机构提供健康检查和专业建议、学校开展健康教育、企业支持健康促进项目等。

互动和沟通是维持社区网络活力的关键。定期的会议、研讨会和社交活动不仅能够增强成员之间的联系，还能促进信息和资源的共享。通过这些互动，成员可以共同讨论挑战、分享成功经验和规划未来的活动。技术的使用可以有效地增强社区网络的连接和互动。社交媒体平台、在线论坛和社区应用不仅为成员提供了交流和协作的平台，也使健康信息的传播更加便捷和广泛。社区居民的参与对于建立有效的健康促进网络至关重要。鼓励居民参与健康活动的规划和实施，可以增强他们对健康项目的归属感和参与感。此外，居民还可以作为社区健康大使，推广健康信息和活动。

第七章　社区运动健身项目的挖掘与开发

第一节　传统健身项目的挖掘与开发

传统健身项目有很多，这些项目都有一个共同点，那就是具有较强的健身价值，下面主要阐述一下跳绳和毽球这两个传统健身项目。

一、跳绳

（一）跳绳基本知识

1. 场地

跳绳是一项灵活多样的运动，适合在不同大小的平整空地上进行。场地的选择取决于参与者的人数和跳绳的形式。对于单人或双人跳绳，比赛场地通常用白粉画出直径为 2 米的圆圈或边长为 2 米的正方形。而在集体长绳比赛中，比赛场地则会画成一个 5 米宽、10 米长的长方形，场地线也用白粉标记清楚。在这种场地中，绳子应该在场地的中央摇转，为比赛或练习提供适宜的空间。这样的布局确保了运动的安全性和顺畅性，无论是个人技巧展示还是集体协作都可顺利进行。

2.器材

跳绳的材料有多种选择，包括棉纱、麻、塑料、尼龙等。为了提高握感和控制性，绳子的两端常常配备木制手柄。此外，绳子的中间部分可以加入皮条或穿上套管以增加耐用性，但重要的是不能在绳子上添加任何硬质附件。虽然短绳和长绳的长度没有严格限制，但长绳在实际使用时，其有效长度应至少达到 4 米，以确保有足够的空间进行集体跳绳活动。这些材料和设计的选择旨在确保跳绳既安全又适合各种类型的跳绳活动。

（二）跳绳健身价值的挖掘

1.促进心脏机能的完善

跳绳不仅是一项有趣的运动，还对促进心脏健康和提升整体身体机能有着显著的效益。这项活动能有效增强心血管系统、呼吸系统和神经系统的功能，帮助预防包括糖尿病、关节炎、肥胖症、骨质疏松、高血压、肌肉萎缩、高血脂、失眠症、抑郁症以及更年期综合征等在内的多种疾病。对于哺乳期和绝经期的妇女来说，跳绳还能起到放松情绪的作用。此外，跳绳一小时大约能消耗 500 ～ 800 卡路里的能量，同时使心率保持在与慢跑相似的水平，却避免了跑步可能引起的膝盖和脚踝关节疼痛。跳绳对提高身体灵敏性、改善姿态、增强平衡和协调能力以及提升柔韧性都有显著的好处。它还特别有助于增强肌肉力量，尤其是下肢肌肉，包括小腿的爆发力和大腿及臀部肌肉的紧实度。

2.燃烧体内多余的脂肪

跳绳是一种高效的燃脂运动，对于减少体内多余脂肪尤其有效，特别是对女性健身者来说。法国的健身专家莫克设计了一套适合女性的"跳绳渐进计划"，以帮助跳绳者逐步提升跳绳的强度和持续时间。这个计划从初学者每次在原地跳 1 分钟开始，逐渐增加到 3 天后连续跳 3 分钟，3 个月后达到连续跳 10 分钟。半年后，可以实行每次连跳 3 分钟共 5 次的"系列跳"，直至能够一次连续跳半小时。持续半小时的跳绳运动量相当于慢跑 90 分钟，被认为是标准的有氧健身活动。这种渐进式的训练方法既科学又有效，有助于增强体能，同时有效燃烧体内多余脂肪，促进健康。

3. 提高呼吸能力

持续不断的跳绳活动能显著提高呼吸频率和呼吸深度，进而有效地增强人体的呼吸功能。这种增强不仅提升了整体的呼吸能力，还有助于降低患呼吸道疾病的风险。通过定期进行跳绳训练，可以有效地促进肺部健康，增强肺功能，从而提高身体的氧气吸收和利用效率，对于保持整体健康状况大有裨益。

4. 增强神经系统的功能

在跳绳的过程中，由于需要极高的精神集中度来维持连续性，神经系统会被激活以控制整个过程的节奏和协调性。从最初的几次跳跃到后来能够连续跳数十甚至数百次，这个进步过程实际上是神经系统功能增强的体现。通过跳绳，不仅提升了身体的协调性和节奏感，也强化了神经系统的集中和控制能力，对提升整体的反应速度和协调能力具有积极效果。

（三）跳绳在社区体育中的开发与发展

跳绳作为一项既有利于身体健康又能丰富精神文化生活的休闲游戏，在社区体育活动中占有重要地位，适合各种人群参与。它的优势在于对场地和器材的要求较低，一块空地和一条跳绳就足以开始。[1] 在中国许多居民小区，跳绳已成为普遍的健身活动，成为社区体育的一个重要组成部分。然而，随着社区体育项目的日益增多，跳绳面临着同其他健身项目的竞争。为了应对这种情况，有必要不断挖掘和提升跳绳的健身价值，创新其形式和方法，以吸引更多人参与，保持其在社区体育中的活跃地位和影响力。

（四）跳绳基本技术练习

1. 单摇跳

摇绳一回环，跳跃一次叫单摇跳。单摇跳分前摇跳和后摇跳，是最基本、最简单的跳绳技术。

（1）单摇双脚跳

单摇双脚跳是一种基础且常见的跳绳技巧，分为前单摇和后单摇两种形式。在前单摇双脚跳中，参与者双手握住跳绳两端，绳子位于身体背后，以肘

---

[1] 胡雪晴. 城市社区体育管理研究 [J]. 当代体育科技，2020，10（17）：194，196.

关节为轴，利用前臂和腕部的力量向上、向前摇动绳子，同时需协调双脚的跳跃动作。在绳子即将接触地面时，双脚一起跳起，越过绳子，并以前脚掌着地，形成连续跳跃的动作。而后单摇双脚跳则是前单摇的反向操作，其中绳子放置在身体前方，双手从前向后摇动绳子，使其绕身形成回环。在这个过程中，两脚也需同时跳起，让绳子从身后向前通过。尽管摇绳的方向相反，但后单摇双脚跳在其他动作上与前单摇相似，同样要求动作的流畅和协调。这两种技巧的精髓在于摇绳和跳跃动作的同步协调，它们不仅锻炼了身体的协调性和平衡感，还有助于提升心肺功能和身体的灵敏度。

（2）单摇双脚交换跳

单摇双脚交换跳是跳绳运动中一种更为高级和富有挑战性的技巧，它融合了对身体协调性、灵活性和耐力的训练。这项技巧主要分为前摇双脚交换跳和后摇双脚交换跳，以及两臂体前交叉摇绳跳三种形式。

在前摇双脚交换跳中，绳子由体后向前摇动形成一次完整的回环，同时，双脚交替进行单脚跳起，类似于原地跑步的动作。这种形式不仅可以原地执行，还可以边跳绳边向前移动，形成一种跳绳跑的动态。在这个过程中，重要的是保持小腿屈膝上抬的姿势，并避免后摆，以便双脚可以依次蹬地并交替放松。

后摇双脚交换跳则是前摇的逆向操作，其中绳子由前向后摇动。这种练习在跳跃的高度、速度和持续时间上都设有更高的要求，是个人定时计数比赛中的常用技巧。

两臂体前交叉摇绳跳是一种更为复杂的技巧。在这种技巧中，当绳子向前摇动至体前方向下落时，双臂在体前交叉摇绳。当脚跳过绳子后，绳子摇至头上时，双臂再分开，形成一次完整的摇跳动作。这种技巧的变体包括在两臂交叉后持续保持这个姿势跳绳若干次，然后再分开跳几次，再次进行交叉。同样的动作也可以在向后摇绳时执行。对于脚下的跳跃动作，既可以选择双脚跳，也可以采用单脚交换跳的方式进行练习。这种技巧常用于花样定时记数或定数计时比赛，对于提升跳绳者的身体协调性、反应速度和创造力至关重要。

2.双摇跳

双摇跳又叫两摇跳，也叫双飞跳。技术动作为身体跳起时，加快摇绳速度，使摇绳在脚下通过两次。双摇跳又分前双摇跳和后双摇跳两种技术。

（1）双摇双脚跳

双摇双脚跳是跳绳运动中的一种进阶技巧，尤其是前双摇双脚跳，它被视为学习更高级双摇跳技巧的基础。在开始练习双摇跳之前，建议先进行一些单摇跳的练习，以此来为绳子提供初速度。随后，在加快摇绳速度的同时，双脚需要同时高跳起来，确保每次跳跃时绳子能够摇出两个完整的回环。

双摇跳技术的核心在于摇绳与跳跃的完美配合。快速且高效的摇绳有助于保证动作的连贯性。在初学双摇跳时，可以适当收腹并屈腿，这有助于增加空中悬停的时间，使得跳绳能够顺利从脚下通过两次。随着对技术的掌握，可以逐渐尝试连续执行双摇跳。

后双摇跳则是前双摇跳的变体，主要是通过从前向后摇绳来完成两个回环的跳跃。在进行后双摇跳时，可以适当放长跳绳，并将双臂稍微外展，这样有助于控制起跳的时机和维持稳定的节奏。快速摇绳时绳子打地的声音是控制节奏的关键，它帮助跳绳者更好地判断跳跃和落地的时机。

（2）双摇单脚跳

双摇单脚跳是一种更具挑战性的跳绳技巧，它在基本动作上与双摇双脚跳相似，主要区别在于使用单脚进行跳跃。在这个技巧中，跳绳者需要在摇动绳子形成两个回环的同时，仅用一只脚跳起通过绳子。这种单脚跳的动作要求更高的平衡能力和身体控制力。

通常，双摇单脚跳的练习应该在完全掌握了双摇双脚跳之后进行，因为双摇单脚跳需要更精准的节奏感和更强的协调性。这种单脚跳跃方式不仅增加了跳绳的难度，也使得运动更加有趣和刺激。在实际操作中，跳绳者需要保持高度集中的注意力和良好的身体协调性，以确保在摇绳的快速动作中准确无误地完成单脚跳跃。

3.带人跳绳

带人跳绳是一种常见的趣味性、娱乐性的跳绳活动。通常是一人摇绳带一人同跳，称双人跳绳。带人跳绳也可以一人带多人齐跳或轮流跳，或两人合摇一条短绳带人跳等，跳法多种多样。

（1）一人带一人摇跳

一人带一人摇跳是一种双人跳绳技巧，其中一人负责摇绳，另一人则执行跳跃动作。这种技巧可以通过多种方式进行。例如，跳绳者可以从摇绳者的背后或正前方跑进绳圈内，或者在绳子摇至头顶上方时，从摇绳者的侧面跑至前方或后方进行跳跃。此外，两人也可以一起在原地或移动中进行协调的跳跃。

在进行一人带一人摇跳时，关键在于摇绳者保持绳子摇动的速度均匀，同时两人的距离要适中，面对面稍微靠近一些，以便更好地相互配合和协调动作。一开始，可以从两人固定位置的带跳练习开始，等到熟练之后，被带者再尝试切入跳绳的练习。为了实现更好的协作，被带者可以将手放在摇绳者的腰部，这样两人就能更容易实现同步起跳，达成默契的配合。

（2）钻绳洞

钻绳洞是一种富有创意和活泼有趣的双人跳绳技巧。在这个游戏中，一人（甲）负责摇绳，另一人（乙）执行跳跃和"钻洞"动作。开始时，甲和乙相对站立，甲前摇绳带领乙一起跳跃。在连续跳跃三次后，甲放缓摇绳速度并适当抬高左臂，为乙创造钻绳洞的空间。此时，乙需要弯腰从甲的左臂下快速穿过，跑到甲的身后，然后两人再一起跳三次。接下来，在第四次摇绳时，乙则从甲的右臂下快速"钻洞"至甲的身前。这样的三次跳跃配合一次"钻洞"动作，形成了一种有规律且充满乐趣的双人跳绳模式。

在练习钻绳洞技巧时，甲的角色至关重要。甲不仅要通过抬臂动作为乙创造通过的空间，还要通过将绳子偏向一侧来帮助乙顺利完成"钻洞"动作。甲的摇绳速度要根据乙的动作灵敏度来调整：如果乙动作较慢，甲应放慢摇绳速度；如果乙动作迅速，甲则需要加快摇绳速度。乙在进行"钻洞"动作时需要显示出灵巧和敏捷的特点，同时双方需要紧密配合，确保动作的流畅性和安全性。随着技术的熟练，甚至可以三人一起进行钻绳洞游戏，这不仅考验摇绳者的摇绳技巧和"钻洞"者的灵活性，还增加了游戏的挑战性和趣味性，使跳绳成为一种集体参与、共同享受的活动。

（3）双人外手摇绳带人跳

双人外手摇绳带人跳是一种双人合作的跳绳形式，其中两人并排站立，每人使用距离自己较远的手（外侧手）分别握住同一条跳绳的两端。通过互相配合，两人共同进行摇绳和跳跃。随着技术的熟练，可以增加动作的复杂度，如在跳绳中间、前方或后方同时带领其他人一起跳跃。

当三人参与时，这项活动的协调性和趣味性进一步提升。三人能够协同摇绳和跳跃时，甚至可以尝试一边跳绳一边向前移动，这通常被称为"跳进"。在这种模式下，可以采用单脚交换跳的方法，即跑两步然后跳跃一次。这种动作不仅增加了运动的挑战性，也使跳绳变得更加生动和有趣。

（4）带人双摇跳

带人双摇跳，也称双人双摇跳，是一种高级的跳绳技巧，要求两位参与者都必须熟练掌握双摇跳技能。在这种模式下，两人之间的配合度要求极高。被带者通常会将双手放在带人者的腰部，以便更好地把握起跳和落地的时机。

在进行带人双摇跳的练习时，两人都应保持挺直的身体姿态，并直体上跳，避免弯腰，以降低因相互撞击头部或脸部而造成伤害的风险。为了提高效率和安全性，可以适当缩短跳绳的长度，这样不仅可以加快速度，还能省力。除了向前的双摇跳，也可以尝试更具挑战性的向后带人双摇跳，这需要更加紧密的协作和配合。

带人跳绳的方法多种多样，除了上述的基本方式外，还包括轮带、转带、变换带等多样化的技巧。练习者一旦掌握了基本方法，就可以根据自己的喜好和创意，灵活变换并尝试设计其他不同的带人跳绳方式。这种多样化的训练不仅能增强身体素质，还能提高团队协作能力，使跳绳成为一项既有趣又富有挑战性的运动。

二、毽球

（一）毽球基本知识

毽球是一项古老而普及的休闲游戏，适合所有年龄层的人群。这项运动简单而有趣，只需将鸡毛束插在铜钱上，再用布条固定，就制成了一个吸引人的毽子。毽球的踢法多样，既可以比拼踢毽次数，也可以比赛各种花式动作。它不仅有助于活动关节、加强韧带，还能提高灵敏度和平衡能力。

作为中国民间传统的健身活动，毽球的历史可以追溯到宋代，当时市集上已有销售毽子的店铺。据传，毽球是南宋名将岳飞在北伐中原时创造的。为了抵御严寒，岳飞命令士兵用翎毛和铜钱制作毽子，通过踢毽来锻炼身体，以此治愈脚趾的冻伤。后来，这项活动成为岳家军的冬季训练项目，并逐渐传入民间。

现代的毽球运动从 20 世纪中期开始发展，涵盖了毽球和花样踢毽两个项目。20 世纪 80 年代，毽球运动在中国迅速普及，广泛开展于工厂、学校和机关事业单位。到了 1984 年，国家体育委员会将毽球列为正式比赛项目。随着毽球运动的兴盛，全国和地方性的毽球组织相继成立，并建立了完善的竞赛体系，如全国锦标赛、职工赛、学生赛、国际邀请赛等。进入 90 年代，毽球运动进一步发展，成为全国少数民族传统体育运动会、全国农民运动会和全国中学生运动会等大型综合性运动会的重要组成部分。2012 年，全国毽球锦标赛在广州市举行，展示了毽球运动的热度。此外，毽球运动也走出国门，成为亚欧美多个国家的流行项目，并建立了国际组织和世界锦标赛制度。截至 2024 年，世界毽球锦标赛已成功举办十一届。2010 年的第六届世界毽球锦标赛上，中国队表现出色，夺得了男子团体、女子双人和男子单人项目的金牌。毽球作为一项传统而现代的运动，不仅在国内受到欢迎，在国际上也获得了广泛的认可和参与。

（二）毽球健身价值的挖掘

毽球作为一项结合了羽毛球场地特点、排球规则和足球技术的运动，蕴含着丰富而独特的健身价值。这项运动不仅令人兴奋，还对提高身体素质和相关技能具有显著效果。

首先，毽球运动在羽毛球场地上进行，这意味着运动员需要在有限的空间内快速移动和反应，与羽毛球运动类似，这对增强腿部力量、速度和敏捷性极为有益。场地的大小适中，既不需要具备长跑的耐力，也不像乒乓球那样局限于小空间，这种独特的场地特点使得毽球成为一项对身体协调性和灵活性要求极高的运动。其次，毽球的规则与排球类似，包含了隔网相对抗的元素。这种对抗性质要求运动员不仅要有良好的团队协作能力，还需要具备很快的反应速度和优秀的战术布局能力。在毽球比赛中，运动员需要不断观察对手的布局和动作，预判并作出迅速反应，这样的过程在锻炼思维敏捷性和战术理解力方面效果显著。最后，毽球融合了足球的踢球技术，这不仅使得比赛充满观赏性，也极大地提升了运动的挑战性。运动员通过脚部控制毽子的方向和力度，这不仅需要精准的脚眼协调，还需要良好的身体平衡能力和核心力量。长期参与毽球运动，可以有效地增强下肢肌肉力量，提高身体的整体灵活性和平衡感。

毽球运动的另一个重要健身价值在于其有利于耐力和体能的提升。由于比赛中需要频繁地跑动和跳跃，毽球运动员需要有良好的心肺功能和耐力。长期参与毽球运动，可以增强心肺功能，提高整体的耐力水平，对于心血管系统的健康也大有裨益。

（三）毽球健身基本技术练习

1. 准备姿势

在毽球运动中，掌握正确的准备姿势是提高技术水平的基础。毽球的准备姿势主要包括平行站法和前后站法两种形式，每种姿势都有其独特的特点和适用场景。

平行站法是一种基础的站立姿势，适用于准备踢毽的初始状态。在这种姿势中，运动员的两脚左右开立，宽度略超过肩宽，两脚几乎位于同一条直线上。脚尖微微内收，形成"内八字"形，这有助于保持稳定性和灵活性。后脚跟略微提起，脚掌内侧扣紧地面，着力点集中在脚掌内侧，确保身体重心适当前倾。在这个姿势中，大腿和小腿呈100°到110°角，膝盖微微内收，确保膝关节略微超过脚尖。[①] 同时，肩关节应垂直于膝关节面，以保持身体的平衡和协调。前后站法则是一种更加动态的站立方式，适用于准备进行快速移动或

---

① 胡雪晴. 城市社区体育管理研究 [J]. 当代体育科技，2020，10（17）：194，196.

调整脚位时。在这个姿势中，运动员的两脚前后开立，左脚稍微跨出相当于一只脚的距离，右脚位于后方，两脚跟均微微提起。除了脚的排列方式不同外，其他动作与平行站法基本相同。

2. 起动与脚步移动

在毽球运动中，起动与脚步移动是比赛和训练的关键环节，它们直接影响到运动员的表现。起动是移动的初始阶段，决定了运动员对比赛情况的响应速度和效率。而有效的移动则是起动的延续，它确保运动员能够快速且准确地调整位置，以应对比赛中的各种情况。

起动的速度和效率很大程度上取决于运动员的准备姿势是否正确。一个合适的准备姿势能够让运动员迅速起动并转换方向，无论是向前、后还是左、右移动。在实际的训练和比赛中，运动员必须根据对方发球的方向、弧线、速度和落点迅速作出反应，及时起动和移动，以便能够迅速转移重心，接近毽球，并达到适宜的击球位置。

3. 发球技术

在毽球运动中，发球技术是一项基本且关键的技能，包含了抛球、击球和击球后随球跟进三个主要环节。掌握这些技术动作对于初学者和高水平选手都至关重要。

抛球动作是发球的起始步骤，也是整个发球动作的基础。进行抛球时，要确保将球垂直抛至体前的固定高度和位置，力量需要适中。正确的抛球技巧要求球抛得既准确又稳定，为接下来的击球环节创造良好的条件。对于初学者来说，熟练掌握抛球技巧是学习发球的首要步骤。

击球环节是发球过程中的关键。在这一步骤中，击球动作需要准确有力，同时保持稳定的脚法和精准的击球点。随着技术水平的提升，选手应能对抛球不稳定的情况作出适当的调整，以确保击球的准确性和有效性。

随球跟进是发球技术中常被忽视的一环，但它同样重要。在完成击球动作后，运动员需要迅速调整位置和姿势，以便于应对对方的回球，这要求运动员具有良好的预判能力和较快的移动速度。

4.踢球技术

踢球技术是一种使用膝关节以下部位将球击向目标的技术动作，是毽球运动中的核心技巧。常见的踢球方法包括脚内侧踢球、脚外侧踢球和正脚背踢球。在脚内侧踢球中，运动员以左脚为支撑，利用右大腿带动小腿屈膝上摆，同时膝关节外张，用脚弓内侧将球踢起。脚外侧踢球则要求左脚支撑，右大腿带动小腿膝内收和小腿向体外侧上摆，利用脚背外侧踢起球。正脚背踢球技术包括脚背屈踢、脚背绷踢和脚背直踢三种形式，都是以单脚支撑，使用脚趾或脚趾跟部踢球。其中，脚背屈踢侧重于屈踝并利用大腿上摆的力量来踢球，脚背绷踢则是在球下落时利用小腿的力量和屈踝绷腿动作踢球，而脚背直踢则需要运动员的小腿迅速前摆并绷直脚背以击球。这些踢球技术的有效运用对于控制毽球的方向和力度至关重要，是提高毽球运动技能的关键。

5.触球技术

触球技术在毽球中是指运动员使用膝关节以上部位（除手臂外）来击球，主要包括腿触球、腹触球、胸触球、肩触球和头触球等方法。在腿触球技术中，运动员以左脚为支撑，右腿屈膝并带动小腿上摆，利用大腿前半部分接触下落的球；腹触球则要求运动员在球到达腹部时，略微向后蹲并挺腹接球，适用于不同强度的来球；胸触球技术涉及在球接近胸部时，通过挺胸和两肩后拉的动作来接触球；肩触球是在球接近肩部时，通过肩部的前摆动作来击球；而头触球则需要运动员在球靠近头部时，通过蹬地和颈部前摆的动作，使用前额部分来触球。这些触球技术在毽球运动中至关重要，不仅增加了比赛的观赏性，还提高了运动员对球的控制能力，是提高毽球技艺的关键部分。

第二节　休闲球类项目的挖掘与技术练习

一、羽毛球

（一）羽毛球健身价值的挖掘

1. 强身健体，增强体质

羽毛球运动是一种全面锻炼身体的活动，它不仅能增强体能，还能提升个人运动技巧。这项运动要求大脑、眼睛、手和脚高度协同，需要投入极高的注意力和体力。羽毛球的运动强度高、速度快，是消耗多余脂肪、调节肌肉密度的有效方式，有助于塑造健康而优美的体形。此外，羽毛球运动对于缓解视力疲劳、减轻大脑和颈椎压力也有显著作用。经常参与羽毛球运动的人通常会发现自己的身体灵敏度和协调能力得到提高，它不仅改善了人体的代谢功能，还增强了人体的吸氧能力和抵抗外部侵袭的能力。总而言之，羽毛球运动是一项促进身心健康、提高生活质量的优秀体育活动。

2. 培养竞争意识和进取精神

羽毛球作为一项广受欢迎的体育运动，不仅是一种身体锻炼方式，更是一种培养竞争意识和进取精神的有效途径。这项运动独特的对抗性质要求选手们在比赛中不断应对对手的策略，同时也必须迅速作出反应，从而激发他们的竞争意识和适应能力。在羽毛球的高强度对决中，选手们需要集中精力，迅速作出判断和反应，这种高负荷的锻炼方式有助于培养他们的决策能力和心理素质。在羽毛球的快速换位和连续击球过程中，选手们必须展现出强大的意志力和毅力。面对竞技的挑战和对手的压力，他们需要保持自信，不畏困难，顽强拼搏。这种对抗性的体育活动让参与者学会在压力下保持冷静，同时也锻炼了他们的忍耐力和坚持到底的精神。此外，羽毛球运动鼓励选手们不断寻求创新和改进的方法来应对比赛，促使他们不断追求更高的技术水平和更好的比赛成绩。这种积极进取的态度不仅在体育场上彰显，也会渗透到日常生活和工作中，有助于培养优良的个人品质。

3. 加强文化素质修养

羽毛球成为一项具有深厚历史底蕴的运动，不仅在于它的体育价值，更在于它所蕴含的丰富文化内涵。深入了解羽毛球的发展历程和文化背景，不仅可以增长知识，还能促进对这项运动深层次的理解和欣赏。学习并严格遵守羽毛球的规则，不仅是对运动精神的尊重，也是对公平竞争的坚持。在羽毛球运动中，尊重对手和裁判员是基本的道德要求。这种尊重表现在比赛中的每一个动作和决策上，无论是在胜利还是在失利时，都体现了运动员的品格和修养。通过这种尊重，羽毛球运动员在激烈的竞争中学会了协作、忍让和谦虚，这些品质不仅在赛场上至关重要，在日常生活中也是不可或缺的。同时，羽毛球运动中的这种文化素质修养，对于树立正确的世界观和人生观有着积极的影响。在羽毛球赛场这个微型社会中，运动员通过体验合作与竞争、胜利与失败，可以更好地理解人生的多样性和复杂性，从而形成更为广阔和深刻的世界观。

4. 陶冶情操，增添生活情趣

羽毛球运动作为一项促进人的全面发展的体育活动，不仅能锻炼身体，更能陶冶情操，为生活增添独特的情趣。在羽毛球场上，运动员以其优雅流畅的动作和充满活力的精神状态展现着运动之美。这种美不仅体现在技术的精准和策略的巧妙上，也体现在运动员优美潇洒的姿态中。参与羽毛球运动，不仅是一种身体锻炼的方式，更是一种审美体验。在快速而精确的挥拍中，运动员展现了力与美的完美结合，让人在紧张刺激的比赛中体会到别样的优雅和韵律。同时，观看羽毛球比赛也是一种美的享受。运动员场上的每一次跳跃、每一次挥拍，都是对运动美学的一次完美演绎，让观众感受到运动的魅力和动感。羽毛球运动的魅力不仅在于它带给人们的身体健康，更在于它提供的精神愉悦。通过参与羽毛球运动，人们不仅能够保持健康的体魄，还能享受到运动带来的乐趣，从而使日常生活变得更加丰富多彩。羽毛球运动成为人们发现美、创造美的一个重要途径，在这个过程中，人们的情操得到了升华，生活情趣也随之增加。

（二）羽毛球健身基本技术练习

1. 发球技术

（1）正手发球技术

羽毛球是一项技术性极强的运动，其独特的发球技术是比赛中取胜的关键之一。在羽毛球的发球技术中，正手发球技术尤为重要，包括正手发后场高远球和正手发网前球两种主要技巧。这些技巧不仅对球的控制精准度有极高要求，还涉及运动员的站位、握拍、挥拍、身体协调性等多方面因素。

首先，让我们深入了解正手发后场高远球的技术细节。这种发球方式要求运动员用正手握拍，利用正拍面将球击得既高又远。球在飞行至对方端线上空后会突然改变方向，垂直下落至端线附近。这种发球的关键在于有效地调动对方，削弱对方的进攻威力，并增加对方接球的难度。在单打比赛中，这种发球技术被广泛采用。

进行正手发后场高远球时，运动员需要用左手持球，手臂自然弯曲将球置于胸前，右手持拍向右后上方摆起。在发球时，身体重心前移，右脚跟提起，全身放松。左手放球后，球下落过程中，右臂向前上方挥动，同时右脚蹬地，腰腹向正前方转动。重要的是要确保球在身体右侧前下方与拍面交叉点碰触，且球触拍面的中上部。击球瞬间，要紧握球拍，手腕闪动，向前上方鞭打击球。击球后，手臂随着击球后的惯性自然向左肩上方挥起，身体重心也随之从右脚移到左脚。击球完成后，运动员应立即做好准备，以应对对方的回击。

另一种技巧是正手发网前球，这种发球方式要求用正手握拍，以正拍面轻轻击球，使球贴近网面飞过，落在对方前发球线附近。这种低弧度、短距离的发球方式可以有效地限制对方的反击机会，是单打和双打比赛中常见的策略。在进行正手发网前球时，运动员的站位稍靠前，握拍要尽量放松。上臂动作要尽量小，重心放在左脚上，右脚跟提起。击球时，运动员需要用前臂带动手腕，让拍面从右向左斜切击球，精准控制力度，确保球刚好贴网而过。击球后，运动员应迅速还原至准备姿势，随时准备迎接下一次的挑战。

（2）反手发球

羽毛球的反手发球技术，尤其是反手发平球和反手发网前球，是羽毛球运动中极为重要的技能之一。这些技术不仅考验运动员的技巧和准确性，还涉及对比赛节奏的控制和策略运用。

首先，让我们来看看反手发平球的技巧。在进行反手发平球时，球拍的挥动方向与反手发网前球基本一致，关键在于击球瞬间的手腕抖动和突然发力。在这一过程中，球拍面需要进行一种"反压"动作，这是为了确保球在被击出时能够快速飞行，并在飞行过程中保持较低的弧线，从而给对手施加压力。这种发球技术不仅需要精准的控球能力，还对运动员对手腕的力量控制和协调性有极高的要求。

其次，我们来探讨反手发网前球的技巧。这种发球技术要求运动员的小臂带动手腕发力，球拍由后向前推送，采用切削式击球的方法。关键在于控制拍面的角度和力量，使球在过网后能急速下落至对方场区的前发球线附近。这种低飞行弧线和快速下落的特性，能有效地限制对方的攻击机会，使对手难以进行有效的反击。反手发网前球的成功，依赖于运动员对球拍的精确控制和对球速、球路的精准判断。

在羽毛球比赛中，无论是反手发平球还是反手发网前球，都是运动员在比赛中常用的技巧。这些技巧的成功执行，不仅能帮助运动员在比赛中占据优势地位，还能增加比赛的不可预测性，给观众带来更多的观赏乐趣。同时，这些技术的学习和练习，也是提升运动员整体技术水平的重要途径。

2.接发球技术

接发球的方法是多种多样、千姿百态的，没有固定统一的模式。接同一种发球，选手由于个人打法不同、特点不同，技术水平高低也不同，在接发球技术运用上也有所不同。

（1）前场正手接发球技术

在羽毛球比赛中，前场正手接发球技术是一项基本且关键的技能，它涉及运动员对不同发球方式的应对，以及如何利用这些接发球技巧来控制比赛的节奏和走向。这项技术不仅要求运动员具有敏锐的观察力和快速的反应能力，还要求他们有精确的动作控制和身体协调性。

前场正手接发球的动作起始时，运动员需要使用前场正手接发球步法向来球方向移动。在这一过程中，前臂微屈并外旋，形成半弧形引拍，以准备接发球。同时，结合身体向前跨步的冲力，运动员应用斜拍面和地面形成大于120°夹角的仰角拍面，向前摩擦推送击球。在接发球搓网前小球时，击球力量应略大于网前搓小球，以确保球能过网且产生旋转。击球力量的控制是关键，用力过大或过小都会影响球的轨迹和旋转。

在面对不同的发球方式时，运动员的接发球技术也会有所不同。例如，正手接发球勾对角小球的击球动作，要求手腕内旋，利用拇指和食指转动球拍柄，向网前斜对角方向发力击球。而在正手接发球挑球的击球动作中，击球点较低，运动员需要用与地面大于90°的拍面仰角，前臂内旋，食指和拇指收紧球拍柄，展腕发力击球。接下来是正手接发球推球的击球动作，这要求手腕迅速内旋，食指发力拨动球拍柄，球拍与地面形成近似90°夹角内翻拍面击球。最后，正手接发球扑球的击球动作中，击球点高于球网顶部，运动员需要前臂快速内旋，球拍与地面形成小于90°的夹角，向下拍压击球。完成接发球动作后，运动员的持拍手应自然收回体前，迅速回到场地中心位置，以准备接下来的动作。

（2）前场反手接发球技术

前场反手接发球技术是羽毛球比赛中一项至关重要的技巧，特别是在应对对手的短球攻势时。这一技术不仅需要精准的手眼协调，还要求运动员具备良好的步伐移动和身体平衡能力。在进行前场反手接发球时，运动员需通过特定的步法向来球方向移动。这时，反手握拍伸向来球方向，前臂微屈做内旋半弧形引拍动作，准备击球。击球时，运动员需利用身体向前跨步的冲力，食指和拇指内旋捻动球拍，用斜拍面与地面形成大于120°的夹角，向前摩擦推送搓球。这一动作要求精确控制拍面角度和力量，以确保球能以适当的弧线和速度飞过网。

在应对不同发球方式时，前场反手接发球的技巧也会有所变化。例如，接发勾对角小球时，运动员需要手腕外旋，拇指前顶，其余四指收紧球拍柄，向网前斜对角方向发力击球。这种动作需要精准的手腕和手指控制，以确保球的飞行方向和落点。接发挑球的击球动作则要求击球点较低，前臂外旋，拇指前顶，用与地面大于90°的夹角拍面，收腕发力击球。这种动作的难点在于控制击球的力度和角度，以实现精准的球路控制。在接发推球时，球拍与地面的夹角接近90°，运动员需要前臂迅速外旋，拇指前顶，手腕向前方外翻拍面击球。这种动作要求快速而精确的手腕和前臂协调。接发扑球的动作中，击球点高于球网顶部，运动员需要前臂快速外旋，用球拍与地面形成小于90°的夹角，拇指前顶，向前下方拍压击球。

（3）后场接发球技术

在执行后场接发球技术时，运动员首先需要根据来球的位置采用合适的姿势击球。正手接发后场球的击球点通常位于身体右后侧右肩上方，而头顶接发后场球的击球点则位于身体左后侧头顶或左肩的上方。这两种接发球技术虽在击球点上有所差异，但在动作轨迹上基本相同，都要求运动员能够准确判断来球的落点和飞行轨迹。

在准备阶段，运动员使用接发后场球步法向来球方向移动，上臂外旋带动前臂后仰回环引拍，同时身体重心放在右脚上，做好起跳击球的准备。在实际击球时，运动员需根据来球的不同类型选择相应的击球动作。

对于回击高远球（平高球）的动作，击球点应位于头前上方，上臂带动前臂迅速内旋向上挥动，通过手腕和手指将力量传递至球拍，用正拍面与地面形成稍大于90°的夹角（击平高球）或接近120°的仰角（击高远球）将球击出。

在接发球回击吊球和劈球时，击球点应比回击平高球和高远球靠前约10厘米。上臂带动前臂迅速内旋向上挥动，通过手腕和手指控制击球力量（劈球比吊球力大），使用球拍面与地面夹角小于90°的斜面（劈球比吊球击球角度更大）切击球。

对于回击杀球的动作，身体需要充分后仰呈弓形展开，击球点比回击吊球再靠前约5厘米的位置，上臂带动前臂迅速内旋向上挥动，并通过手腕和手指发力，用与地面近似75°的夹角将球击出。

在执行回击抽杀球动作时，手臂迅速内旋后倒回环引拍，使用与地面近似

90°的夹角拍面向前挥动击球。完成击球后，运动员应利用击球的惯性动作将手臂向身体左前下方挥动，并迅速将球拍收回体前。同时，调整脚步向中心位置跟进，做好下次接球的准备。

3.击球技术

（1）搓球技术

搓球技术在羽毛球运动中是一种极其精妙的网前技巧，它主要通过斜拍面的"搓"和"切"动作使球在空中产生旋转，落至对手网前区域。这种技术既适用于正手击球，也适用于反手击球，且对运动员的手腕灵活性和拍速控制能力提出了较高要求。

在执行正手搓球时，运动员的击球前准备动作与正手放网前球相似。关键在于击球瞬间，当球拍举至最高点时，运动员的前臂稍微外旋，手腕从后伸转变为稍内收。击球时，需要加快挥拍速度，并通过手腕的快速转动实现"搓切"动作，目标是击中球的右下底部，让球翻滚过网。击球完成后，运动员应迅速恢复到准备姿势，以应对接下来的比赛局势。

对于反手搓球，运动员首先要采用反手握拍，并运用反手上网步法向来球方向移动。击球前的动作与正手网前搓球类似，但在伸拍的同时，前臂需要内旋进行半弧形引拍动作。反手搓球有两种主要的击球方式：一种是手腕由展腕至收腕发力，击球时从左至右切击球托的左后侧面；另一种是手腕由收腕至展腕发力，以斜拍面由右向左切击球托的右后侧部位。击球完成后，同样需要迅速从反手握拍恢复到正手放松握拍的状态，准备下一步动作。

（2）推球

推球技术是羽毛球比赛中一种重要的前场技巧，特别适用于在单打和双打比赛中向对手底线发起快速攻击。这种技术以其高击球点、小动作范围、快速发力和多变落点而著称，分为正手推球和反手推球两种主要形式。

在正手推球中，运动员首先需移动至合适的位置，使球拍平举于右侧。推球前，前臂应略微外旋，手腕后伸，同时球拍也稍微后摆，拍面对准来球。为了更有效地发力，小指和无名指需稍松开，让拍柄略微离开手掌。在实际推球时，球拍后仰至极限，手腕由后伸直并闪腕，食指向前压下，同时小指和无名指突然紧握球拍，使球拍快速地从右侧经前向左挥动，从而将球快速推向对方底线。推球完成后，运动员需迅速收回球拍至胸前，准备下一步动作。

反手推球同样要求运动员在网前较高的击球点上进行操作。首先，运动员移动至网前左侧，并采用反手握拍姿势，臂侧上举。在准备推球前，运动员需将臂向左胸前收引，手腕稍外展，同时松开球拍，拇指顶住拍柄内侧宽面。在推球的过程中，运动员的前臂往前伸并外旋，手腕从稍外展变为伸直并抖腕，中指、无名指和小指突然紧握球拍，同时拇指顶压，快速向前挥动球拍，将球推出并触及球托的后部。击球后，运动员应迅速还原至准备姿势。

无论是正手推球还是反手推球，这两种技术都要求运动员在击球瞬间具有精准的力量和角度控制。通过这些技术，运动员能够有效地打击对方底线区域，创造攻势机会或直接得分。有效地运用推球技术可以大幅提升运动员在比赛中的竞争力，增强对对手的压迫感。

（3）扑球

扑球，也称为网前杀球，在羽毛球比赛中是一种极其有效的得分手段。它通常用于对方回击的球过网时弧线较高的情况，运动员通过抢占高点，迅速将球向对方场区下方扑压，以实现直接得分。扑球技术分为正手扑球和反手扑球两种。

在执行正手扑球时，通常是对方击来的右场区网前球刚过网，且球的高度在网沿上面。运动员采用正手握拍法，用正拍面迅速上网挥拍扑击下压。为了达到最佳的击球点和力量，左脚先蹬地，紧接着右脚发力蹬跃，使身体向球网右侧腾空跃起，球拍正对着来球。同时，前臂前伸并稍外旋，腕关节后伸，手持球拍要放松。击球时，前臂带动手腕和手指快速抖动发力，完成扑球动作。若球离网带上沿较近，可采用手腕从右向左将球压下的"滑动"式扑球方法，以避免球拍触网。击球后，运动员需要控制身体重心，球拍随着惯性回收至准备姿势。

反手扑球则是针对对方击来的左场区网前球刚过网，且高度在网沿上面的情况。运动员采用反手握拍法，用反拍面迅速上网挥拍扑击下压。在移动至网前左侧时，应采用反手上网步法，右脚蹬跨步的同时，反手握拍并将球拍持于左前侧向前上方的来球方向高举伸出。身体向左前蹬跳跃起时，持拍手随着前臂前伸而向前上方举拍，肘稍屈，手腕外展。随着身体向左前飞跃，运动员用手腕由外展至内收的"闪动"力量加速挥拍扑压击球。根据击球的方向，可以执行反手扑直线球或反手扑斜线球。击球后，运动员需要迅速屈肘，手腕由内收转为外展，收拍于体前，以避免触网。

（4）吊球

吊球是羽毛球技术中一项关键技巧，用于将球轻柔地击过网到对方场区，主要包括正手吊球、反手吊球和头顶吊球。正手吊球时，运动员击球时拍面稍向内倾斜，手腕进行快速的切削下压动作。击球主要集中在球托的后部和侧后部。若是执行吊斜线球，球拍需要切削球托右侧并向左下方发力；吊直线球时，则拍面正对前方下方切削。

反手吊球则要求运动员采用反手握拍，以反拍面在后场进行吊球动作。反手吊球的准备动作类似于反手击高球，但在击球时，握拍的方法、拍面的掌握和力量的运用有所不同。吊直线球时，应用球拍反面切削球托的后中部将球击出，落点在对方右场区前发球线附近；吊斜线球时，则用球拍反面切削球托的左侧部将球击出，落点在对方左场区前发球线附近。

头顶吊球技术则是在左后场区头顶上方使用正手握拍，以正拍面向对方网前区域击吊球。头顶吊球的准备动作与击头顶高球相似，但击球点要稍靠前。执行头顶吊直线球时，击球瞬间前臂突然往前下方挥拍，球拍击中球托的正中部位，使球朝直线方向飞行过网后迅速下落；而执行头顶吊斜线球时，击球瞬间前臂突然反腕往前下方挥拍，以斜拍面击中球托左侧部位，使球向对角方向飞行过网后迅速下落。

（5）杀球

杀球技术在羽毛球中是一种高效的进攻手段，用于在后场或中场抓住高击球点，全力将球扣压向对方的中后场区域。它分为后场杀球和中场杀球两种类型，包括正手杀球、反手杀球和头顶杀球等不同的击球方法。

在执行后场正手杀球时，运动员的准备姿势与正手击高球相似，不同之处在于击球点的位置和用力方向。首先，运动员需移动到适当的位置，侧身屈膝下蹲，准备起跳。起跳时，右肩上提，球拍上举，起跳后右上臂向后上摆，身体后仰呈反弓形，前臂全速向前上挥动，手腕充分后伸。在击球瞬间，前臂内旋，手腕快速闪动发力，执行杀球。击球后，运动员迅速回收球拍，移动回中心位置。

反手扣杀球在准备动作上与反手击高球类似，但击球点位置和力量都要求更高、更强。击球前挥拍用力要大，跳起后身体反弓，结合手臂、手腕的延伸、外展力量，击球瞬间拍面与扣杀球方向的水平夹角应小于 90°。击球时需利用左脚的蹬力和上半身力量，上臂带动前臂由外旋至内旋快速闪动，屈指发力用反拍面击球托后部。击球拍面向正前下方压则为反手杀直球，向斜前下方压则为反手杀斜线球。

后场头顶杀球则是在左后场区使用正手握拍，以正拍面在头顶上方执行击杀动作。其准备姿势、引拍动作与后场头顶击高远球相似，但击球动作与后场正手杀球类似，区别在于击球点在头顶前上方。击球时，头顶杀直线球需要前臂突然往前下方挥拍，击中球托中后部，使球朝直线方向飞行过网；头顶杀斜线球时，前臂反腕往前下方挥拍，以斜拍面击球托稍左侧面后部，使球向对角方向飞行过网。

腾空突击杀球适用于对手击出弧度较低的平高球。这时，运动员需侧身右脚后退一步准备起跳。起跳后，身体向右后方腾起，上身右后仰，右臂上抬，肩尽量后拉。击球时，前臂全速向上挥动，手腕从后伸经前臂内旋至屈收，同时握紧球拍产生爆发力，高速向前下击球。扣杀后，右脚着地屈膝缓冲，利用左脚蹬地回到中心位置，手臂随惯性回收。

二、台球

（一）台球健身价值的挖掘

台球常被视为一项优雅的"绅士"运动，不仅提供了一种休闲娱乐的方式，而且在锻炼个人技能方面具有显著的价值。定期参与台球运动对提高耐力、毅力和集中注意力的能力有显著帮助。这些技能在日常生活、学习和工作中都极为重要，对个人的全面发展和成长起着关键作用。因此，探索和深化台球健身方面的价值，不仅能增强体育运动的吸引力，还能促进个人在多方面的成长和发展。通过台球运动，人们可以在放松娱乐的同时，锻炼身体、提升心理素质，并发展那些对现代生活至关重要的技能。

（二）台球健身基本技术练习

1. 身体姿势

在台球运动中，正确的身体姿势是基本技术练习的核心，对于精准击球至关重要。当以右手持杆击球时，运动员可选择八字步或丁字步站立。站立时，身体侧对球台，左脚略前置，右脚稍后撤，形成自然的50°至80°夹角，保持两脚与肩同宽。重要的是，身体应正面面对球台，这有助于保持视线与击球目标的一致性。在击球时，身体要向前俯身弯曲，确保全身的重量均匀分布在双脚上，而非手臂上。这一点至关重要，因为重量分布在手臂上会影响击球的稳定性和准确性。击球时，全身需要保持放松状态，只有在击球的瞬间才应集中力量。这种力量的集中不仅提高了击球的精确度，还有助于保持身体的平衡和稳定。维持正确的身体姿势，不仅有助于提高击球的精准度和效果，还能减少运动伤害的风险。

2. 握杆

掌握正确的握杆方法是台球技术练习的关键环节之一。握杆时，拇指和食指应在虎口处轻柔但稳固地握住球杆，而其余三个手指则保持虚握的状态。这种握法既保证了控杆的稳定性，又有助于提高击球时的灵活性。为了找到球杆的平衡点，首先需伸直左手或右手的食指，将球杆放置在食指上方。然后，缓慢调整球杆的位置，寻找能使球杆保持平衡的点，这一点便是球杆的重心位置。正确的握杆位置通常位于球杆重心向杆尾端的6至10厘米处。这种握杆方法不仅有助于提高击球的精确度，还能使运动员在击球过程中感觉更加轻松自如。掌握正确的握杆姿势是提高台球技术的基础，对于实现更好的控球和击球效果至关重要。通过反复练习和调整，运动员可以掌握最适合自己的握杆方式，从而在台球运动中更好地发挥。

3. 瞄准

在台球运动中，瞄准被认为是关键的基本技能之一。每位台球选手在击球前必须完成一系列瞄准步骤，涉及确定击球线路、击球点、瞄准点和撞击球的正确位置。瞄准不仅是技术操作，更是一种精确计算，涉及对台球桌面的准确解读。最基础的瞄准技巧要求球手的眼睛、主球和目标球在一条直线上。在实际击球时，球杆的方向应随眼睛的视线而调整，确保球杆、主球和目标球三者在同一条直线上。这样做可以提高击球的准确性和成功率。

瞄准点的确定也非常关键，它位于进袋直线上，距目标球后一个球半径长度的位置。在视觉上，这看起来像是目标球后面长了一个小尾巴，因此这种瞄准方法也被形象地称为"看尾巴"。掌握这种瞄准方法有助于球手更精准地判断球路和击球角度。要实现高水平的瞄准和击球技巧，球手必须达到"角正、点准、杆直"的基本功要求。这意味着在执行每一次击球时，球手都需要保持正确的姿势、精确的瞄准点和直线的杆法。通过不断的练习和技术提升，球手可以逐渐精进自己的瞄准技巧，从而在台球运动中达到更高的水平。

4. 架杆

架杆就是用手给球杆一个稳定支撑和对杆头在主球的击球点进行调节的姿势。架杆是打好台球的重要环节。架杆方法大致可以分为两种：手架和杆架。

（1）手架

在台球运动中，正确的手架方式对于稳定击球和精确瞄准至关重要。手架作为架杆的常见方式，主要有平卧式和凤眼式两种方法。

平卧式手架杆是一种基础的架杆方式。首先，球手需要将整个手掌平放在台面上，四指（除拇指外）分开，手背轻微弓起形成一个自然的弧度。拇指挑起并与食指根部紧贴，形成"V"形夹角，球杆随后放置于此夹角中。通过手指的弯曲度和手掌的抬起，球手可以调整架杆的高度，从而适应不同的击球需求。

凤眼式手架杆则是另一种更为精细的架杆技巧。在这种方式中，左手的手指需要张开，指尖轻微内弯，拇指和食指相扣，形成一个指环，与球杆呈90°角。手掌与中指、无名指、小指共同构成稳固的支撑点。凤眼式手架杆提供了更稳定的支撑和更好的控制，适用于需要精确击球的情况。

（2）杆架

台球中的杆架技术，关键在于根据击球距离选择合适的杆架长度：长、中、短。这种选择对于保证击球的准确性和稳定性至关重要。

在使用杆架时，球手首先需要适度前倾身体，以保持稳定的姿势和良好的视线对准。球杆的尾部由手持握，拇指位于下方，食指和中指夹紧球杆上方，同时无名指和小指自然弯曲，以保持握杆的舒适和稳定。另一只手负责将杆架放置在适当的位置上，确保杆架整体稳固地放在台面上。在出杆或运杆时，用手轻轻按住杆架，防止其在击球过程中发生晃动，这样可以提高击球的稳定性和精准度。

5.击球技术

（1）直线球技术

直线球技术的要点在于确保主球的中心击球点、目标球的撞击点和目标球袋的中心点三者处于一条直线上。在执行时，球手需精确地使用球杆撞击主球的中心点，使得主球做直线运动并准确撞击到目标球的中心撞击点。若操作得当，目标球将沿直线轨迹移动并直接落入球袋中。掌握直线球技术对于提高台球运动中的精确度和效率至关重要，是每位台球爱好者必须练习的基础技巧之一。

（2）偏击球技术

偏击球技术在台球中涉及对主球撞击目标球侧面的精确控制，根据撞击的程度，分为厚球和薄球两种情况。球的厚薄，大体可分为六个类型：正面、二分之一、三分之一、三分之二、四分之一、四分之三。但这个比例并不是面积之比，而是撞击截面在直径上所占的线度与目标球直径之比。瞄准主球和目标球相重合的尺度，从整个球面（亦称满球）到相重2/3范围，均称厚球；瞄准主球与目标球其球径相重在1/2以下的均称薄球。

在实践中，确定目标球的厚薄击球点时，瞄准点位于目标球击球点向外延伸一个球半径的距离，此点与主球中心点的纵向运动方向延长线相交。这种瞄准方式有助于球手更准确地判断和执行厚球或薄球的击球技巧，从而在台球比赛中更有效地控制球路和战术布局。掌握偏击球技术对于提升台球运动的技术水平和比赛表现至关重要。

（3）吻击球技术

吻击球技术主要应用于主球需要以中杆的方式轻微触碰（或"吻"）另一个目标球的情况。在这种技术中，主球与被轻吻的目标球的中心连线与另一个目标球的中心形成一个 90° 角。击球时，被直接击中的目标球沿着与袋口中心点呈 90° 角的路径行进，而轻吻的那个球则沿着两球中心连线的延长线移动。这种技术的关键在于精确地控制主球的力量和方向，确保它轻微接触目标球，同时以正确的角度将另一个目标球推向指定方向。吻击球技术的成功执行不仅显示了球手的技术娴熟，也是战术布局和球路控制能力的体现。掌握这一技巧对于提高台球运动的策略性和竞技水平非常重要。

（4）反弹球技术

在台球中打反弹球的技巧主要涉及以下两种方法。

直击反弹球：在这种技术中，目标球和主球按照特定的位置放置，球手需要根据球和目标球袋的具体位置关系，调整击球点和球击出后的路线，关键在于当反射角发生变化时，准确掌握入射角。通过长时间的练习，可以达到较高的入袋成功率。

偏击反弹球：这种技术是直击反弹球的一种变体，球手用主球轻击目标球的左侧，使目标球受力后沿球台边缘反弹进入中袋。这种方法与直击反弹球的主要区别在于击球点的变化。

在台球中，掌握反弹球技术是提高台球水平的关键。反弹球技术要求球手根据球与目标球袋的具体位置关系，精确调整击球点和球的路线。直击反弹球侧重于控制入射角和反射角，而偏击反弹球则涉及击球点的微妙变化。

（5）双着击球技术

双着击球技术是一种更为高级的技巧，要求球手在球台上精准放置两个目标球，并用中杆击中第一个目标球，使主球沿着第二个目标球的瞄准点方向移动，同时关注主球在撞击第一目标球后的偏转角度。双着击球技术和反弹球技术一样，都需要对力度和角度有着精准的控制和预判，通常通过长时间的实践和练习才能熟练掌握。

（6）弧线球击球技术

弧线球击球技术融合了反弹球技术和双着击球技术的要素。在执行弧线球击球时，球手需要将握杆手抬高大约 10 到 15 厘米，并专注于击中主球的右侧击点。这种技巧要求用力集中且精确，以便产生弧线轨迹。弧线球技术在某种程度上是将反弹球技术中的角度控制和双着击球技术中的精确力度控制相结合。它不仅需要球手对球的运动轨迹有深刻理解，还要求球手具备高水平的控制能力和实践经验。这种技术在高级台球比赛中常见，是球手展示其高超技艺的重要方式之一。

（7）联合击球技术

联合击球技术要求球手综合运用之前的技术，如反弹球、双着击球和弧线球击球技术。执行联合击球时，球手首先需确定最终目标球的入袋瞄准点，接着确定主球撞击的第一个目标球，使其能够准确撞击最后一个目标球并入袋。这要求球手对主球的击点进行精准计算。联合击球技术考验球手在力度控制、角度计算和策略规划方面的能力，融合了之前提到的多种技巧，需要球手有高超的技艺和丰富的实践经验。在实战中运用这种技术，不仅可以有效地处理复杂局面，还能展现球手的策略思维和技术水平。

第三节　时尚流行健身项目的挖掘与开发

一、轮滑

（一）轮滑基本知识

1. 轮滑鞋

轮滑鞋作为滑轮运动中不可或缺的装备，其种类繁多，每种都有其独特的设计和用途，以适应不同的轮滑项目和技巧。从速度轮滑鞋到休闲轮滑鞋，再到花样轮滑鞋和特技轮滑鞋，轮滑鞋的多样化展现了轮滑运动的广泛魅力和技术要求。

速度轮滑鞋是为专业赛事设计的，强调速度和灵活性。这类鞋通常配备四个直线排列的轮子，部分高级模型甚至可装载六个轮子，以提高速度和增强稳定性。这些鞋子的鞋腰低，鞋跟也较低，通常不设制动器，以减小阻力和重量，帮助选手在赛道上达到最高速度。

休闲轮滑鞋则更适合日常娱乐和健身活动。这种鞋子也采用四轮直线排列设计，但与速度轮滑鞋不同的是，它们在轮子后方装有制动器，以便于控制和停止。这类轮滑鞋的鞋腰较高，鞋跟中等，提供了更好的支撑和舒适性，适合初学者和休闲轮滑者。

花样轮滑鞋则专为花样轮滑和表演设计。它们的最大特点是四个轮子分成两排布置，每排两个，这样的设计使得转弯和表演动作更为灵活。这种类型的轮滑鞋通常在鞋尖前下方设置制动器，鞋腰和鞋跟较高，以支持表演者完成复杂的舞蹈和技巧动作。

特技轮滑鞋则专门用于在特技设施如滑竿、跳板或"U"形滑道上进行的极限轮滑活动。这类鞋子的设计重点在于增强耐用性和保护性，以适应高强度的冲击和复杂的动作要求。

轮滑球鞋则是为轮滑球运动量身定做的，它们兼顾速度、灵活性和稳定性，以适应运动中的快速移动、转弯和射门。这类鞋子的设计旨在提供足够的支撑和灵活性，以适应快速的方向变换和激烈的身体对抗。

2. 轮滑服装与护具

服装和护具不仅可以保护运动员免受伤害，还能提高运动表现。随着轮滑运动的不断发展和技术的进步，对服装和护具的要求也越来越高，它们的设计和材料越发精细，以适应各种运动需求。

轮滑运动服装包括训练服和比赛服两大类。训练服的设计重在舒适与方便，以便运动员在训练中自如移动。比如，速度轮滑运动员的训练服通常简单、轻便，没有特定的风格要求。相比之下，比赛服则着重于性能，如紧身设计减小空气阻力，同时保证不影响运动员的灵活性。这些服装的质地、款式和花色各异，但都经过精心设计，以确保既美观又实用。

护具包括手套、头盔、护肘、护膝和保护眼镜等。手套对速度轮滑运动员尤为重要，因为它们在运动员跌倒时保护其手部免受摩擦伤害。这些手套通常设计轻巧，不易脱落，且耐磨损。头盔则是保护头部安全的必备装备，尤其是在高速运动中。现代头盔不仅注重保护功能，还追求外观的美观性和个性化，通常采用坚固的 ABS 工程塑料制成。①护肘和护膝则专为保护肘部和膝盖设计，以防运动员在训练或比赛中摔伤。这些护具越来越注重轻巧、美观和实用性，以减轻运动员的负担。保护眼镜则用于防止强光和风沙对眼睛的伤害，特别是在户外活动时尤为重要。这些眼镜通常具有良好的透明度和弹性，不易破裂。

选择高质量的服装和护具对于轮滑运动员来说至关重要。高品质的装备不仅能提供更好的保护，还能提升运动表现和舒适度。随着技术的进步和运动需求的增加，服装和护具的设计正变得越来越专业化、多样化。

（二）轮滑健身价值的挖掘

轮滑运动的价值与作用主要体现在健身上，它具有极强的健身价值，经常参加轮滑运动锻炼能使人体各器官、各组织的负荷承受能力得以增加，机体发生变化，可以改善神经系统、心血管系统、呼吸系统等机能，加快新陈代谢，促进体质的增强。具体包括以下几个方面。

1. 改善神经系统机能

轮滑运动作为一种全面的身体锻炼，对人体神经系统的调节功能具有显著的改善作用。神经系统是人体最重要的调节和控制系统，它负责协调和监控身体的各种活动，包括对内外环境的反应以及维持生命活动的正常进行。通过定期参与轮滑运动，人们可以有效地强化神经系统，提高其对身体机能的调节效果。

在轮滑运动中，身体的多个系统如循环系统和呼吸系统都会活跃起来。运动时，这些系统的活动加强，以支持身体的高效运作，而消化系统的活动相对

---

① 李军. 社区体育文化探析 [J]. 体育世界（学术版），2018（4）：55-56.

减弱。运动结束后，循环系统和呼吸系统的活动逐渐减缓，消化系统的活动则增强。这种动态的调节过程使神经系统在调控内脏器官和肌肉运动方面的能力得到加强，从而提升整体的生理功能和肌肉的工作效率。

轮滑运动不仅锻炼身体，还对神经系统产生积极影响。特别是对于身体的前庭系统——负责平衡和空间定位的感觉系统之一，轮滑运动提供了丰富的刺激。这种运动要求维持平衡、快速调整身体姿势，从而激活前庭分析器，引发兴奋反应。长期参与轮滑运动的人通常在神经系统的反应速度、协调性和肌肉调节方面表现得更为出色。

轮滑运动的这些益处不仅限于运动员或专业人士，任何年龄段的人都可以通过参与轮滑运动来增强自己的神经系统功能。这种运动形式对于提升身体协调性、反应速度和整体灵敏度特别有效。随着时间的推移，定期的轮滑活动可以显著改善神经系统的整体健康状况，提高生活质量。

2. 改善心血管系统机能

定期参与轮滑运动对心血管系统有着显著的益处。这种全身性的有氧运动能有效地改善心血管的形态、结构和功能，对于增强心脏功能和延缓心肌衰老尤为重要。当人们参与轮滑运动时，心脏需要为身体提供更多的氧气和能量，这使得心脏的工作效率得到提升。长期的轮滑锻炼能够加强心肌的收缩力，提高心脏泵血能力，从而扩大心脏的容量。这种增强不仅提高了心脏本身的功能，也有助于整个心血管系统的健康。此外，轮滑锻炼还能促进心血管系统和呼吸系统的协同工作，改善这两大系统的机能。这种运动有助于通过提高心血管系统的效率，改善血液循环，增强血管的弹性，降低患心脏疾病的风险。同时，轮滑运动也加强了呼吸系统，提高了肺部的通气能力和氧气利用效率。

3. 改善呼吸系统机能

轮滑运动对呼吸系统的健康具有显著的益处。这种活动不仅让人们呼吸到新鲜空气，促进身体的新陈代谢和氧气供应，还有效提升了呼吸器官的功能和工作效率。通过定期进行轮滑锻炼，可以显著增强呼吸功能。这项运动增加了肺部的通气量，使更多的肺泡参与到气体交换中，从而增加了肺部的换气量。

这种增强的换气效率意味着身体能更有效地吸收氧气，并排出更多的二氧化碳。此外，轮滑运动还促进了肺部毛细血管的增生和血液循环的加快，进一步提升了呼吸系统的整体健康水平。这种改善不仅增强了肺部功能，还提高了呼吸系统的免疫能力，有助于预防呼吸道感染和疾病。

4. 改善运动系统机能

轮滑运动对于提高人体平衡能力、促进骨骼发育、增强肌肉功能及提升整体运动能力具有显著效果。在轮滑运动中，维持平衡是关键。不论是基本的滑行姿势，还是更高级的花样轮滑和轮滑球运动中的旋转、跳跃和急停等动作，都要求极高的平衡能力。这种对平衡能力的持续要求能有效提高身体协调性和稳定性。此外，轮滑运动对骨骼也有积极的影响。经常参与轮滑运动可以刺激骨髓，促进骨骼的健康发育。同时，轮滑还能显著改善肌肉组织，增加肌肉的能量输出和毛细血管数量，从而提高肌肉运动的效率和耐力。经常参加轮滑运动的人在力量、速度、耐力、灵活性和反应速度等方面通常优于一般人。这些能力的提升不仅有助于提高轮滑技能，也对日常生活中的各种活动有着积极的影响。

（三）轮滑健身基本技术练习

轮滑是一项在运动中灵活变换重心、维持动态平衡的运动。因此，在练习时应认识到大胆、灵活、及时地移动重心对掌握技术的重要性，并通过多种练习手段提高移动重心的灵活性和掌握平衡的能力。轮滑的基本技术主要包括以下内容。

1. 原地站立

轮滑运动中，原地站立的技巧是基础且重要的，它涵盖了几种不同的站立姿势，每种都对提高平衡能力和控制技巧有着重要作用。在轮滑中掌握这些站立姿势，不仅有助于提高滑行技巧，还能增强自我保护能力。

平行站立：双脚需要平行分开，与肩同宽。为了保持平衡，轮滑者应将脚尖略微内扣，膝盖轻微弯曲。这种姿势的关键是重心控制，重心需要平均分布在两脚之间。这个姿势是轮滑初学者学习的起点，也是日后进行更复杂动作的基础。

"八"字站立：双脚的脚跟靠近，脚尖自然分开，形成一个"八"字形。上半身应略微前倾，双膝自然弯曲，以保持身体的稳定。在这个姿势中，轮滑者需要做到在不移动脚步的情况下调整重心，保持稳定。

"丁"字站立：轮滑者的一只脚位于前方，前脚的脚跟卡在后脚的脚弓处，形成一个"丁"字形。这种姿势要求上半身稍微前倾，双膝自然弯曲，主要的重心落在后脚上。这个姿势不仅对平衡能力是一个挑战，还能增强对轮滑鞋的控制能力。

2. 移动重心

轮滑运动的核心之一在于有效地移动和控制重心，这对于保持平衡和执行各种滑行技巧至关重要。在轮滑中，从原地的基本动作到更复杂的移动模式，都涉及精确的重心控制。

原地移动重心的练习是基础。这包括原地抬腿、蹲起和左右移动。在原地抬腿时，轮滑者需要将重心稳定地放在一条腿上，然后轻轻抬起另一条腿。重点在于保持平衡，同时确保放下的脚轮子同时着地。原地蹲起则要求轮滑者由两脚平行站立的姿势下蹲并站起，注意脚踝、膝盖和髋部三个关节的协调动作。原地左右移动的练习则是上体轻微倾斜，逐渐将重心转移到一只脚上，然后再平稳地移至另一侧。

侧向移动重心的练习涉及更动态的平衡技巧。从两脚平行站立开始，轮滑者需要向一侧移动重心，随后迈出一步，再迅速靠拢另一只脚。这种练习要求轮滑者在移动时保持重心稳定，同时也锻炼了身体的灵活性和协调性。

横向交叉步移动重心是一种更高级的技巧。轮滑者需要将重心移到一条腿上，然后另一条腿迈过去形成交叉步，再将重心转移到另一只脚上。这种练习不仅提高了平衡能力，还增加了腿部的灵活性和力量。

外"八"字脚移动重心则是在两脚呈外"八"字形态时，交替迈步并相应地转移重心。这种练习要求轮滑者在移动时精确控制重心，并逐步提高步伐变换的频率和步长。

3.蹬地技术

轮滑运动中的蹬地技术是提高滑行效率和控制方向的关键。掌握这些技巧对于轮滑者来说至关重要，它们不仅能提高滑行速度，还能增强转向的灵活性和平衡能力。

单脚蹬地与双脚向前滑行：要求轮滑者在一只脚（如左脚）向前呈"丁"字形站立时，另一只脚（如右脚）使用内侧轮向身体的侧后方蹬地。这样的动作使得身体重心随之移至支撑腿（左腿）上，同时右脚收回，两脚一起向前滑行。在这个过程中，双脚交替进行蹬地动作，两臂自然摆动，肩部放松，上体前倾程度略大于正常走路时。

前滑压步转变为左脚支撑滑行：轮滑者身体向一侧倾斜，如身体左倾，则右脚在右后侧蹬地，随后摆越过左脚，落在左前侧地面上。然后左脚用外侧在右后侧蹬地，继续向前滑行。这种技术与右转和左转时的动作相同，只是方向相反。

后滑压步转弯：以后滑压步右转弯为例，首先是右脚支撑后滑，身体向右倾斜，左脚在左前下方蹬地。接着左脚蹬地后摆越过右脚尖，落在右侧下方支撑地面上，继续滑行。这样的连续后压步转滑行能有效地改变滑行方向。

两脚交替蹬地和交替单足向前滑行：这涉及左脚在前成"丁"字形站立，右脚用内侧轮向侧后方蹬地，随后左脚屈膝向前滑行，重心逐渐移至左腿，形成单脚支撑向前滑行。右脚蹬地后放松地收回，左脚外展后用内侧蹬地，交替进行。在这个过程中，重心应及时转向支撑腿，保持单脚滑行阶段的距离尽可能长，同时保持两脚滑行的时间和距离相等。

4.滑行技术

（1）向前滑行技术

向前滑行的基础在于理解如何通过侧后方蹬地而不是直接向后蹬地来推动身体前进。这个技巧的训练开始于小步走动，重点在于使用脚的内刃向侧后方蹬地以向前推进身体。这个过程中，步子应从小步开始，逐渐加大步伐和速度。同时，练习者需要注意通过上体的轻微晃动以及眼睛注视前方来维持重心移动和身体平衡。在此基础上，可以进一步练习双脚平行前滑，体验滑动的感觉和在滑动状态下的身体平衡。

向前滑行的方法多样，包括单脚向前直线滑行、前葫芦步、双脚滑行和前双曲线滑行等。单脚向前直线滑行要求一只脚在前，另一只脚用内刃蹬地，然后交替进行。这种方式可以有效锻炼单脚的平衡和力量。前葫芦步则是双脚内刃站立，通过膝盖弯曲用力，使双脚向外滑出，然后迅速内收靠拢，形成一种连续的向前滑行动作。这种方式不仅能增强腿部力量，还能提高协调性和平衡能力。双脚滑行是通过交替使用一只脚的内刃向侧后方蹬地，另一只脚迅速收回并平行前滑的方式向前滑行。这种技术要求轮滑者精确控制重心转移和脚部动作。最后，前双曲线滑行更加注重脚部的精确控制和身体的协调运动。轮滑者需要交替使用脚的内刃向侧后方蹬地，同时控制身体重心的转移，形成一种曲线滑行的模式。

（2）向后滑行技术

向后滑行是轮滑技术中较为高级的部分，通常在掌握了向前滑行技巧后进行学习。这一技术包括向后葫芦滑行、向后蛇形滑行和单脚向后滑行等几种形式。

向后葫芦滑行：轮滑者的双脚略分开，平行站立，脚尖略微向内，腿部保持弯曲状态，通过双脚的内刃向前蹬地，同时分开两脚跟，向后外滑至最大的弧线，当达到最大弧线时，两脚跟收拢，膝盖伸直，恢复到起始姿势。这个过程需要连续重复，以实现连续的向后滑行。

向后蛇形滑行：轮滑者在两脚分开约一脚距离的情况下，两腿弯曲，脚尖稍向内转，使用一只脚的内刃向前下方蹬地，将身体重心移向另一侧，进行单脚向后滑行，然后换脚，重复相同的动作，形成连续的向后蛇形滑行。在这个过程中，上半身应保持稍微前倾，膝盖保持弯曲，双臂自然张开，以维持平衡。

单脚向后滑行：轮滑者的身体前倾，一条腿（如左腿）弯曲作为支撑，另一条腿（如右腿）抬起置于斜后方或直接抬起，利用身体前倾的力量来推动身体向后滑行。然后换脚，继续向后滑行。

（3）转弯与转体技术

转弯技术主要分为前滑压步转弯和后滑压步转弯。在前滑压步转弯中，以向左转弯为例，轮滑者需要先将身体重心放在左脚上，身体略微向左倾斜，随后右脚蹬地，结束后收回至左脚的左前方落地，然后左脚蹬地，推动身体向左滑行。转弯时，双臂张开，协助保持身体平衡。向右转弯的动作则与之相反。在后滑压步转弯技术中，同样以向左转弯为例，轮滑者的两脚前后分开进行后滑。左脚提起后在右脚的左后方落地，身体重心随之移动，随后左脚蹬地，右脚移至左脚左前方，形成压步动作。转弯过程中，双臂张开帮助维持平衡。向右转弯的动作与此相反。

双脚前滑转体变后滑是一种高级的转体技巧。例如，在向左转体时，轮滑者需在两脚平行前滑的基础上，利用左脚后轮支撑，前轮离地向左转，右脚前轮支撑，后轮离地继续后滑。上体和手臂也需配合转体180°，完成从前滑到后滑的转换。向右转体的动作则相反。

双脚后滑转体变前滑也是一项转体技巧。在向左转体时，轮滑者需要将重心转移到右脚上，左脚提起，上体和手臂向左转体180°，然后着地支撑，重心移至左脚，右脚蹬地继续前滑。向右转体的动作则相反。

5. 停止技术

轮滑运动中的停止技术是确保安全滑行的关键技能之一，它涉及多种不同的方法来在滑行过程中安全减速并停下来。

内"八"字停止法是一种基本的停止技术。在这种方法中，轮滑者在向前滑行时保持两脚平行分开，然后逐渐将脚尖向内转，使两脚的内侧轮轻柔地压紧地面。同时，轮滑者需要弯曲膝盖，身体略微前倾下蹲，双臂前伸以保持平衡，逐渐减速直至完全停止。

"T"形停止法则是用单脚向前滑行，将另一只脚放在滑行脚的后跟处形成"T"形，然后轻柔地将该脚放置在地面上，用内侧轮轻压地面，从而减速直至停止。

双脚急停法适用于快速减速至停止的情况。在这种技术中，轮滑者在向前滑行时同时急转两脚，左脚使用内刃、右脚使用外刃，与滑行方向形成90°压紧地面，同时身体急转，重心转移到一侧（如右腿），膝盖弯曲，双臂向前侧伸，实现急速停止。

向后滑行停止法则是在向后滑行时使用的技巧。这种方法中，轮滑者抬起两脚的脚跟，利用两脚的制动器与地面摩擦，从而减速直至停止。在这个过程中，身体略微前倾，双臂侧举以维持平衡。

二、健身操

（一）健身操健身价值的挖掘

1. 提升身体部位灵活性和协调性

健身操，尤其是有氧拉丁操，对于提升身体的灵活性和协调性具有显著效果。这种形式的健身操重点在于涵盖多关节运动，特别是集中锻炼通常在标准健身练习中较少关注的髋部和腰腹部。通过这些动作的持续练习，不仅可以增强髋部和腰部的灵活性，还能显著提升整体身体的协调性。

健身操的动作设计结合了舞蹈元素，使得练习不仅注重肌肉力量的提升，还强调身体各部位的和谐运动。这些运动通常包括复杂的步伐和手臂动作，要求练习者在保持节奏的同时，进行全身的动作协调。这种全身性的协调运动有助于提高身体的整体灵活性，尤其是在提升躯干的灵活性和稳定性方面表现突出。

此外，健身操在加强身体灵活性的同时，也能有效提升心肺功能和耐力。健身操在维持身体健康、促进心血管健康方面也有显著效果。总体而言，健身操是一种全面的健身方式，它不仅提升了身体的灵活性和协调性，还有助于提高整体的身体健康水平。通过定期参与健身操，人们可以有效地改善身体机能，享受健康、有活力的生活方式。

2. 减肥塑身

以拉丁操为例，其以源自拉丁舞的动作风格和特色，不仅在减肥塑形方面展现出显著效果，同时也融合了艺术的表演性和欣赏性。这种健身方式不仅帮助练习者燃烧脂肪，塑造曼妙身姿，还能提升他们对美的创造和欣赏能力。拉丁操的动作设计结合了拉丁舞的优雅、激情与活力，使得每一次练习都充满了节奏感和舞蹈魅力。这种独特的健身方式强调全身的运动，特别是腹部、臀部和大腿等部位的锻炼，有效地促进局部脂肪燃烧，帮助塑造流畅的身体线条。在减肥塑形的同时，拉丁操的表演性和欣赏性也为练习者提供了一种艺术表达的途径。它不仅仅是一种身体锻炼，更是一种艺术体验，让练习者在追求健康的同时，也能享受舞蹈带来的美感和快乐。练习者在跟随节奏完成动作中，不仅提升了自己的舞蹈技巧，也在无形中增强了对美的感知和创造力。

（二）有氧拉丁操

有氧拉丁操突出了力量和节奏的结合，其动作特点在于力量的传递和身体各部位的协调运用。这种健身形式的力量从下而上、由内而外地发展，基本上是以地面的反作用力为起点，通过脚、腿、髋、腰逐渐传递到整个躯干。手臂的动作则是由躯干的内部力量向外延展，展示了一种从身体核心向四肢扩散的力量流动。在有氧拉丁操中，协调地运用全身各部位的力量是执行动作的关键。例如，在基本动作中，当左膝内扣、髋部向右转动时，躯干应向左转动，形成左右对抗的动态平衡，从而积蓄力量以执行接下来的动作。这种对抗和协调不仅增强了动作的效果，还加强了全身肌肉的锻炼效果。此外，有氧拉丁操的步伐融合了拉丁舞的元素，如恰恰和桑巴舞的基本步伐。这些步伐在均匀的节奏基础上，通过对音乐的精准分割创造出独特的节奏感，使得整套健身操不仅具有一定的挑战性，同时也充满乐趣和舞蹈美感。有氧拉丁操主要有以下几个基本动作。

1. 恰恰步

恰恰步活泼欢快，热情奔放，舞步轻盈灵活，但没有跳跃动作，下肢关节及臀部在动作时非常放松。音乐为 4／4 拍，每小节 4 拍，舞步基本节奏是 2 慢 3 快，即慢慢、快快快；2 个慢步占 2 拍，3 个快步占 2 拍。

2. 抖肩

在执行这个动作时，双臂需要平举到身体两侧，手指张开，掌心朝前。动作的关键在于肩部的节奏性运动：先是左肩向前推出，同时右肩向后拉开，然后改变方向，让右肩向前推出而左肩向后拉开。

3. 桑巴步

桑巴舞有很多种节奏型，最常用的一种就是 1a2 这种节奏型，其中 1 占四分之三拍，a 占四分之一拍，2 占一拍，整个基本动作是两拍。以向左的桑巴别步为例：

1：接准备动作，左腿前脚掌落地，膝盖弯曲成左弓步，身体重心放低，重心始终保持在前脚掌上，脚跟放低，无重心（四分之一拍）。左腿脚跟提起的同时身体向上弹起（反弹），同时右腿向左腿后面拉丁交叉步位置运动（四分之二拍）。

a：右腿落在左腿后面拉了交叉步位置，脚尖点地，并把身体重心移动到右腿脚尖上（身体继续上升至最高点，四分之一拍）。

2：左腿前脚掌落地，身体重心开始下降，左腿膝盖弯曲，向左出胯，右腿脚尖在左腿后拉丁交叉步位置，膝盖弯曲（前半拍）。在 2 的下半拍时，左腿脚跟提起同时身体向上弹起，身体重心向右移动，同时右腿向右横跨一步。

4. 曼波步

曼波步是一种充满韵律感和流畅性的舞蹈步伐，其特点在于节奏的均匀性，不涉及复杂的节拍切分。这种步伐可以灵活地向前、向后或侧向移动，也可以与转体动作相结合，形成更加丰富多变的舞蹈组合。

（三）有氧搏击操

1. 基本站姿练习

有氧搏击操结合了健身与搏击的元素，提供了一种既刺激又有效的锻炼方式。其中，掌握正确的站姿是基础，分为正面站姿和侧面站姿两种，分别对应防御和攻击的姿态。正面站姿主要是一种防御姿势。在这个姿势中，练习者需要保持双腿平行站立，膝盖轻微弯曲。身体保持挺直，腹部收紧，背部直立。双肩要保持平行，自然下垂放松，而双臂则屈曲放在胸前，小臂垂直于地面，双拳靠近下颌部。重心均匀分布在两腿之间，以保持最佳的平衡和准备状态。侧面站姿则更多体现了格斗姿态。在这个姿势中，双腿需要前后分开站立，同样保持膝盖轻微弯曲的状态。后腿外侧应与地面形成约 45° 角，双腿略微内扣，身体侧向前方。重心同样分布在两腿之间，手臂的姿势与正面站姿相同。这种站姿为发起攻击动作提供了良好的准备状态。

2. 基本拳法练习

有氧搏击操融合了拳击的技巧，让健身更富有活力和挑战性。在进行基本拳法练习时，正确的握拳方法是四指紧并且向内卷曲，拇指扣在其他手指的第二指节上。

直拳是有氧搏击操中最基础且常用的拳法，包括前手直拳和后手直拳。无论是平行站立还是前后站立姿势，出拳都应从腿部发力开始，经由腰部传递至手臂。出拳时手臂直打出去，同时拳头旋转使手心向下，注意手臂不要完全伸直以保护肘关节。直拳可以根据位置不同分为高、中、低三种。

刺拳是一种快速、轻盈的拳法，源自直拳，包括前手刺拳和后手刺拳。动作要求快捷而准确，出拳时手臂不完全伸直，上体和髋部移动极小。

勾拳的发力方式与直拳相似，但在出拳前要先使腰部反向扭转并下压上体，出拳时手臂始终保持弯曲状态，拳心向后。

锤拳是由上而下的斜向劈砸动作，手臂微外旋上举，形成半弧形。

摆拳分为前手摆拳和后手摆拳。出拳时，身体和手臂配合，形成从下向上的小弧形摆动，肘关节保持一定的屈度。

翻背拳以拳背为着力点，动作要求快速且有力，主要是肘关节为轴的快速反臂鞭弹动作。

肘击则是利用肘关节进行攻击，分为横击、后击和下击等多种形式。如右手横击，要求左脚蹬地，腰部发力带动右手拳至右侧，最后力量集中在肘关节上。

3. 基本肘法练习

有氧搏击操中的肘法练习是一种以屈肘动作为主的技巧，将肘尖作为主要的力量输出点。这种练习不仅增强了上肢力量，还提升了整体的协调性和爆发力。

抬肘是一种基本的肘法动作，要求从身体的前上方开始，肘关节向上抬起。在这个过程中，拳心向下，肘尖为受力点。

砸肘是一种向下的斜向力量输出动作。练习者需先将肘关节抬高，然后沿着斜方向向下砸压，形成一种有力的击打动作。

沉肘则是在身体下沉的同时，提高肘部，然后沿直线向下发力出肘。这种动作要求上身稳定而有力，以肘尖为主要的攻击点。

提肘是一种结合了腰部转动的肘法动作。在扭腰转体的同时，肘关节由下向上直线上提，同时脚尖蹬地，挺直腰背。这种动作不仅锻炼了上肢和腰部的协调性，还增强了腰腹部的力量。

4. 基本膝法练习

有氧搏击操中的膝法练习是一种以膝部为核心的锻炼方式，强调膝部的力量和灵活性。

直膝顶是一种基本的膝法动作。在这个动作中，练习者以左腿为支撑，迅速将右腿屈膝向上抬起，使力量集中在膝尖。同时，要收紧腹部，上身略微后仰，眼睛直视前方。这个动作不仅锻炼了腿部的力量，还增强了身体的稳定性。

横膝顶则是一个弧线形的运动。具体来说，是右膝关节从外侧向内侧迅速提起，形成斜线方向的动作。这种动作要求腿部具有灵活性和爆发力，同时也锻炼了身体的协调性。

跪膝动作则涉及身体的转动和膝部的直线运动。在这个动作中，练习者的上体向左转 90°，左腿屈膝半蹲，同时右膝直线向下跪地，力量集中在膝尖。同侧手可以配合进行下击动作。这种动作不仅锻炼了膝部，还增强了身体的灵活性和协调性。

5. 基本腿法练习

有氧搏击操中的腿法练习是锻炼下肢力量和灵活性的重要部分，涵盖了多种动作，每种都对提升腿部的协调性和爆发力有显著效果。

正蹬是一种直线蹬击动作。练习者需先抬起一腿屈膝，另一腿微屈膝支撑。进行蹬击时，上提的腿由屈变伸，迅速发力，上体略微后仰，双手保持防护姿势。

后蹬则是向后蹬出的动作。身体轻微转动，屈膝回收腿，小腿保持平行于地面，然后向后蹬出，身体前倾，眼睛看向后方，双臂自然弯曲以保持平衡。

腾空前踢是一种跳跃性的踢法。练习者用一腿屈膝蹬地跳起，另一腿在空中踢出，力量传至脚尖，双脚依次落地。

侧踹根据高度分为下段、中段、上段。动作中，抬腿屈膝，小腿微外摆，然后踹出，力量集中在脚跟或全脚掌。

腾空侧踹可以单脚或双脚起跳。跳起时，主力腿蹬地，身体在空中转动，踹腿由屈到伸，力量集中在脚掌或脚跟。

横扫是一种发力较大的腿法。通过腰髋的摆动和肩部的拧转，集中力量于一脚面或小腿胫骨，形成高速的横向拉弧形动作。

弹踢要求练习者移动重心到支撑腿，抬起的腿屈膝，绷直脚尖。然后以膝关节为轴，快速弹动小腿，力量集中在脚背或胫骨上。

6.格挡练习

有氧搏击操中的格挡练习是一系列用于防御的动作，包括上格挡、下格挡、内格挡、外格挡、十字上防和十字下防。

上格挡是向上的防御动作，手臂从下向上移动，以保护头部，保持手臂距离前额大约一拳的距离。

下格挡是向下的防御动作，手臂从上向下移动，臂部和身体大致保持在一条直线上，手臂距离大腿约20厘米，以保护身体下部。

内格挡涉及手臂从外向内的防御动作，拳背朝外，拳心对着自己，用于防御侧面的攻击。

外格挡则是手臂从内向外的防御动作，手臂停在肩侧，手的高度与额头一致，用于防御正面的攻击。

十字上防是一种更高级的防御动作，双手腕交叉从下向上移动，保持双手距离前额约一拳的距离，以防头部遭受攻击。

十字下防也是一种交叉手腕的防御动作，但它是从上向下进行，手置于小腹前 10 至 15 厘米处，以防下腹部遭受攻击。

第四节 社区体育项目开发与创新的对策

一、完善社区体育项目开发与创新促进机制

要完善社区体育项目开发与创新促进机制，关键在于规范社区体育组织与协会的运作，并且建立有效的支持和引导体系。针对自发组织的体育团体，建立一套组织申报机制显得尤为重要。通过设定明确的申报条件，如规模要求、规章制度完备性等，可以有效筛选出有潜力和创新性的健身组织。被评审认可并录入名册的组织，不仅能够获得更多的发展机会，还能得到社区体育官方组织的资源支持，从而促进社区体育项目的创新和发展。为了进一步推动社区体育的发展，成立规范的专业组织是必不可少的一环。通过将专业委员会和体育协会紧密联系起来，可以将项目的创新与推广从街道、社区层面上升到更高一级的体育管理机构层面。这样的统筹规划将使得项目的创新与推广成为一个系统工程，实现街道社区与高级体育管理机构之间的有效配合和一体化管理。这种管理模式不仅提高了项目推广的效率，而且有助于资源的合理配置和利用，为社区体育的发展提供了坚实的基础。此外，创新促进机制的另一个重要方面是加强社区体育项目的研发与实施。社区体育组织应积极探索各种体育项目，根据社区居民的健康需求和兴趣爱好，开发出既有益身心健康又具有趣味性的体育活动。同时，注重活动的多样性和包容性，使不同年龄、性别、身体条件的居民都能找到适合自己的体育项目。

在实施过程中，社区体育组织应重视居民的参与和反馈，定期收集意见和建议，不断调整和完善活动内容。通过组织各类体育比赛、健身活动和讲座等，不仅能够增强居民的体育锻炼意识，还能增进社区居民之间的交流和互

动。社区体育的推广与普及也是促进机制中的关键一环。通过与学校、企业和社会团体等多方合作，开展丰富多样的体育活动，可以有效提高社区体育的参与度和影响力。社区体育组织应利用多种渠道，如网络平台、社区公告、合作媒体等，广泛宣传体育活动和健康知识，让更多居民了解和参与到社区体育活动中来。

二、选拔专业人才参与开发与创新工作

在社区体育项目开发与创新的过程中，选拔并任用专业人才是推动项目成功的关键因素。随着社会对体育活动多样性和专业性要求的提高，专业知识和实践经验丰富的人才成为推动社区体育项目发展的重要资源。

高校作为人才培养的重要基地，是选拔专业人才的理想场所。现代体育院校普遍设有社会体育专业，培养了大量专业知识丰富、实践经验丰富的体育人才。社区体育项目开发应充分利用这些人才资源，通过与高校的密切合作，选拔优秀的体育专业学生和教师参与到社区体育项目中。同时，社区体育项目的发展还需要与专业体育队伍、体育组织密切合作，统一组织和调配各类专业教练员和志愿者队伍。这些专业人员不仅能为社区居民提供专业的指导，还能根据不同年龄层和需求开展针对性的体育活动，从而提升社区体育项目的吸引力和影响力。

为了吸引更多优秀人才投身社区体育工作，应通过多种渠道发布招聘信息，并提供有吸引力的薪资待遇。例如，可以在社区公告板、网络平台、体育院校和相关组织发布招聘信息，鼓励有志于从事社区体育工作的人才加入。此外，政府政策的支持和引导对于建立良性的社区体育创新机制至关重要。政府部门应制定相应的政策和措施，鼓励和支持社区体育项目的发展，提供必要的财政资助和政策指导。这不仅有助于吸引更多专业人才加入社区体育项目，还能促进社区体育项目的持续健康发展。还需注意对社区体育项目的持续监测和评估。通过定期收集居民的反馈和建议，不断调整和完善项目内容，确保项目能够满足居民的需求。此外，还应定期对参与项目的专业人才进行培训和考

核，确保他们能够提供高质量的服务。

三、提高社会体育指导员的创新能力

社会体育指导员在推广和实施社区体育活动中扮演着至关重要的角色。提高他们的创新能力，不仅能够丰富社区体育项目的内涵，还能更好地满足社区居民多元化的健身需求。开展系统而全面的培训对于提升社会体育指导员的综合素质和创新能力至关重要。

社会体育指导员的培训应注重知识和技能的全面性。除了传统的体育项目知识，还应包含运动生理学、运动训练学、运动营养学等相关专业知识。这些知识的掌握不仅能够帮助指导员更好地理解运动的科学原理，还能使其在指导过程中更加有效地避免运动伤害，提升锻炼效果。社会学和心理学的培训对于提高社会体育指导员的工作能力同样重要。社会学知识可以帮助指导员更好地理解社区居民的需求和期望，而心理学知识则能够使他们在指导过程中更有效地与居民沟通，提高居民的锻炼积极性和满意度。

针对不同的体育项目种类，社会体育指导员的培训应有针对性地进行。除了普遍受欢迎的球类和操类项目外，还应增加一些较为冷门但对身心健康有益的项目，如太极拳、瑜伽、徒步登山等。这些项目不仅能够为社区居民提供更多元的选择，还能够针对不同年龄段和身体状况的居民提供合适的锻炼方式。

为了更好地满足社区居民的个性化需求，社会体育指导员还应掌握项目创新的能力。这包括了解最新的运动科学研究成果、关注国内外体育运动的最新趋势以及积极探索适合本地社区特色的体育项目。例如，可以结合本地地理环境开发户外运动项目，或者根据居民的文化背景和兴趣爱好设计特色运动课程。社会体育指导员的培训还应包括现代信息技术的运用。随着科技的发展，运动科学的研究方法和工具不断更新，利用现代信息技术，如可穿戴设备、运动 App 等，能够帮助指导员更准确地分析居民的运动数据，制订更为科学合理的锻炼计划。加强社会体育指导员的持续教育和培训也是提高其创新能力的重要环节。通过定期组织培训班、研讨会、观摩学习等形式，使社会体育指导

员能够不断更新知识、提高技能，从而更好地适应社区体育项目开发与创新的需求。

四、加强对多种体育项目的创新和引进

加强对多种体育项目的创新和引进，对于丰富社区体育活动内容、满足居民多样化需求至关重要。社区体育项目的多元化不仅能够吸引更广泛的人群参与，还能够提升居民的身心健康水平。虽然目前社区中普遍开展的是球类运动、体育舞蹈和操类项目，但对于其他适合特定人群的体育项目，如门球、地掷球等，应更加重视其开展和创新。这些项目更适合老年人群体，能够在增进其身体健康的同时，满足其社交需求。

针对传统球类运动，可以通过创新的方式使其更加适合社区居民的需求。例如，可以通过调整规则、器材或比赛形式来降低运动的竞技性，增强其娱乐性和健身性。对于排球、篮球等，可以采取降低挂网高度、使用较轻的球等方式，使运动更适合不同年龄和体能的居民参与。引进一些新型体育项目也是必要的。例如，对于沙壶球等在国外流行的项目，可以通过组织相关培训和比赛来提高其在社区中的知名度和参与度。此外，一些现代体育项目如健美操、排舞、现代舞，其快慢节奏的变换可以适应不同年龄层的需求，成为社区体育活动中的新宠。

除了对现有体育项目的改造和引入新项目外，还可以探索将传统民族体育项目与现代元素相结合的方式。利用传统的道具和现代的动作设计，可以创造出既具有民族特色又符合现代审美的体育项目，如结合太极拳与现代舞蹈元素的创新运动形式。借鉴和引进其他地区和国家的现代类体育项目，也是丰富社区体育项目的有效途径。通过国际交流和合作，可以引入如皮划艇、攀岩等新型体育项目，为社区居民提供更多样化的运动选择。

五、丰富创新型体育项目的推广方式

丰富创新型体育项目的推广方式是提升社区体育活动参与度和知名度的关

键。为此，需要采用多元化的策略，结合传统和现代手段，全方位推广体育项目。举办各级培训班是一种有效的推广方法。通过在街道、社区甚至是全国范围内开设各类体育辅导班，不仅可以提高社区居民对体育项目的认识和兴趣，还可以增强他们的参与感。这些培训班应涵盖各种年龄层和社会阶层，确保每个人都有机会参与和学习。同时，培训班的内容应包括基础技能培训、健康知识普及、运动安全教育等，确保参与者能够在安全和愉快的环境中进行体育活动。另外，承办项目比赛和应邀演出也是重要的推广方式。通过举办社区内的小型比赛，可以激发居民的参与热情，增强社区内部的凝聚力。随着项目的发展，还可以承办全国性大型比赛，以扩大项目的影响范围，吸引更多参与者和观众。在一些重要的活动和节目中展示项目的风采，不仅可以提升项目的知名度，还能展示参与者的技能和精神面貌。

现代信息技术的应用对于体育项目的推广同样至关重要。利用互联网和社交媒体平台，可以更广泛地传播体育项目信息，吸引更多人的关注。建立项目专属的网站或社交媒体账号，定期发布比赛规则、技术知识和活动信息的更新，可以使人们更加全面地了解和参与到体育项目中。此外，可以通过网络直播、视频教学等形式，让无法亲自到场的人也能够在线上参与活动。

社区体育项目的推广还需结合文化活动和节庆活动。在各种节日或文化活动中融入体育项目的元素，如举办特色运动会、运动主题的文化节等，可以增加体育项目的趣味性和吸引力。这样不仅能够提高项目的知名度，还能使社区文化更加丰富多彩。

与学校、企业和社会团体的合作也是推广体育项目的重要途径。通过与这些机构的合作，可以将体育项目引入更广泛的人群中，如在学校开展体育课程、企业团建活动中引入体育项目等，从而拓宽体育项目的受众群体。为了持续推广体育项目，还需要建立长期的跟踪评估机制。通过定期收集反馈、评估活动效果，可以不断调整和改进推广策略，确保活动的持续吸引力和有效性。

第八章 现代新型社区体育体系的构建

第一节 社区体育建设的基本理论

随着社会的发展，社区体育建设的相关问题逐渐被人们所重视。本节将从社区体育建设的基本理论入手，分析和研究社区体育建设的内涵、目标、特征和原则等相关的内容，对社区体育建设进行了理论方面的深入探讨，这对于社区体育的建设具有规范意义。

一、社区体育建设的内涵

社区体育建设是一项综合性的工程，涉及对社区内体育活动和资源的全面发展与优化。这一过程在相关政府部门的指导和社区自身力量的支持下进行，旨在增强社区的体育功能，解决体育活动相关的问题。社区体育建设不仅促进了社区经济的发展，还强化了社区的服务能力，提升了居民的生活质量。此外，它还涉及对各种体育资源的充分利用和整合，以改善社区的社会和文化环境，使社区体育活动与社会的整体体育生活紧密相连，从而推动整个社会体育的持续进步和发展。简而言之，社区体育建设是对社区体育活动的全面规划和提升，旨在通过体育这一途径来促进社区在政治、经济和文化方面的全面健康发展。

二、社区体育建设的主要目标

（一）满足人们的体育需求

社区体育建设的核心目的在于满足居民日益增长的体育需求，以此提升他们的生活品质。在这一过程中，不仅需要不断丰富体育项目和活动的种类，还应致力于扩展和增强社区体育服务的范围和能力。通过这样的努力，社区体育才能逐渐实现产业化发展，更加高效地服务于公众的健身需求。

实现这一目标，关键在于创新和多样化社区体育活动的内容，满足不同年龄段和能力层次居民的健身需求。例如，为儿童提供趣味体育课程，为青少年组织竞技体育培训，为成年人设置健身和休闲体育活动，为老年人提供适宜的运动项目。此外，应加强社区体育设施的建设和维护，确保居民能够轻松、方便地参与各类体育活动。

同时，社区体育建设还应注重与地方文化的融合，打造具有地方特色的体育活动，增强社区文化的多样性和活力。通过组织节日体育活动、社区体育比赛和健身挑战等，可以激发居民的参与热情，增强社区凝聚力。

（二）构建大众体育服务体系

随着生活水平的提升和健康意识的增强，人们对健康生活方式的追求变得更加热切。这种趋势使得加强和完善社区体育设施和组织以满足居民现代生活的需求变得至关重要。因此，社区体育建设的一个主要目标是创立一个新型的社区大众体育服务体系，这一体系以地域特色为基础，以增强社区认同感为目标，旨在为广大居民提供全面、便捷的体育服务。这一体育服务体系应涵盖多样化的体育项目和活动，适应不同年龄段和兴趣的居民。从儿童到老年人，每个人都能在这一体育服务体系中找到适合自己的体育活动。同时，该体系还应包含对社区体育组织和居民体育自治组织的支持和发展，鼓励居民参与到体育活动的组织和管理中来。构建这样的体育服务体系还需要促进社区间的交流和合作，各社区分享成功经验，共同解决面临的挑战。通过举办社区间的体育交流活动和比赛，可以增强不同社区间的联系，共同推动地区性体育事业的发展。

（三）完善大众体质监测系统

社区体育建设的一个关键目标是建立并完善一个全面的大众体质监测系统。这一系统旨在促进群体活动的组织和发展，进而形成一个健全的大众体育活动网络。在社区体育的发展过程中，加强对体育活动的有效管理至关重要，这不仅涉及社区内部的管理机制，还包括与社会其他方面的协调关系。通过这个体质监测系统，社区可以更好地评估居民的健康状况，从而针对性地设计和提供适合的体育活动和健康指导。这种系统的建立有助于加深居民对自身健康的认识，鼓励他们积极参与体育锻炼，从而提升整个社区的健康水平。此外，社区体育建设还应与中国特色社会主义的经济、政治、文化发展相适应。这意味着社区体育活动不仅要满足居民的体育需求，还要反映和弘扬社会主义核心价值观，促进社会和谐与文化繁荣。通过这种方式，社区体育建设可以为中国特色社会主义的发展作出积极贡献，增强社区的活力和凝聚力。

（四）丰富大众文化生活

社区体育作为一种独特的体育文化现象，对丰富大众的文化和精神生活具有重要作用。社区体育建设的核心在于积极影响居民的生活质量，这不仅需要政府的持续引导和支持，也依赖于社区本身的积极参与和资源整合。在这个过程中，社区的体育资源应得到有效的分配和利用，以促进体育事业的持续发展。这意味着不仅要提供多样化的体育活动以满足不同居民的需求，还要努力创造一个和谐、有序且便利的体育服务环境。通过这样的环境，居民能够更加方便地参与体育活动，从而提升他们的身体健康水平。同时，社区体育建设还应着重丰富居民的精神文化生活。这可以通过组织丰富多彩的体育文化活动来实现，如体育节、体育表演和健康讲座等，这些活动不仅强化了社区的文化氛围，也促进了居民间的社交互动和文化交流。

三、社区体育建设的主要特征

（一）社会性特征

社区体育建设作为一项多方参与的综合性活动，展现了其深刻的社会性特征。这一过程不仅依赖于政府层面的参与和支持，同时也需要充分发挥民间力量的作用，是由多个社会群体和社区体育力量共同推动的动态过程。

在中国的基层社区体育建设中，政府的作用表现在制定和执行各项社区体育政策、提供必要的支持和资源并完善相关体育制度。政府还负责协调居民、社团、企业等不同单位间的关系，确保社区体育活动的顺利进行。这包括资金投入、场地建设、活动组织和宣传等方面的工作。与此同时，社区居民委员会和社会团体在社区体育建设中扮演着关键角色。它们不仅作为活动的组织者和协调者，还激励和动员社区居民积极参与各类体育活动。这些组织通过策划和实施多样化的体育活动，如运动会、健身课程和户外探险，增强了社区居民的健康意识和参与热情。此外，社区居民的角色同样不可忽视。他们是社区体育建设的基石和动力源泉。居民的积极参与和支持是实现社区体育建设目标的关键。他们通过参加各类体育活动和提供反馈意见，直接影响社区体育建设的质量和效果。

（二）区域性特征

社区体育建设深受其所处地域的影响，具有显著的区域性特征。

首先，这种区域性表现在体育活动的开展和组织上，它们通常是在特定社区范围内进行，针对该社区居民的需求和偏好而设立。这样的定位确保了体育服务的针对性和有效性，同时也反映出了社区体育建设的地域特色。在社区体育建设的实施过程中，社区成员的需求和愿望是活动设计的核心。这意味着体育活动和服务必须符合当地居民的兴趣、习惯和健康需求。例如，一个以年轻家庭为主的社区可能会更倾向于组织家庭友好型的户外活动，而一个老年人口较多的社区则可能更注重提供适合老年人的健康操和太极拳课程。此外，社区体育建设的主要参与者和组织者是来自该社区的居民、单位和各类群体。这些本地参与者对于确定体育活动的种类、时间和地点至关重要，他们的参与确保了活动能够满足社区的实际需求，并增强了社区内的凝聚力。

其次，社区体育活动的地域性特征也体现在其活动范围的限制性上。活动的规划和实施在很大程度上受到社区人口结构、地理环境和可用资源的影响。例如，山区社区可能更倾向于开展登山和徒步活动，而海滨社区则可能更多地组织游泳和沙滩运动。

最后，社区体育建设还展现出鲜明的地方性特色。这些特色可能来自社区的文化传统、历史背景或地理特点。通过融合当地的文化元素和地理特征，社区体育活动不仅丰富了居民的体育生活，还有助于传承和弘扬地方特色文化。

（三）大众性特征

社区体育建设的核心在于以居民为中心，强调其大众性特征。作为广泛涉及社区居民的体育活动，它始终以满足大众的基本体育需求为根本目标和依归。大众性是社区体育活动的基石，也是其持续发展的关键保障。社区体育建设成功的关键在于群众的广泛参与和积极性。实践证明，当社区居民对体育活动的参与热情高涨时，社区体育的发展速度和效果都会显著提升。这种参与不仅是体育活动本身的需求，也是推动社区体育发展的动力源泉。社区体育活动的推广和实施有助于强化居民的社区意识，增强他们的向心力和凝聚力。通过共同参与体育活动，居民之间的交流和互动增加，社区的整体氛围变得更加和谐与团结。这种强烈的社区归属感和凝聚力又反过来促进了社区体育建设的顺利进行。因此，社区体育建设应重视调动和激发居民的参与积极性，创造包容和鼓励的环境，使每个社区成员都能找到适合自己的体育活动。通过这种方式，社区体育不仅成为提升居民身体健康水平的平台，也成为增强社区凝聚力和促进社区和谐发展的重要途径。

（四）计划性特征

社区体育建设作为一个目标明确、计划性强的过程，是社区成员共同努力推动体育发展和变革的体现。这一过程的计划性特征体现在制定具体、实际并适应社区需求的体育发展规划，以及按照既定计划有序推进各项体育活动。因此，计划性是社区体育建设的关键特征之一。在制订社区体育建设计划时，需要综合考虑以下几个关键要素。

首先，社区体育建设计划的制订应基于对社会发展规律的深刻理解以及对本社区具体特点的准确把握。计划的制订必须切合社区的实际情况，包括社区居民的体育需求，社区的地理环境、经济条件和文化特点等。这种基于实际的规划能够确保计划具有可行性和有效性，从而推动社区体育的健康发展。

其次，社区体育建设计划的实施是社区成员发挥主观能动性的过程。在这个过程中，社区成员不断地认识并利用体育发展的规律，对未来的发展目标及实现这些目标的具体措施作出明智的决策。这种主动性的发挥有助于减少计划执行过程中的盲目性，增强计划的针对性和实效性。

最后，社区体育建设的计划应具备层次性，包括短期、中期和长期规划。这些规划应在充分的调研和研究基础上制定，以确保它们符合社区的具体体育建设需求和特色。短期计划可能着眼于即时可见的成果，如组织一系列体育活动或改善体育设施；中期计划可能聚焦于提升居民的体育活动参与度和健康意识；而长期计划则可能关注建立持久且可持续的社区体育文化和环境。

四、社区体育建设的基本原则

社区体育的建设内容丰富多样，对于其基本原则的概括也是多种多样，社区体育建设的基本原则有如下几点。

（一）以人为本原则

以人为本原则在社区体育建设中占据核心地位，强调将居民的需求和福祉作为所有活动的中心。这一原则的实质是围绕居民展开体育建设，旨在营造更优越的体育环境，从而提升居民的生活品质。在这一原则的指导下，社区体育建设的主要目标是满足居民在体育活动方面的多样化需求，同时提高他们的健康水平和生活文明程度。这要求社区体育活动不仅要多元化、有趣，还要具有包容性和可达性，确保每位社区成员都能参与并从中受益。简言之，以人为本的原则着眼于社区居民的全面体育福祉，将社区体育服务视为社区建设的重要部分。通过这种以居民为中心的方式，社区体育建设不仅丰富了居民的体育生活，也促进了整个社区的和谐与健康发展。

（二）共同参与原则

社区体育建设体现了共同参与原则，它是群众性体育活动的集中体现，涵盖了社区内各个层面的单位和个人的积极参与。这种参与不仅是对社区体育建设的贡献，更是形成社区合力，共同推动体育发展的重要途径。社区作为人们共同的生活空间，是居民由单一单位成员向全面社会人格转变的场所。在这里，来自不同背景和社会群体的居民共同参与体育活动，共同分享体育资源，促进了社区内部的团结与和谐。这种广泛的社区参与不仅为体育活动带来了丰富多样性，也增强了居民对社区的归属感和责任感。在共同参与的过程中，社区体育建设能够最大化地利用和分享社区内的体育资源，包括体育设施、活动空间和专业知识。这种资源的共享和合理利用有助于提高社区体育活动的效率和质量，同时也满足了居民不同层面的体育需求。

（三）基层自发原则

社区体育建设的基层自发原则突出了社区成员在体育活动中的主动性和自治性。这种体育建设是由社区居民自主发起和推动的，反映了地方性的基层特征。在这个过程中，居民不仅是参与者，同时也扮演着管理者和服务者的角色。社区体育组织的建立和运营通常是居民自发组织的结果，这些组织在自我管理和完善中发展壮大。通过自主组织体育活动和管理体育资源，居民在享受体育活动的同时，也参与到社区体育的管理和服务中去。这种参与方式有效地结合了管理与服务，不仅提高了体育活动的效率和质量，还增强了社区体育的吸引力和影响力。这一原则的实施，增强了社区体育活动的号召力和凝聚力，是其广泛兴起的重要因素。社区居民在自发组织和参与体育活动的过程中，不仅增进了相互之间的交流和理解，也提升了对社区的归属感和责任感。因此，基层自发原则是社区体育建设的核心，通过鼓励居民的自主参与和管理，不仅丰富了社区体育活动的内容和形式，也促进了社区的和谐与团结。

（四）循序渐进原则

社区体育建设的循序渐进原则强调与社区实际发展水平的一致性，意味着体育建设应基于社区当前的具体条件和阶段进行。这种方法认识到了不同社区在发展水平上的差异性，并主张根据实际情况制订和执行体育建设计划。这一原则要求社区体育建设遵循实事求是的思路，即一切从社区的实际情况出发，避免机械地模仿其他社区的成功模式。这种方法考虑到了社区的独特性，并强调了针对性和适应性在社区体育发展中的重要性。在实践中，社区体育建设应专注于解决居民的实际体育需求，通过逐步且有计划的方式进行。这种循序渐进的方法确保了体育活动和设施能够有效地满足社区居民当前的需求，同时也考虑到了社区未来发展的潜在需求。

（五）全面规划原则

全面规划原则在社区体育建设中强调必须采取宏观和长远的视角，确保规划的全面性和综合性。这意味着在规划社区体育活动和设施时，不仅要考虑满足社区居民当前的体育需求，还要预见并适应社会发展的长期趋势。实施全面规划原则要求在社区体育建设中综合考虑多方面因素。这包括社区的人口结构、地理环境、经济条件、文化背景以及未来可能的变化趋势。通过这种全方位的考量，可以确保社区体育设施和活动不仅能够适应当前社区居民的需求，也能够适应未来的发展变化。此外，全面规划还要求社区体育建设与社区的其他发展计划相协调，如城市规划、社区健康计划和文化发展计划。这种协调确保了社区体育建设能够融入社区发展的整体框架，促进社区的综合和谐发展。

第二节　构建社区体育的新模式

一、社区体育发展的小区模式

（一）社区建设的主要特征及对小区体育发展的影响

1. 生活小区化导致社区服务的小区化

在中国的城镇中，住宅建设普遍采用生活小区的模式，这一趋势对小区内的生活服务和配套设施提出了更高的要求。随着这种模式的普及，社区服务逐渐向基层社区扩展，特别是以居民自治为核心的各种组织在小区内逐渐兴起。这些组织通常以小区为单位，涵盖了多种类型，包括但不限于文化、娱乐、教育和体育等领域。特别值得一提的是，这种小区化的趋势为体育组织的发展提供了良好的机遇。在这种背景下，小区体育组织得以蓬勃发展，这不仅促进了居民的身体健康，也加强了社区内部的联系和凝聚力。这些组织通常由居民自发组成，针对不同年龄段和兴趣的居民提供多样化的体育活动。例如，可以组织篮球、羽毛球、太极拳等不同形式的运动活动，既满足了居民的身体锻炼需求，也增进了邻里间的交流和互动。

2. 社区精神文明建设工作路线成为构建小区体育组织的重要依据

在中国的城市发展中，"文明小区—文明社区—文明城市"成为社区精神文明建设的核心工作路线。在这一框架下，构建文明小区不仅是基础，更是重中之重。因此，在推动社区体育发展时，也必须遵循这一路线，特别是在组织工作方式上强调以小区为单位的模式。

为了适应这种工作路线，小区内部需要建立独立的居民体育活动组织模式。这种模式的核心在于强调居民的主体地位和自治精神，鼓励居民自发组织各种体育活动，从而增强社区内的凝聚力和活力。通过这样的组织模式，不仅可以提高居民的身体健康水平，还能促进社区精神文明建设，实现打造文明小区的目标，为构建文明社区和文明城市打下坚实的基础。

3. 社区体育活动的组织遵从"共享共建"原则

在中国的社区体育发展中，"共建共享"的原则扮演着核心角色。这一原则强调各方的共同参与和资源的共享，是社区精神文明建设的一个重要方面。依据这一原则，小区体育组织的发展需要充分利用和发展社区内的体育资源，同时鼓励政府、居民和其他利益相关者共同参与。这种"共建共享"的模式意味着政府和居民需要共同努力，共同开发和利用社区内的体育资源。这不仅包括物质资源，如体育设施和设备的建设与维护，也包括非物质资源，如组织体育活动、促进居民之间的互动和交流。通过这种方式，不仅可以提高社区体育活动的参与度和质量，还能加强社区的凝聚力和居民的归属感，从而推动社区精神文明建设的进程。

（二）社区体育的小区模式

在我国当前的社区体育格局中，行政管理制度是主导形式。然而，随着住宅小区的建设和规范化，这种管理体制正在经历必要的变革。改革的第一步是深化现有的行政性体育组织系统。这将使得各级别的体育活动组织能够更有效地运作，实现规模的优化。初期，组织结构呈现辐射型，依旧依赖于行政管理体系，建立起一个多层次的体育组织。①

随后，民间与行政部门共同努力，共建体育组织，逐步形成以社团为主导的体育组织系统。在这一阶段，组织结构转变为网络状，社区行政部门在改善体育设施、提供指导和财政支持等方面发挥积极作用，以促进社团组织的发展。社团组织采用独立的管理体系，接受社区行政的人力、财务和物资支持。

最终，社区体育将发展成由居民自由组成的会员制俱乐部组织。在这一阶段，社区体育的主要任务是构建会员制的俱乐部组织。此时，社区行政主要从体育政策和法规的角度进行管理，同时提供必要的社区资源。这一阶段的组织结构呈现为独立型，俱乐部采用自主管理的方式独立运作，形成一个健全的网络管理体系，确保社区体育活动朝着科学、健康和正确的方向发展。

---

① 李春兰. 现代新型社区体育的建设管理与项目开发研究 [M]. 北京：中国社会科学出版社，2016：58.

二、社区体育发展的学区模式

学区体育，作为一种适应学校体育设施对外开放政策的新型社区体育形式，在当下及未来一段时间内具有重要意义。这种模式不是以传统的行政区域为划分依据，而是以一所或几所地理位置相对集中的学校为核心，划定服务范围。它主要以学校的体育设施为活动场地，面向居民和学生群体，通过有效利用学校体育资源来举办社区体育活动，有效应对社区体育场地和设施不足的问题。

以往，我国社区体育组织多以街道为基本单位，但随着社会的发展和改革的深入，这种模式暴露出许多不足。例如，社会体协主要面向企事业单位，个人会员较少，难以惠及普通社区居民。此外，活动形式以举办定期或不定期的体育竞赛为主，但这并不能满足居民日常健身的需求。从管理角度看，这些组织多具有行政管理色彩，组织形式单一，缺乏相互间的互动，也未能营造出良好的体育健身氛围。因此，为了更广泛地吸引社区居民参与体育锻炼，提供更完善的体育服务，推出以学校为中心的社区体育发展新模式显得尤为必要。这种模式不仅符合当前社区体育的发展需求，而且能够更有效地利用现有资源，促进社区体育的全面发展。

日本在学区体育模式方面的探索取得了显著成效。以成岩体育俱乐部为例，它在成立的最初五年里成功地建立了一套完善的管理模式。该俱乐部的初衷是让儿童融入社会，将青少年体育活动纳入社区体育的范畴，并促使所有社区居民无论年龄大小，共同参与，形成一个紧密的社区共同体。成岩体育俱乐部的成立促进了社区居民对学校体育设施的方便使用，加强了学校与社区的合作。这种合作最终发展成学校对社区的支持，学校提供活动场地和俱乐部办公室，甚至建立了专业教师志愿队伍，形成了学校与社区共有的理念。这使得学校成为社区体育的核心。在我国，学校体育设施对外开放是社区体育发展的需求，也是体育政策法规的明确要求。然而，在实际执行中遇到了一些困难。一方面，正常开放会增加设施器材的使用频率，从而增加维护难度和管理压力；

另一方面，若不开放，则违背相关体育部门的规定，尽管学校也希望通过开放加强与社会的联系，共谋发展。因此，如何解决这些问题，平衡责、权、利的关系，明确服务对象和管理方法，成为当前亟须解决的关键问题。

我国的《全民健身计划（2021—2025年）》将全民健身定位为全国性的实施项目，特别强调将青少年作为关注重点。社区中的学校，特别是中小学，作为社区的重要组成部分，拥有大量的体育资源。截至2024年，全国共有各级各类学校约49.83万所，[①] 这些学校在社区体育中扮演着不可替代的角色，具有巨大的潜力促进学区体育的发展。因此，学校体育设施的对外开放及学区体育模式的推广成为推动社区体育发展的关键。

为了有效实施学区体育模式，进行全面的改革和细致的规划，主要措施包括以下六点：

一是以学校为核心，划定学区范围，并与学校紧密合作，共同探讨学区体育模式的发展前景。

二是成立学校体育设施对外开放管理委员会，负责管理和协调体育设施的对外开放。

三是学校应开设各种体育辅导班，并与社区合作，吸引社区居民参与培训，提升健身水平。

四是社区征集对体育感兴趣并具备一定技能或知识的志愿者，指导学区居民和学生的体育活动。

五是学校与社区相互交流，共同举办不同级别的体育竞赛，制订全面的活动计划。

六是定期举行适合孩子和家长共同参与的体育活动或竞赛，促进家庭体育活动的发展。

学校体育设施的对外开放应在整体改革的框架下进行，逐步从单一型向复合型转变。学区体育模式不仅为学校体育设施的有效开放提供了基础，同时也推动了社区体育的发展，有助于解决社区体育面临的挑战。此外，学区体育作

---

① 教育部．各级各类学校校数、教职工、专任教师情况 [EB/OL]．(2025-01-20)[2025-02-21]. http://www.moe.gov.cn/jyb_sjzl/moe_560/2023/quanguo/202501/t20250120_1176411.html.

为社会体育与学校体育的结合点，对学校体育向社会体育的转化产生积极影响，是我国终身体育事业发展的重要一环。

综上所述，学校的管理要开放，同时加强与社区的联系，同社区形成一个整体。如果将这些都合理协调完善，并付诸行动，学区体育模式的建立就会水到渠成。

三、社区商业体育俱乐部发展模式及经营策略

在现代都市生活中，提升生活品质和生活质量成为人们的核心追求，而健康的身体被广泛认为是高品质生活的基础。因此，日常健身逐渐成为人们生活不可或缺的一部分。在这种背景下，社区商业体育俱乐部作为社区体育发展的一个主要模式，显得尤为重要。在当今社会环境下，依托社区的自然和人文环境，成功地运营社区商业体育俱乐部显得尤为关键。为实现这一目标，需要考虑以下几个关键因素。

（一）量身服务目标群体因素

为了有效服务目标群体，社区商业体育俱乐部在其创立阶段应考虑以下关键因素。

一是进行实际且全面的市场调查。关注的因素包括地理位置、竞争对手、消费水平和习惯、行业动态等。这种调查有助于确保俱乐部能够根据社区的实际需求提供准确的服务。

二是明确目标市场。尽管初步调查能够提供社区的特性概览，但从投资角度来看，不同的需求可能不易整合为一个大规模市场，因此，进行投资可行性分析至关重要。这包括对目标群体的细分，可根据年龄、收入、文化背景、职业、兴趣等多个维度进行。

三是提供精细化服务。社区商业体育俱乐部应利用自身优势和资源，提供适当且细致的服务，以稳固客户关系，并形成互利互促的良性循环。

四是实施差异化策略。差异化策略和促销活动能增强俱乐部在消费者中的吸引力。例如，考虑到上班族的锻炼时间通常固定，可以通过价格调整和超

值服务等具体措施吸引他们。此外，因个体差异，俱乐部员工应通过了解每位锻炼者的需求和期望，提供个性化和人性化的服务，以满足不同用户的特定需求。

（二）权重影响因素

在西方经济学中，一个常用的描述市场的公式是"市场＝人口＋购买力＋购买欲望"。在这个公式中，充足的人口是市场构成的关键因素。近年来，我国的人口特点表现为两方面：一是农村人口大规模向城市迁移，导致城市流动人口显著增加；二是晚婚趋势愈加明显，并伴随着离婚率的上升。在研究市场的人口因素时，社区居民的年龄结构和生活方式也非常关键。购买力的大小受经济环境影响，与收入水平、物价、储蓄和信贷等多种因素密切相关。购买欲望则指人们对满足个人需求的特定商品和服务的渴望。在社区商业体育俱乐部的发展中，这些俱乐部能够在一定程度上影响并引导客户的购买欲望。影响购买欲望的因素包括俱乐部的服务质量、价格、品牌形象、服务环境和地理位置等。因此，对于社区商业体育俱乐部而言，理解并有效利用市场公式中的各个组成部分对其成功至关重要。通过精确地分析和响应这些因素，俱乐部能够更好地满足社区居民的需求，促进其业务的发展和扩展。

为了吸引并保持锻炼者的忠诚度，社区商业体育俱乐部必须不断提升服务质量。当市场上各俱乐部所提供的服务水平相差无几时，价格便成为影响锻炼者选择的关键因素。因此，俱乐部要想在维持现有价格水平的同时保留客户，就必须提高自己的信誉度和品牌知名度，这些因素将显著影响整个社区体育服务过程。服务环境是锻炼者可以直接感受到的一个重要方面。环境设计应根据目标客户群的不同需求进行调整，以满足他们的具体偏好。此外，由于加入社区商业体育俱乐部属于区域性经济活动，人们通常倾向于选择交通方便、周围环境舒适的地点进行健身。因此，俱乐部的选址是其成功的关键要素之一，几乎决定了俱乐部能否吸引目标客户群体。

以上社区商业体育俱乐部的影响因素形成了一整套相互联系、相互制约的完整体系，只有每一个环节都完善起来，社区商业体育俱乐部的经营才能走上正轨，而处在不同的发展阶段时，每一种因素对社区商业体育俱乐部的发展影响程度都或大或小，俱乐部应就诊把脉，权衡利弊，将经营策略调整到最佳。

在发展过程中，社区商业体育俱乐部首先应着重于占领和扩展消费市场。市场越大，投资回报自然越丰厚。扩展市场可以通过多种方式进行，如利用媒体宣传和设置标牌来提高居民健身意识，为社区居民提供健身咨询服务，这有助于培养他们对健身的兴趣和意识。此外，俱乐部可以与街道办事处合作，举办面向所有社区居民的体育活动，这将有益于俱乐部和社区体育的整体发展。俱乐部之间还可以组织体育比赛，这样的活动既能促进各自的发展，又有助于树立各自的品牌形象。

除了市场拓展，营销管理也至关重要。市场未来的扩张将依赖于服务营销管理策略的有效应用。这里所说的营销策略包括外部营销、内部营销和交互作用营销的灵活运用。实现这些目标的前提是俱乐部必须灵活运用定价、分销、促销等营销组合工具，同时，对俱乐部员工进行持续培训，以确保服务水平不断提升。此外，锻炼者通常会根据其对服务的满意度来评价服务质量，并向朋友和家人分享体验，这在很大程度上影响其他潜在顾客的选择。因此，不断提升服务质量是社区商业体育俱乐部成功发展的核心。

第三节　社区体育与学区体育的结合

社区体育的发展离不开学区体育的帮助，只有将社区体育与学区体育紧紧结合在一起，才能够使社区体育得到良好的发展。

一、我国社区体育与学区体育结合的条件

（一）终身体育观的提出

终身体育观念在终身教育理念的影响下形成和发展，成为终身教育体系中的一个重要分支。这一观念为社区体育与学校体育的结合提供了理论基础，基

于人体发展规律、体育锻炼效果及现代社会需求，强调将有计划、系统的体育教育贯穿于人生的全过程。终身体育的核心理念是倡导每个人自觉、积极地参与运动和健身活动，促进身心健康与长寿。

由于人体机能活动的特性，体育锻炼需要长期坚持，才能在现代生活方式中发挥其重要作用。科学的指导和持续的体育教育是实现有效锻炼的关键。因此，学校体育教育应延伸至社区体育，而社区体育也应利用学校体育资源，推动个人的终身体育化。

终身体育观念强调从生命的起点到终点，人们持续学习并参与体育锻炼和健身活动，以增强体质和提高健康水平，使体育成为人生不可或缺的一部分。在这一观念指导下，体育活动的目标是推动体育活动系统化、整体化和科学化，为人们在不同生命周期和生活领域提供参与体育活动的机会，促进终身体育观念的实践和落实。

终身体育观念的提出为学校体育注入了新的活力，同时也成为推动学校体育现代化和社会化的关键动力。从终身体育的视角来看，学校体育的任务不仅限于学龄期间促进学生的全面发展，确保他们有健康的体魄和充沛的精力去完成学习任务，还包括引导学生毕业后根据不断变化的环境，持续进行科学的身体锻炼，以实现终身受益。联合国教科文组织在 1972 年发布的报告《学会生存：教育世界的今天和明天》中强调："教育应突破学校范围的局限，扩展到人的一生中，成为每个人基本的生存技能。"这意味着学校体育教育需要有效利用社会资源来提升教育效果，同时也应主动融入社会的各个领域。因此，学校体育应积极适应社会变化，有意识地将社区体育和学区体育有机结合起来，打破传统社区与学区体育的隔离状态。这不仅能使学区体育更好地适应社会发展，还能显著提高其效率和实效。同时，社区体育本身也应认识到这一任务，并在实施过程中尽可能发挥其教育功能。这样，社区体育不仅成为身体锻炼的场所，更成为推广终身体育理念和实践的重要平台。

（二）《全民健身计划纲要》的颁布与实施

自 20 世纪 60 年代以来，国际上大众体育迅速发展，引起了全球各国政府和体育组织的广泛关注。1985 年，国际奥委会设立了专门的大众体育委员会，旨在"扩展活动范围，寻求新的发展机遇和平衡，更全面地满足人们的需求"。该委员会随后与联合国教科文组织、世界卫生组织及国际体育科学与体育教育理事会共同签署了一项推动大众体育运动的协议，目标是"促进全民体育和全面健康"。

全球各国对大众体育的发展高度重视，纷纷出台相关法律法规以推动其进步。作为对国际大众体育委员会倡议的响应，同时顺应世界体育发展的趋势，我国于 1995 年颁布了《全民健身计划纲要》。该计划由国家主导、社会支持、全民参与，是实现社会主义现代化目标的配套社会系统工程，也是 21 世纪发展战略规划的重要组成部分。《全民健身计划纲要》的总体目标是通过不断努力，建立一个完善且具有中国特色的全民健身体系，增强国民参与体育的意识，增加经常参加体育活动的人数，并普遍提升国民体质。该计划的终极目标是到 21 世纪中叶，使国民体质和群众体育的主要指标达到或超过中等发达国家的水平。

《全民健身计划纲要》明确提出全民健身活动以全国人民为对象，特别强调以青少年为重点，旨在提升整个民族的体质。这一社会化的全民健身观念着重于个体与整体的结合，实际上将学区体育置于全民健身事业的基础位置上，意味着把握好学校体育，就是有效推动全国体育工作的关键。在全民健身计划中，学区体育扮演着基础且关键的角色，对高素质人才的培养有着直接影响。与此同时，中国的社区体育，特别是城镇地区的社区体育，成为群众体育发展的重点。因此，全民健身计划主要通过城镇社区的综合服务机构来实施，使社区体育成为推动全民健身日常化和普及化的重要阵地。学区体育和社区体育已成为《全民健身计划纲要》实施的两大核心环节。《全民健身计划纲要》的实施不仅为学区体育和社区体育提出了新的要求，还为二者的有效结合提供了实践平台。该计划的目的是促进社区体育和学区体育的深度融合，共同推动全民健身活动的发展。

（三）相关法律的颁布

为了发展体育事业，增强人民体质，提高体育运动水平，促进社会物质文明和精神文明建设，我国相继出台了一系列法律法规，为社区体育与学区体育结合提供了思想指导。大力支持社区体育与学区体育结合的重点的法律法规如下。

1995 年 6 月 20 日，我国颁布了《全民健身计划纲要》。2021 年 7 月 18 日，《全民健身计划 2021—2025 年》公布并施行。

1995 年 8 月 29 日，我国第八届全国人民代表大会常务委员会第十五次会议通过了《中华人民共和国体育法》，该法于 1995 年 10 月 1 日施行。2009 年对该法进行第一次修正，2016 年对该法进行第二次修正，2022 年对该法进行修订并于 2023 年 1 月 1 日起施行。

1997 年出台了《关于加强城市社区体育工作的意见》。目前此法规已被国家体育总局废止。

以上法律法规当中明确规定各种国有体育场地都要向社会开放，加强管理，从而提高使用效率。

在 1999 年中共中央、国务院发布的《关于深化教育改革全面推进素质教育的决定》中，明确提出了调整和改革课程体系、结构和内容的重要性。该决定指出必须建立一个新的基础教育课程体系，包括国家课程、地方课程和学校课程，以构建一个对地方和社区具有更强适应性的开放性课程体系。此外，该决定还强调了动员社会各界关注和参与素质教育的重要性。它提倡学校、家庭和社会之间应进行有效沟通并积极配合，共同为素质教育的发展开拓新局面。这一决策突出了教育改革中的协同合作精神，强调了不同社会部门在推动素质教育方面的共同责任和作用。

2002 年 7 月 22 日，中共中央、国务院发布了《关于进一步加强和改进新时期体育工作的意见》。这一文件强调了加速我国体育事业全面发展的重要性，以满足人民群众日益增长的体育文化需求，并通过这一途径促进社会主义物质文明和精神文明的发展。该文件明确指出，这是全党、各级政府及全国各族人民的共同责任。此外，文件还特别提到，学校、机关和企事业单位的体育设施应努力向社会开放，实现资源共享。这一措施旨在更广泛地满足公众的体育需求，同时促进社区和社会整体的体育发展。

上述法律法规的制定和实施，不仅推动了社区体育和学区体育的发展，而且为两者的结合创造了有利条件。特别值得一提的是，《中华人民共和国体育法》的颁布实施是新中国体育发展的一个重要里程碑。这一法律的实施不仅填补了国家法律体系中的空白，结束了中国体育事业发展中长期缺乏法律依据的状况，而且引导了体育事业朝法治化、规范化、科学化的方向发展。《中华人民共和国体育法》的颁布加速了相关体育法规的制定，促进了体育行政部门职能的转变，增强了这些部门依法行政、建设法治体育的能力。此外，它为我国体育事业的发展提供了坚实的法律基础，对于社区体育和学区体育的发展具有极为重要的意义。

（四）大众传媒对体育的大力宣传

根据《从中国群众体育现状调查看学校体育》一文，1996 年的中国群众体育现状调查结果显示，在我国城乡居民参与群众体育活动的诸多社会因素中，学校期间形成的体育兴趣、爱好和习惯起着至关重要的作用（占 27.54%），其次是大众传媒的影响（占 18.42%），接着是同事（9.98%）和家庭（7.15%）的影响。[1] 这些数据表明，大众传媒在宣传体育方面扮演着重要角色，对于促进社区体育和学区体育的结合具有积极作用。当前，随着我国大众传媒的迅猛发展，已经形成了包括广播、电视、报纸和互联网在内的全方位、多层次的体育宣传网络。大众传媒对体育的广泛宣传和报道对于推动我国体育事业发展起到了关键作用。随着时间的推移，大众传媒对体育新闻、体育赛事的报道越来越频繁，对体育健身知识和体育健康价值观的宣传也在不断增加。[2] 这些努力将进一步促进"人人关心体育、人人参与体育"的体育格局的形成，为社区体育与学区体育的融合创造更加和谐的氛围。

---

① 卢元镇. 从中国群众体育现状调查看学校体育 [J]. 中国学校体育,1999（2）: 66.

② 李春兰. 现代新型社区体育的建设管理与项目开发研究 [M]. 北京: 中国社会科学出版社,2016: 75.

（五）体育基础设施的大力建设

自 20 世纪 80 年代初以来，我国在体育基础设施建设方面的投入显著增加，体育场馆数量和面积、体育基础建设的投资都有显著增长，极大地改善了社区体育的物质条件。体育彩票是我国体育基础设施建设的重要资金来源之一，其收入中有 60% 的专项资金用于全民健身活动。在国家体育总局"体育彩票公益金"全民健身工程和地方社区的共同努力下，全国许多城市已建设了数千条健身路径。随着国家经济的不断发展，国家和地方政府预计将继续增加对社区体育基础设施及学区体育场地的投资。这一持续的投资将为社区体育和学区体育的结合提供更加丰富的物质资源，促进两者的协调发展。

（六）信息技术和电子产品的广泛应用

随着全球经济一体化和信息技术革命的推进，信息时代的到来已成为现实，信息化成为当代社会的显著特征。手机、计算机等高科技电子产品已广泛应用于人们的日常生活和工作中。计算机的普及范围日益扩大，中国已成为世界上网络用户数量最多的国家之一。人们通过互联网获取、交流和管理体育信息变得更加简便快捷。社会信息化程度的不断提升，信息技术和电子产品的广泛应用，将在社区体育与学区体育的结合中发挥越来越重要的作用。这些技术和产品为社区体育与学区体育的民主决策、管理、科学组织、指导和活动开展提供了有效的信息沟通平台，为两者的结合提供了强有力的支持。

二、我国社区体育与学区体育结合的原则

（一）整体营造原则

在社区体育和学区体育的融合与互动中，一个关键原则是要注重整体和谐发展。这意味着社区内的各种组织和群体需要协同合作，以创设社区体育和学区体育结合的良性发展环境。此外，社区体育与学区体育的结合不应是盲目或随意的，它们的有效互动需要政府的参与和支持。通过政府的参与，可以提升学区体育的教学质量和管理水平，促进社区的精神文明建设，改善社区体育的

运行现状。

（二）教育性原则

在社区与学校联合开展体育活动时，必须坚持教育性原则，这一方针源于社会学对人类行为模式的深入洞察。社会学理论指出，个体的行为受到其所属群体的影响及群体内部的相互作用。因此，社会构成了一个复杂的有机系统，各子系统相互联系，共同影响人的成长和发展。在此基础上，学校和社区应共同努力，为体育活动提供必要的条件和机会，确保这些活动在促进身体健康的同时，也能有效进行人格教育和促进人的社会化过程。

教育性原则在社区体育与学区体育一体化活动中的重要性体现在多个方面。首先，通过集体体育活动，可以培养参与者的社会认同感和团队协作精神，同时促进个体正确理解自我与他人的关系，这有助于建立一个平等、公正和友好的社会交往环境，增强社群的凝聚力。其次，体育活动设计需要将育人放在核心位置，通过创造积极的参与氛围和运用集体教育的策略，如互助教学、竞争评比及典型示范等手段，推动体育活动的顺畅实施。最后，确保每位参与者不仅是活动的参与者，更是活动和团队的负责人，这意味着他们在积极参与的同时，也能担当起组织和管理的角色。

（三）主体性原则

在当前以人为本的时代背景下，社区体育与学区体育的一体化发展的核心驱动力是提升社区成员的整体素质。这种发展理念认识到，每个个体都处于一个特定的历史阶段，受到社会历史条件的影响，这些条件在很大程度上塑造了个人的发展方向和水平。因此，所有的发展活动，包括体育活动，都应当强调对人的成长和发展的重视。

在这种思路指导下，青少年和儿童成为社区体育与学校体育工作的重点对象。通过整合社区和学校的资源，可以为这些年轻人提供学习和实践体育的机会，创造一个支持和鼓励的环境。这种体育活动的融合不仅满足了青少年的体育需求，同时也服务于社区中其他成员的体育文化需求，反映了人们日益增长的对健康生活方式的关注。

（四）民主平等原则

在推进社区体育与学区体育一体化发展的过程中，遵循民主平等原则是至关重要的。这一原则要求社区与学校在合作过程中保持平等的地位，基于相互尊重和合作的精神进行互动。社区和学校作为合作伙伴，应视对方为平等的参与者，这种关系不是传统意义上自上而下的行政层级关系，而是双方建立在平等与尊重的基础上的协作关系。

在实际操作中，学校作为独立的法人实体，具有在法律允许的范围内自主签订合作合同的权利，并根据合同享有相应的权利与义务。同时，社区也应被视为具有平等权利的一方，能够在协商中提出自己的意见和建议。双方必须确保在整个合作过程中，每一项决策都充分考虑到彼此的利益和需求，避免任何一方的利益受损。这种民主平等的合作模式不仅增强了项目的透明度和双方的信任，还能确保体育活动的组织和实施更具包容性和效果性。通过这种方式，社区体育与学校体育的结合能够达到互利共赢的结果，为社区成员及学生提供更广泛、更高质量的体育服务。

（五）目的性原则

在我国，社区体育与学区体育的融合严格遵循目的性原则，这一原则是根据社会主义制度的特点和国家战略需求设定的。由于国家统一的组织领导和指导思想，社区体育与学区体育在目标上达成了一致，旨在共同推动社会主义现代化建设。

中国共产党已将提升国民素质和开发人力资源作为战略任务。这一目标反映在科教兴国战略中，凸显了提高受教育者素质的重要性，以及通过体育活动培养德智体美劳全面发展的社会主义建设者和接班人的目标。这表明国家对体育活动的具体要求不仅仅局限于体育技能的提升，更强调通过体育活动促进精神文明和社会主义核心价值观的传播。为了实现这些目标，社区体育与学区体育必须共同致力于提高居民和学生的生活质量，通过灵活而有效的体育活动实现"健康第一"的目标。这种策略不仅满足了学生和社区居民对高质量文化生活的需求，而且促进了社会主义精神文明的建设，进一步提升了国民整体素质，同时促进了社会的和谐发展。

（六）开放性原则

社区体育与学区体育结合的开放性原则要求教育本身必须建立开放的态势，因为开放、吸收先进事物是教育发展的根本保证，而自我封闭、建立在象牙塔内的教学方式与现代教育是格格不入的。教育的开放性主要体现在以下三个方面。

1. 对外开放

对外开放在教育体系中意味着教育不再是封闭的系统，而是要主动向社会开放，增进与社会的互动与沟通。在这种开放的教育过程中，学校的教育活动和环境与社会的联系更加紧密。这种联系不仅限于学校内部的教学活动，而且扩展到家庭和社区，使得家庭和社会成为教育的重要组成部分，甚至是教育的延伸。这样的开放性教育模式有助于打破传统教育与社会之间的隔阂，使教育更加贴近实际，更能适应社会的需求和发展。通过与社会接轨，学校教育不仅能传授知识，还能培养学生的社会实践能力，增强他们的社会适应性和创新能力。家庭和社区的参与，使得学生在校内外的学习和生活环境中都能得到更全面、更均衡的发展。同时，社会的参与也为学校带来了更多资源和视角，为教育工作提供了新的思路和方法。

2. 对内开放

对内开放在教育领域中强调教育资源，包括学校体育资源，应向所有社会成员开放。这种开放不仅包括知识和信息的共享，还涉及教育设施的共用。具体到学校体育，这一原则意味着学校体育的资源和服务不仅面向学生，也应惠及更广泛的社会群体。在这种背景下，学校的体育教师可以扩大他们的服务范围，不仅在校园内教授学生，还可以在社区体育活动中担任教练或指导员，将他们的专业知识和技能贡献给更广泛的社会成员。同时，学校的体育设施，如运动场、体育馆等，在不妨碍学校正常教学和训练的前提下，可以在特定时间向社会公众开放。这样的做法不仅提升了学校体育设施的利用效率，还能在一定程度上缓解社会公共体育设施不足的问题。对内开放的实施有助于构建一个更加包容和互助的社会环境，强化了学校与社会的联系，促进了资源的合理分配和利用。此外，通过学校体育资源的开放，社区居民能够享受到更多体育活动机会，从而提高整个社会的体育活动参与度和健康水平。总的来说，对内开放不仅是教育资源优化配置的重要方式，也是促进社会和谐与居民身体健康的有效途径。

3. 社会文化、娱乐、体育设施应尽可能地向学校开放

将社会文化、娱乐和体育设施向学校开放是一种有效利用现有资源的策略。这不仅为学生和社区成员提供了更多的体育锻炼机会，也让他们享受到体育活动带来的健康与快乐。从开放系统的组织角度来看，这种做法体现了两个重要特性。

（1）内部统一协调性和相互依赖性

这意味着组织内部的各个系统需要协调一致并相互支持，确保内部适应性。这种内部的协调和依赖为教育系统提供了有效的内部控制，使其能够在复杂多变的环境中保持稳定和有序。

（2）高度的外部适应性

这是为了应对系统环境中无法预料和控制的各种突发事件和情况。随着社会主义市场经济体制的完善以及改革开放和社会主义现代化建设的持续进步，教育系统的结构变得日益复杂。在这样的背景下，高度的外部适应性对于教育系统至关重要。

改革的目的在于适应，而适应是为了更好地发展。教育体制的不断改革，旨在更好地适应社会的变化，为教育系统的持续发展提供动力。通过这种开放和适应性，教育系统能够更好地服务于社会和学生，实现其育人目标。

（七）*法治规范原则*

在我国，社区体育与学区体育结合的法治规范原则要求这种结合必须在国家法律法规的框架内进行。随着我国市场经济体制和社会各领域的改革，社会事务正日益走向法治化。教育体制的改革也在党的领导下稳步推进，教育法治建设取得了显著成就，诸如《中华人民共和国义务教育法》《中华人民共和国

教师法》《中华人民共和国高等教育法》等法律法规的颁布对推动我国教育法治化进程产生了积极的影响。

尽管如此，我国社区建设和教育法治化进程尚有待完善。目前，尽管相关法规涵盖了学校与社区合作办学、筹措教育经费、开展校外教育等方面的规定，但这些规定多数仍然停留在原则性的指导层面，缺乏具体和可操作的细则。这一现状表明，针对学校体育与社区体育互动的专门法规仍需进一步制定和完善。为了确保社区体育与学区体育的良性结合，迫切需要制定详细的操作规则，这不仅有助于规范双方的合作，还能确保在法律的指导和监督下，双方能够共同发展，实现互利共赢。

（八）资源共享原则

社区体育与学区体育结合的资源共享原则强调的是在结合过程中，双方应实现资源的相互补充和共享，而不是单方面的付出与接受。如果仅有一方贡献而另一方仅仅是接受，则这种关系不能被视为真正的结合。如果给予方长期未能得到回报，这种结合关系可能面临问题。

目前，我国在开展社区体育活动时面临着缺少专业体育人才、体育设施不足等问题，这反映出社区体育在有形资源方面的明显不足。与此同时，我国的学校通常拥有大量体育专业人才和优良的体育设施等有形资源。另外，社区在体育文化等无形资源方面具有独特的优势，这表明学校体育和社区体育之间存在着很强的资源互补性。

因此，资源共享成为学校体育与社区体育结合的一种理想方式。在社区体育与学区体育的结合过程中，双方应共同努力，寻求资源共享的方式，从而实现互补和共同发展。通过这种方式，不仅能提高资源利用效率，还能促进社区体育和学校体育的全面发展。

三、社区教育与学区教育结合的要求

教育也是社区的一项重要职能。因此，学校教育应当与社区教育紧密联系、互相配合，充分挖掘并发挥社区的作用，将其作为全面培养学生的重要途

径。因此就要满足以下要求。

（一）终身学习要求社区教育与学区教育相结合

终身学习是建设学习化社会的重要理论基础，它的提出和发展、它的概念界定以及它的基本类型和意义都反映出对社区教育与学区教育结合的要求。

1. 终身学习的提出与发展

终身学习的概念，虽然在古代已有其雏形，但直到现代社会才得以全面发展和实践。早在 2000 多年前，中国的孔子便提出了终身学习的思想，并在其教育实践中加以体现。在现代社会，终身学习已经从一种个人向往和追求，转变为一种社会性的教育思想和广泛的行为模式。近年来，终身学习在全球范围内受到了极大的重视。例如，日本提出了建立"终身学习社会"的目标，美国则以建设学习型社会为愿景，致力于将美国塑造成为"学习之国"。这些都表明终身学习已经成为现代社会教育发展的关键方向。

在我国，政府也积极推动终身教育的实施，并在《中华人民共和国教育法》中对终身教育进行了明确规定。这一法律的制定不仅反映了国家对终身学习重视的程度，也为倡导终身学习提供了法律保障和指导原则。在这样的背景下，终身学习已经成为我国教育体系的重要组成部分。

终身学习的推广和实施对于提升国民整体素质、促进社会全面发展具有重要意义。它不仅涉及传统的学校教育，还包括成人教育、职业培训、在线教育等多种形式，旨在为人们提供持续不断的学习机会，无论其年龄、背景或职业如何。这种全民参与的学习模式有助于构建知识型社会，培养创新型和适应能力强的人才，为国家的持续发展和现代化建设提供强大的人力支持。

2. 终身学习的概念界定

终身学习，作为一个概念，核心在于学习本身，而这里的"学习"被理解为一个广义的概念。1994 年，在罗马举行的"首届世界终身学习会议"中，终身学习的定义被明确阐述：终身学习是一个持续的支持过程，旨在充分发挥人类潜能，这一过程激发和赋予人们权利，获取他们一生所需的知识、价值观、技能和理解，并能自信、创造性和愉快地在各种任务、情境和环境中应用这些学习成果。这一定义精确捕捉了终身学习观念的本质。

终身学习的理念强调学习不仅限于学校教育的早期阶段，而是一个持续进行的、终身的过程。它超越了传统教育系统的界限，包含在职培训、成人教育、自我启发、在线学习等多种形式。这种学习方式鼓励个体在不同的生活阶段，根据他们的需求、兴趣和职业发展进行适应性学习。

在快速变化的现代社会中，终身学习成为个人适应社会变化、促进个人发展和终身成长的关键途径。它使个人能够不断地更新知识和技能，适应社会和职业生涯的变化，提高生活质量。同时，终身学习也是推动社会进步和经济发展的重要因素，因为它培养了一代又一代能够适应未来挑战的公民。因此，终身学习已成为现代社会教育和发展的核心部分，对个人和社会有着深远的影响。

3.终身学习的三种类型

（1）正规学习

正规学习指的是学习者在正规教育体系内进行的学习活动。这种学习方式通常在教师的引导下进行，具有明确的目的、计划和组织结构。学习者处于正规的教育集体环境中，以接受理论知识为主，重点在于学习书本上的知识和信息。

在正规学习中，学习者可以系统地掌握前人经过探索、总结、提炼和验证形成的知识体系。这种知识体系通常是完整的，能够在相对较短的时间内被学习者系统地学习和掌握。学习者在这个过程中既有受动性，也表现出一定的能动性。在教师的引领下，结合思想教育、兴趣激发、评价激励等教育手段，学习者能够积极主动地参与学习过程。然而，在选择学习科目、内容和进度等方面，学习者的自主性相对有限。与非正规学习和非正式学习相比，正规学习具有更强的受动性。一个典型的例子是我们所熟悉的义务教育阶段的学习。

（2）非正规学习

非正规学习是指在正规教育体系之外进行的有组织的学习活动。这类学习通常可分为两大类：一是学前儿童在家庭环境下，在父母或其他监护人的指导下进行的基础启蒙教育；二是成人在完成正规学校教育后参与的各种继续教育和培训，如参加成人教育、职业培训、函授课程、广播电视大学或自学考试等。

非正规学习的一个显著特点是它通常不具有义务性。这意味着参与者在选择是否参加这类学习活动时拥有较高的自主性。学习者可以根据个人的需求和兴趣，自愿选择参加适合自己的学习活动。这种学习形式的灵活性和自主性使得非正规学习成为个人职业发展和终身学习中的一个重要部分。

（3）非正式学习

非正式学习是个体为了达成个人愿景，满足工作、生活和兴趣的需求而主动进行的自学过程。这种学习方式允许学习者自主制定学习目标、选择学习内容，以及决定学习的节奏和方法。非正式学习既可以是为了发挥个人的长处，也可以是为了弥补不足。它的显著特点是学习者享有完全的自主性。在这种学习模式中，没有正式的课程结构或标准化的评估方法，学习者可以根据自己的兴趣和需求灵活地选择学习资源，如在线课程、书籍、视频教程等。非正式学习鼓励个人探索和创新，帮助他们适应不断变化的环境和技术进步。此外，它还践行了终身学习的理念，使个人能够持续发展职业技能。

4.终身学习三个类型之间的关系及意义

终身学习体系由正规学习、非正规学习和非正式学习三种不同类型的学习构成。正规学习通常发生在青少年时期，为未来的学习奠定了基础，尽管它在整个人生中所占时间相对较短。与之相比，成人时期的学习主要由非正规和非正式学习组成，这两者在个人发展中扮演着更加重要的角色。

在不同的时代和社会背景下，这三种学习类型的重要性和在人的一生中所占比重各不相同。但在整个生命周期中，成人学习始终占据主导地位。随着教育制度的延伸和人类平均寿命的提高，非正规和非正式学习成为终身学习体系中的核心。

在当今知识经济时代，终身教育成为成功的关键。学习化社会成为时代发展的主流趋势，而有效的社区教育是实现终身学习需求的基石。因此，将正规学习、非正规学习和非正式学习有效地融合，促进学习型社区教育的发展，成为新的历史任务。

（二）教育发展的趋势要求社区教育与学区教育相结合

以社区为依托开展各种形式的终身学习活动是当今教育发展的一种趋势，这主要体现在以下两个方面。

1. 教育的存在和发展离不开社区

教育的存在和发展密切依赖于社区环境。联合国教科文组织强调，单一机构无法在各个领域内有效发挥广泛作用，教育也不例外。教育不仅是每个人现在和未来的需求，还需要超越传统学校教育的边界，将其功能扩展到社会的各个方面。尽管学校在教育系统中扮演着核心角色，并且将继续发展，但社会教育的功能不应仅限于学校。所有部门，包括政府机构、工业部门、交通运输部门等，都应参与教育工作。地方和国家机构作为教育的重要部分，有助于塑造教育的未来。未来的教育将是一个协调的整体，其中社会的所有部门都在结构上统一起来。这种教育不仅将是普遍的，还将是持续的。社区在其中扮演着关键角色，它不仅统一协调各种具有教育功能的社会组织和机构，还满足广大受教育者的需求。作为一种社会现象，教育的存在和发展离不开特定的社会环境，特别是社区。

2. 学校教育发展正趋向社区化

学校教育正在经历一种社区化的显著转变，这一趋势有助于学校摆脱传统的封闭和与现实社会脱节的状态，更紧密地结合社区的实际需求。社区化教育的核心是将学校教育活动与社区的经济发展和建设紧密连接，使学校成为推动社区进步的一个重要力量。在这一过程中，学校不仅能从社区中获得传统教育系统难以单独提供的发展条件和机遇，还能通过社区资源的有效利用，增强教育的适用性和现实意义。

同样，成人教育也正逐步向社会化和社区化方向发展，这意味着成人教育更多地与社区的经济、政治和文化发展紧密结合。通过将资源配置和利用的重心下放到社区层面，成人教育能够更有效地响应社区的具体需求，实现资源的最大化利用。

社区学校作为社区的重要组成部分，不仅担当社区教育中心的角色，也成为社区活动的核心。这种类型的学校能够最大限度地发挥自身的教育资源优势，促进社区教育的发展，同时也促进社区其他方面的发展。

（三）社会、家庭、学校教育一体化的要求

《中国教育改革和发展纲要》强调，全社会应共同关注并保护青少年的健康成长，必须实现社会教育、家庭教育和学校教育的紧密结合。这一战略是贯彻党的教育方针、提升教育质量、从应试教育向素质教育转变、培养新时代人才的基本保证。社区在实现这一目标中扮演着关键角色，是终身学习多样化发展的基础。目前，已经出现了几种社区终身学习模式，包括地域统筹型、中心辐射型以及互惠组合型模式，其中地域统筹型模式最为普遍。这种模式以其鲜明的社区特性，利用地方政府的资源和网络，调动各方面资源开展终身学习活动，形成地区性的教育管理体制。这种管理体制打破了传统的垂直领导和封闭式教育管理体系，具有权威性高、统筹性强、覆盖面广等优点，有助于终身学习活动的开展。

通过社区将社会教育、家庭教育与学校教育紧密结合，不仅有利于青少年的健康成长，也为所有需要终身学习的社会成员提供了坚实的组织保障。在新的时代背景下，深入研究和实践如何通过社区教育广泛、深入地开展终身学习活动，将对教育乃至整个社会的发展具有重大的战略意义。

第四节　建立和完善社区体育服务体系

完善的社区体育服务体系对于社区体育的发展是至关重要的。只有这一体系完备了，社区体育才能真正地为人民大众服务。

一、社区体育服务体系要立足社区体育服务发展的客观需求

由于不同国家的国家制度、社会背景和发展水平各异，其对社区的定义和理解也存在差异。因此，我们在构建自己的社区体育服务体系时，不能简单地

照搬西方模式，而应该基于中国特有的社会环境和需求来设计。

社区体育服务的核心是满足居民的生活娱乐需求。在构建适合中国的社区体育服务体系时，需要密切关注中国社区体育服务的实际需求。这样的体系应当旨在促进中国社区体育服务的发展，提高服务的综合质量，同时增加居民对社区体育服务的满意度。

因此，制定具有中国特色的社区体育服务体系需要深入了解中国的国情，基于对中国社区体育服务实际需求的深刻理解和分析。这样，所建立的体系才能有效地达到既定目标，真正符合国内社区体育服务的需求。

（一）符合中国的基本国情

在建立适合中国的社区体育服务体系时，必须考虑到中西方在社区划分和运行机制上的显著差异。虽然直接参考西方的研究成果存在困难，但西方的社会学理论和社区研究理论仍对中国的社区体育研究具有重要参考价值。特别是考虑到中国当前正处于社会转型期，西方发达国家在转型过程中遇到的问题可能在中国社会中也会出现，这使得从西方模式中吸取教训变得尤为重要。

然而，中国目前仍处于发展阶段，无论是在经济还是社会各方面，与西方发达国家相比还存在较大差距。在社区层面，这种差距主要表现在社区建设经费、居民收入水平以及居民对生活娱乐的认识上。与之相对，西方国家由于社会经济发展水平较高，其社区建设经费相对充足，政府资助较多，经费筹集渠道广泛。此外，由于社区建设历史较长，社会力量参与机制也更为完善。西方国家居民的生活水平普遍较高，他们对体育锻炼的参与意识也较为强烈。

（二）满足居民需求

1. 立足社区体育服务发展现状

中国社区体育活动的兴起可追溯至 20 世纪 50 至 60 年代。在那个时期，社区体育的组织和管理主要依赖民间形式，活动的组织较为松散，缺乏稳定性，主要依靠社区居民的自助和互助。

随着 50 多年的发展，特别是改革开放后中国经济的快速增长和政府的高度重视，中国社区发展迅速。社区体育服务作为社区发展的一个重要方面，也随之蓬勃发展。目前，在中国东部沿海经济较发达的省市社区中，已经出现了类似于欧美等发达国家的体育协会和体育俱乐部形式的社区体育服务，这表明这种形式的社区体育服务已在中国生根发芽。

随着中国城市化进程的发展，特别是在全面建成社会主义现代化强国的过程中，社区体育服务预计将朝着社区体育协会和体育俱乐部的方向发展。社区体育服务的健康发展，随着中国社会制度改革和经济发展而兴起，对于完善具有中国特色的社区体育形式和提升人民群众的身心健康水平具有重大的理论和实践价值。

目前，众多学者及体育实践工作者对中国的社区体育服务发展现状进行了调查研究，大概得出了以下研究成果，发现了许多我国社区体育服务发展中的问题（见表8-1）。

表8-1　中国社区体育服务在发展中存在的问题

社区体育服务要素	问题
社区体育组织管理	社区体育组织管理职责不明
	社区体育组织管理人员数量不足，管理水平与能力不够
	社区人口参与面狭窄，仍然以老年人为主体
	社区内各单位各自为政，没有形成社区体育的整体合力
	社区缺乏"以人为中心"的管理理念
	与社区体育组织管理相关的法律法规还不健全
	缺乏效果评定和激励机制
社区体育的设施与经费	社区可供支配的活动经费过少，经费筹集机制不合理
	社区体育设施配置不完备、不均衡
	社区体育设施存在安全隐患
	社区体育场地、器材管理不善

续 表

社区体育 服务要素	问题
社区体育指导及其人才状况	社区体育指导员数量不足
	社区体育服务人才专业素质不高
	社区体育指导员以兼职为主，服务效率不高
	尚未建立有效的"等级社区体育指导员"的定期培训制度
社区体育项目及活动	社区体育项目单一
	社区体育信息服务途径单一、内容不丰富，信息宣传的覆盖面窄
	缺乏社区体育活动

2. 立足社区居民的社区体育服务需求

社区体育服务是一种在政府的资助和支持下提供的服务，旨在满足社区居民的多样化体育需求。这种服务通常由政府、社区组织、机构甚至个人共同参与，具有社会福利性或微利性质，重点服务于居民共同生活的基层社区。这类服务的实施地点通常固定在具有一定自然环境和体育设施的特定区域内，这些设施为开展各类体育活动提供了必要的物质基础。服务的对象是社区内的全体成员，无论年龄大小，都可以根据自己的兴趣和需要选择参与相应的体育活动。社区体育服务的主要目的是通过提供多样的体育活动，满足社区成员的体育需求，进而提高他们的生活质量。体育活动不仅有助于增强居民的身体健康，还能加强社区内部的联系与凝聚力，促进邻里间的交流和感情发展。

随着中国居民经济和文化水平的不断提升，他们对健康的关注也日益增强。因此，公众对高质量的社区体育服务需求不断扩大，对服务质量的期望也相应提高。这一趋势反映了人们对健康生活方式的追求以及对于更高水平体育服务的需求。

科学分析表明，影响中国城镇居民大众体育需求的因素可以划分为五个主要维度：保障类、社会心理、供给类、经济类以及环境类因素。对这些因素的研究表明，社区居民在体育活动中主要追求的是体育健身与娱乐的结合、人际交往与心理健康的融合，以及缓解工作和生活压力与积极生活方式的一致性。通过对全国多个城市的 200 余个社区近 600 个活动点的调查，对城市社区居民的体育需求特征进行了分析。调查结果显示，当前社区居民休闲生活方式的主要变化特征是从单一休闲向多元休闲转变、从纯粹休闲向闲暇学习转变，以及从运动休闲和室内休闲向户外休闲转变。此外，通过调查社区居民参与体育活动情况及其对心理健康的影响，发现经常参与体育锻炼的居民普遍拥有更健康的心态，而相对不喜欢参与体育锻炼的居民在负面心态方面表现得更为明显。这些发现对于理解和满足社区居民的体育需求具有重要意义。

综上所述，公众的需求是社区体育服务开展的驱动因素。一系列的调查研究可以帮助我们了解公众对社区体育服务的实际需求特征。社区体育服务体系在运行中需要通过对社区居民进行调查来获取数据的支撑，所以社区体育服务体系在构建时必须考虑到社区居民的社区体育服务需求，并以此为立足点，有效推动社区体育服务的不断发展。

二、以公众满意为导向

（一）体现公众本位的理念

社区体育服务体系在运作时，应重点反映公众参与服务和接受服务的动态，以及社区服务能力的高低，从而引导政府体育管理部门朝着提高体育服务能力的方向发展。这体现了以人民为中心的服务理念，顺应了"为人民服务"的根本宗旨，这一宗旨是我国党和政府工作的核心。在当前中国社区体育服务的背景下，政府不仅是主管部门，也是组织社会力量提供社区体育服务的主要主体。因此，社区体育服务体系的构建和运作必须深刻体现"公众本位"的服务理念。社区居民在此体系中被视为"顾客"，社区体育服务应以"公众导向"为原则。社区体育服务体系不仅是一种服务模式，更是一种体现服务精神和公众至上的管理机制。这种以公众为中心的体系可以加强公众对政府和社区的信任，强调政府在社区体育服务中的供给者角色，并贯彻以公众需求为导向的原则。这不仅反映了政府对社区体育服务的重视，也是对社区居民需求的积极响应。

（二）以提高公众满意度为最终目标

社区体育服务的本质是政府提供的一种公共服务，其具有显著的公共性和福利性特征。这意味着在构建社区体育服务体系时，必须以公众本位的理念为指导，将公众置于服务评价的核心位置，以公众的满意度为衡量服务成效的最终标准。这样的做法不仅体现了服务的社会价值，而且增强了服务的有效性和适应性。

在这个过程中，社区的角色是至关重要的。社区应当建立和维持一种以公众为中心的服务意识，确保在规划和实施社区体育服务时，公众利益始终处于首位。这要求社区不断聆听和理解居民的需求和期望，并尽可能地满足这些需求。同时，社区体育服务的设计和实施应基于深入了解和研究公众的健康习惯、生活方式和文化背景，从而提供更加个性化、多样化的体育活动和服务。

此外，为了提高公众满意度，社区体育服务体系必须不断创新和完善，以适应社会变化和居民需求的演进。这可能包括引入新的体育项目、改进体育设施、提供更多培训和指导资源，以及组织各种体育活动和比赛。通过这些努力，社区体育服务不仅能够增强居民的身体健康，还能促进社区间的交流和团结，提升社区整体的生活质量。

第五节　现代新型社区体育建设的内容

新型社区体育建设包含了多样和复杂的要素，要求对其内容进行详尽的分析和深入理解，这是推动新型社区体育发展的基础。因此，本节旨在详细阐述和分析新型社区体育建设的内容，从而为其深化发展提供指导和思路。通过这种深入的探讨，我们能够更好地理解社区体育建设的核心要素和关键挑战，并制定有效的策略和计划来促进新型社区体育建设的健康成长和持续发展。

一、新型社区体育建设的基本内容

社区体育建设涉及两个主要领域：首先是居民自发进行的健身、娱乐和休闲等体育活动；其次是专业组织或个人提供的组织、指导和咨询等服务。社区体育服务的目的在于为居民的自主体育活动提供必要的支持和条件，这包括提供指导、咨询等服务性活动。社区体育建设的核心在于在推广自主体育活动的基础上，强化社区体育服务设施的建设。

社区体育建设不仅仅局限于某一方面，而是涵盖整个社区的全面、综合性建设。这包括改善社区体育环境、建立完善的组织体系，以及增强体育文化建设和相关体育活动的开展。

综合来看，社区体育建设主要包括以下几个基本方面：社区体育组织领导、社区体育健身活动、社区体育骨干队伍建设、社区体育场地设施建设，以及社区体育经费的筹措等。接下来，将对这些方面进行详细的阐述和分析。

（一）领导及组织工作

1. 领导班子重视体育工作

在社区体育建设中，领导班子对体育工作的重视至关重要。他们应当将体育工作纳为社区精神文明建设的重要内容，并制定长期规划和阶段性目标。这要求根据具体计划实施相关工作，并确保这些计划得到有效执行。

为了更好地推进社区体育工作，管理部门需要有计划地进行调研，深入了解社区体育骨干队伍、场馆、体制、经费等方面的情况，并针对存在的问题提出解决方案。此外，负责人应定期组织体育工作会议，以确保体育活动的有效组织和规划。通过这些措施，可以确保社区体育工作的顺利进行，为社区居民提供更优质的体育服务和活动。

2. 建立群体工作制度

为了更有效地推动社区体育工作，建立和完善社区体育管理机构是关键。这包括积极引导社区体育活动的发展，并建立一套完善的群体工作制度。在这个制度下，社区体育管理部门负责日常管理工作。

具体来说，居民委员会应当成立体育健身小组，负责指导和监督社区居民的健身活动。同时，街道办事处应当积极开展宣传和组织工作，以吸引更多居民参与体育健身活动。这样的体系和措施将有助于提高社区居民对体育活动的参与度，从而促进社区体育事业的发展。

3. 建立社区体育组织

为了更有效地推进社区体育活动，建议在社区体育管理机构的指导下成立专门的体育组织。这些组织的成立和活动安排通常会考虑社区的人口规模、人口结构以及居民偏好的体育项目类型。

社区体育组织主要分为两类：自主松散型组织和行政主导型组织。自主松散型组织主要由社区居民自发组建，形式比较灵活，如体育活动点、体育辅导站等；而行政主导型组织则是以政府部门或企事业单位为支撑的更正式的形式，如社区体育服务中心、街道社区体育协会等。这两种类型的组织共同促进了社区体育活动的多样化和专业化发展。

4. 发挥社区单位的积极性

在社区体育活动的推广和发展中，社区内的不同单位，包括公司、企业、学校以及党政机关等，扮演着至关重要的角色。这些单位应该积极参与承办各种社区体育活动，同时提供必要的资源支持，如活动场地、资金和体育器材等。这种积极参与不仅丰富了社区体育活动的形式和内容，还有助于提高居民对体育活动的参与度，从而在促进社区体育活动的发展方面发挥重要作用。通过各单位的共同努力和支持，可以有效地提升社区体育活动的质量和影响力，进而增强社区居民的健康意识和促进社区体育文化建设。

（二）健身活动的组织

1. 组织开展体育竞赛活动

在社区健身活动的组织中，活动策划者应当重视开展广受欢迎的体育活动。这些活动可以有效地利用节假日或双休日等时段，结合体育知识的普及和活动的实际开展。为了保持活动的多样性和参与度，建议每两年组织一次综合性的运动会，邀请社区内各单位参与，涵盖至少八个不同的体育项目。此外，每年至少举办六次单项体育竞赛，以满足社区居民对各类体育活动的不同兴趣和需求。通过这样的安排，不仅能够丰富社区居民的健身生活，还能增强社区的凝聚力和活力。

2. 开展广播操等体育活动

为了促进社区居民的身体健康和增强社区活力，区级及以上的企业、事业单位和机关应定期组织广播操和其他多样化的群众体育活动。这些活动旨在鼓励群众广泛参与，保证至少 60% 的职工参与其中。此外，对于居民中的离退休人员，也应确保至少 60% 的人员参与这些体育锻炼活动。[1]

通过这些小型但多样的体育活动，如广播操，不仅能够提升社区居民的身体素质和健康水平，还能增强社区内的交流与团结。这些活动通常易于组织和参与，且适合不同年龄和身体状况的居民，从而确保了广泛的参与度和积极的社区参与氛围。

3. 开展大众体质测定工作

在社区体育建设中，建立和完善体质检测系统是基础工作之一。为了更好地推进这一工作，社区的管理部门应当着手建立体质检测站点，定期进行居民的健康体质测定和测试。这种检测不仅有助于了解社区居民的整体健康状况，还能针对性地提供健康和体育锻炼的建议。

通过这种定期的健康体质监测，社区居民能更清晰地了解自身的健康状况，并根据测试结果调整个人的锻炼计划和生活习惯。这不仅能促进个人健康水平的提升，还有助于提高社区整体的健康水平。同时，这也是社区体育建设中推动居民健康状况改善的一种有效方式。

（三）骨干队伍建设

为了有效推进社区体育活动，建立和完善社会体育指导员队伍至关重要。这一措施包括加强对体育指导员的专业培训，确保每个社区体育组织都配备了合格的社区体育指导员。为了提高指导员队伍的专业素质和技能水平，社区应

① 刘高丽. 体育社会组织对社区体育发展的探究 [J]. 文体用品与科技，2023，5（5）：79-81.

定期举办体育技能训练班。通过这些训练，指导员们可以在社区居民的健身活动中发挥更加积极和有效的指导作用。

此外，充分利用社区单位中的体育骨干队伍也非常重要。社区可以吸纳体育教师、离退休人员和体育积极分子，让他们参与社区各类体育组织的领导和管理工作。这不仅能够增强社区体育组织的专业性和多样性，还能提高社区居民对体育活动的参与度和兴趣。

通过这些措施，社区体育活动可以更加系统和规范地进行，同时也能为社区居民提供更专业、更多样化的体育活动和锻炼机会。社区体育指导员和骨干队伍的建设和完善，对于提高社区居民的体育参与度、健康水平以及整个社区的活力和凝聚力具有重要意义。

（四）场地设施建设

1. 体育设施的建设

在社区体育设施建设方面，首先需要根据社区内流行的体育运动项目和其参与人数，合理规划并建设相应的体育活动场地。场地应配备足够数量的体育运动器材和必要的社区体育活动室，以便指导员能够便利地进行指导、示范和培训工作。同时，在这些活动场地内应配备必要的设备，同时安排专门的管理和工作人员，确保场地的有效运营和管理。

此外，社区中的广场、公园、闲置空地等区域也应被充分利用，通过设置各种运动健身设施，为居民提供便利的健身环境。每个居委会应设立至少一个固定的晨练或晚练指导站点，为社区居民提供科学合理的健身指导。这样的设施建设不仅能够丰富社区居民的健身方式，也有助于提升他们的健康水平和生活质量。

2. 提高社区体育场地的利用率

为了提高社区体育场地的利用率，首先需要根据社区体育活动的人口基数合理配置运动器材和设施。这意味着要精确掌握社区内各运动场地和设施的使用情况，以确保它们得到最大程度的利用。合理地配置和高效地利用运动场地和设施是提升社区体育活动效率的关键。

同时，学校、企事业单位等机构拥有的运动器材和场馆应该有序地向社会群体开放，从而提高这些设施的利用率。通过这种开放式管理，社区居民可以享受更多的健身机会，从而促进了社区居民的健康水平和活力的提升。

此外，如果社区内的体育设施布局和配置不当，不仅会造成体育资源的浪费，还可能影响社区居民的身体健康发展。因此，重视对现有体育资源的合理规划和管理是至关重要的。这包括确保设施的安全性、易达性和适用性，以满足不同年龄社区居民的不同健身需求。

（五）经费保证

在社区体育建设中，经费的保障是实现目标的重要基础。不论是运动器材的购置、运动场地的维护，还是各类体育竞赛的举办，都需要相应的资金支持。合理的经费投入能够确保社区体育活动的顺利进行和质量提升。

针对社区体育建设的经费投入，建议设定每位常住居民人均投入超过1元，并且这一投入额度应随着时间逐年增加。在体育竞赛方面，社会集资应占竞赛总经费的60%以上，这能够有效地减轻单一财政来源的经济压力，同时促进社区体育活动的多元化发展。

除了依赖政府资金和社会集资，社区体育建设还可以探索通过建立社区体育经济实体来自我筹资。这些经济实体可以通过提供体育服务、举办赛事、销售体育用品等方式创造经济效益，所得收入不仅能够支持社区体育设施的维护和更新，还能用于举办更多的社区体育活动，从而促进社区体育建设的全面发展。

二、新型社区体育建设内容的相关问题

社区体育建设是一个多元且复杂的过程，涉及人口特征、环境条件、文化背景及生活设施等多个方面。作为一个地域性的体育集合体，它不仅是一个体育健身的平台，更是社区成员共同参与、共同发展的综合体。其基本目标在于促进社区的全面发展，包含以下几个关键点。

（一）必须明确重点内容和主要内容

社区体育建设的内容涵盖了广泛的领域，因此在其实践过程中，必须明确重点和主要内容，确保工作的有效性和合理性。作为社区整体建设的一个重要部分，社区体育建设不仅涉及体育资源的整合和利用，还关系到社会的政治、经济、文化等多个层面。

在实际的社区体育建设过程中，如果缺乏对主次和轻重缓急的合理区分，试图做到面面俱到，往往会导致效果不佳。因此，基于对社区体育建设内容广泛性的认识，应当明确其重点内容和主要内容，集中力量进行突破，形成以点带面、局部带动整体的发展模式。

这就意味着在社区体育建设中，我们应当识别并专注于那些最具影响力和最能促进社区发展的关键领域。比如，可以优先考虑体育设施的建设和改造、提高社区体育活动的参与度、培养社区体育指导员和骨干队伍，以及加强社区体育活动的宣传和推广等。通过这样的重点突破，可以更高效地推动社区体育建设的整体进展，促进社区居民形成健康生活方式，增强社区的活力和凝聚力。

（二）社区体育建设的内容是一个整体

社区体育建设虽然涵盖了众多的内容，但这些内容并非孤立存在，而是紧密相连，形成了一个相互作用的统一体系。例如，社区体育服务建设作为社区体育建设的关键部分，其发展不仅依赖于社区经济的繁荣，还与社区的教育、文化等方面紧密相关。社区文化的发展对于提高居民参与社区体育志愿服务活动的积极性有着重要影响，并且对提高社区体育服务人员的专业水平也至关重要。

这种相互联系和影响意味着在进行社区体育建设时，需要考虑到其与社区其他方面的互动和协同。社区体育活动不仅涉及体育锻炼本身，还涉及社区成员的参与度、社区文化的培育、社区经济的支持以及社区教育资源的整合。这些方面共同作用，决定了社区体育活动的质量和效果。例如，社区体育活动的举办可以促进社区文化的丰富多样化，增强居民之间的互动和社区凝聚力。同时，社区经济的发展可以为体育活动提供更多的资源支持，如资金、设施和设备等。社区教育资源的整合，如学校和其他教育机构的参与，可以提供更多专业指导和服务，提高居民参与体育活动的兴趣和效果。

因此，社区体育建设应当被视为一个多方面、多层次的综合工程。它不仅涉及体育设施的建设和体育活动的举办，更是社区整体发展的一部分，涉及社区经济、文化、教育等多个方面的协同发展。通过这种全面的视角和方法，可以有效地推动社区体育建设的全面发展，为社区居民带来更高质量的生活体验。

（三）社区体育建设的内容是变化发展的

社区体育建设的内容是动态发展和变化的，随着社会的发展和时代的变迁，其重点和结构也在不断更新。在过去，许多社区将经济发展视为首要任务，而如今，社区体育文化和环境建设已成为更加重要的关注领域。随着社区居民需求的变化和社会观念的更新，社区体育建设的核心内容也在发生转变。例如，在 20 世纪 80 年代末期，社区体育建设主要集中于满足居民基本的体育活动需求；而到了 90 年代，随着人们生活水平的提升和对精神文明需求的增长，满足居民的精神文明需求成为社区体育建设的重要内容。这一变化反映出社区体育建设不仅关注体育活动本身，也开始关注活动在提升居民生活质量、丰富居民精神文化生活方面的作用。

随着时间的推移，社区体育建设的内容持续优化和完善，更加注重居民的全面发展，包括身体健康、精神文化以及社区凝聚力的提升。这种变化既体现了社区居民日益增长的多元化需求，也反映了社区体育建设在适应时代发展和人民需求方面的灵活性和前瞻性。

因此，社区体育建设应当持续关注社会发展趋势和居民需求的变化，不断调整和完善其内容和方法，以更好地服务于社区居民的全面发展和社区的和谐进步。通过这种动态的、发展性的建设方式，社区体育建设可以更加有效地推动社区的全面和谐发展，为居民提供更丰富、更令人满意的体育活动和服务。

（四）决定社区体育建设内容的因素

社区体育建设的内容受多种因素影响，其中包括社区的经济状况、人口素质、文化背景、地理环境等。这些差异性因素共同塑造了社区体育建设的特点和方向。在实施社区体育建设时，必须考虑到这些因素，从而确保所采取的措施与社区的实际情况相符合，满足社区居民的具体需求。

社区体育建设的核心目的是提高社区居民的生活质量，因此，其重点内容应围绕居民的体育需求展开。这不仅反映了居民的健身需求，也是激发他们参与体育活动热情的关键。只有当社区体育建设能够充分满足居民的体育需求时，才能有效促进社区体育活动的发展和居民健康水平的提升。

此外，社区体育建设是社会发展的重要组成部分，其内容应与国家和社会的发展目标保持一致。在我国，社区体育建设的方向与政府的工作重点高度一致，体现了集体主义的价值导向。同时，党和政府在社区体育建设中发挥着主导作用，其政策和指导对于确定社区体育建设的主要内容至关重要。只有社区体育建设的内容与国家和政府的工作重点相吻合，社区体育建设才能获得更多的支持和资源，从而有效推动社区体育活动的发展。

第九章　大数据背景下社区体育智慧治理系统

第一节　社区体育智慧治理系统的构建目标与构建原则

一、城市社区体育智慧治理系统的构建目标

城市社区体育智慧治理系统是基于体育智慧治理的实践经验而构建的先进治理模式，旨在通过现代技术提升城市社区体育服务的效率和质量。为确保该系统的有效运行，首先需要明确构建目标，然后详细阐述系统的内容构成及功能运行。

（一）提升公共体育服务质量与效率

城市社区体育智慧治理系统的首要目标是提升公共体育服务的质量和效率。这涉及利用现代信息技术改进和优化体育服务的供给方式。通过对现有体育设施和资源的智能化管理，可以更高效地满足社区居民的体育需求，同时提升服务体验。例如，通过智能化预约系统，居民可以方便地预订体育场馆和参加体育活动，而智能化管理系统可以帮助体育设施运营者更有效地调配资源，减少设施空闲时间。此外，智能化的数据分析可以帮助管理者理解居民的体育活动偏好，进而提供更为个性化的服务。

（二）整合与优化体育资源

城市社区体育智慧治理系统的另一目标是高效整合和优化城市社区体育资源。通过建立统一的信息平台，可以将各类体育资源，包括体育场馆、健身路径、社区体育活动等有效整合起来，为社区居民提供一站式的体育服务。这种整合不仅提高了资源的利用效率，还便于社区居民获取体育服务信息，降低了参与体育活动的门槛。同时，通过智能化系统可以根据居民的反馈和活动数据，对体育资源进行动态调整和优化，确保资源配置最大程度地符合社区居民的需求和健康发展趋势。

（三）提升治理效能

城市社区体育智慧治理系统旨在提升体育治理效能。这包括政府、体育管理部门、社会体育组织和社区等多方主体的共同参与。智慧治理系统通过提供一个共享和协作的平台，使得不同治理主体能够高效协作、共同参与社区体育活动的规划、组织和管理。政府可以通过该平台进行监管和政策指导，社会组织和企业可以提供多样化的体育服务，而社区和居民可以直接参与到体育活动的决策和反馈中。这种多元参与和共治的模式，能有效提高治理的透明度和公众满意度，同时也增强了社区体育活动的活力和创新性。

（四）实现智慧化治理

构建城市社区体育智慧治理系统的最终目标是实现城市社区体育治理的智慧化。通过采用先进的信息技术，如大数据分析、云计算、物联网等，智慧治理系统可以实现对社区体育活动的实时监控、分析和管理，提高决策的科学性和精准性。智慧化治理不仅使体育服务更加高效、便捷，还能够根据社区居民的健康数据和体育活动参与情况，提供个性化的健康建议和体育服务。此外，智慧治理还能够促进资源的可持续利用和环保，为城市社区体育长远发展提供动力。

二、城市社区体育智慧治理系统的构建原则

在构建社区体育智慧治理服务系统时，利用大数据、云计算等智能技术是关键。这些技术不仅提供了强大的数据处理能力，还能够通过分析和应用数据，形成数字治理的逻辑关系，从而实现精准化管理。构建社区体育智慧治理服务系统需要遵循以下基本原则。

（一）整体性原则

在城市社区体育智慧治理系统的构建中，整体性原则扮演着核心角色，强调系统内外元素的相互联系、依赖及制约关系。在这一原则指导下，系统的多个组成部分被综合整合，实现从宏观角度对问题的理解和处理。随着大数据技术的引入，社区体育治理在资源整合与数据分析方面已经实现了显著的进步，有效解决了以往的分散化和碎片化问题，极大提高了治理效率。

通过大数据分析，可以准确把握社区居民的体育需求和参与模式，进而提供更精准和个性化的服务。此外，城市社区体育智慧治理系统中的各个子系统并非孤立存在，而是形成一个相互关联、协调一致的网络，每个子系统的发展情况都直接影响着整个治理系统的效能，任何一个子系统的滞后都可能成为制约整体服务质量和效率的瓶颈。

从外部环境看，政策制定、经济发展和财政资金支持对智慧治理系统的构建有着重要影响。随着我国城市社区经济和社会发展水平的提升，加强智慧体育发展的资金投入和政策支持显得尤为重要。这包括提供必要的经费支持和创造一个有利的政策环境，如简化审批流程和提供税收优惠，从而促进智慧体育系统的健康发展。

（二）安全性原则

安全性原则在城市社区体育智慧治理系统的构建和运行中扮演着至关重要的角色。随着大数据、云计算等智能信息技术的运用，管理者、服务者和参与者能够更加有效地参与到社区体育智慧治理中，通过数据平台进行沟通和交流，实现信息的互享，提升治理效率。然而，这种广泛覆盖、涉及众多群众的

系统对安全性的要求极高。

首先，建立社区体育智慧治理平台时，应采用成熟的技术和安全的接口。利用已有的体育信息资源成果，避免技术缺陷可能给平台建设及使用带来的风险。系统运行的稳定性和可靠性是实现治理目标的基础，因此在设计和开发过程中，应确保系统具备足够的安全防护措施，包括数据的异地容灾备份机制，以应对可能的系统故障或数据丢失情况。

其次，在资源配置上，要考虑社区内的自然环境、经济条件和社会发展水平，合理安排体育场地及其设施和设备。确保体育场所和设施所在的环境安全、可靠，并适应社区居民的健身需求，这包括场地的选址、设施的设计、器材的配置以及运维的安排，均须严格遵守安全标准。

此外，鉴于社区体育智慧治理系统涉及广泛的个人信息和隐私，因此，保障信息安全尤为重要。这不仅包括个人健康数据和活动参与信息，还涉及联系方式、身份信息等私密数据。在进行系统设计时，必须确保有严格的数据保护机制，防止个人信息的泄露和滥用。同时，系统操作者应受到相应的培训，了解信息安全的重要性，并采取必要的措施来保护用户隐私。

（三）扩展性原则

社区体育智慧治理系统的可扩展性是确保其长期有效性和适应性的关键特征。此系统不仅覆盖了从宏观到微观的多个层面，还在不同的治理维度上实现了显著的进步和创新。在宏观层面，利用大数据等先进信息技术，社区体育智慧治理正在重塑中国社区体育的治理未来，开创新的发展方向和模式；在中观层面，智慧治理加强了区域间、部门间及组织间的协作与信息共享，促进了资源的优化配置；而在微观层面，这种治理方式直接完善了居民的体育参与体验和参与治理的过程。考虑到城市社区体育智慧治理是一个持续演变的过程，系统的设计必须具备高度的灵活性和扩展性，以适应不断变化的城市社区需求和技术发展。系统应能够顺应信息技术的创新步伐，及时更新和扩展，以应对新的挑战和需求。

在设计与开发阶段，社区体育智慧治理系统应从满足社区内各类参与主体的需求出发，构建一个标准化的信息交互平台。通过建立基本的数据集合标准，以及与社会公共信息平台和第三方机构的信息交流与互动，系统将具备强大的自我配置能力和卓越的扩展性。此外，系统的功能模块设计应灵活可变，可以根据不同社区的具体经济和社会发展水平制订系统配置方案。为适应业务变化，进行系统设计时应确保业务变更对平台的影响最小化，这样才能持续满足不同社区的具体应用需求，保持系统的前瞻性和适应性。

（四）公平性原则

在大数据时代下的城市社区体育智慧治理中，公平性原则是至关重要的。这一原则确保在追求社区体育治理效率的同时，也能够均衡地关注到每一位社区居民的权利和需求。

城市社区体育智慧治理的一个核心目标是为所有社区居民提供精准、公平的公共体育服务，确保他们能够平等地参与到社区体育活动中。这意味着在智慧治理的过程中，需要特别注意保障居民的平等权利，无论他们的经济状况、性别、年龄、文化背景等各种社会属性如何，都应该有权利平等地享受公共体育服务。

为了实现这一目标，城市社区体育资源的分配需要保证公平性。这包括对公共体育场地、设施的平等使用权，以及对公共体育活动、体质监测和健身指导等服务的平等参与机会。社区内的体育资源应均等地面向每一位居民，无论他们居住在社区的哪个区域，都应有相同的机会接触和利用这些资源。

在智慧治理系统的设计和实施过程中，应采取措施确保体育服务的公平性。例如，通过智慧化平台的数据分析，可以识别社区内不同群体的体育需求，进而提供定制化的服务。同时，也需要考虑到低收入群体或身体有障碍人士的特殊需求，确保他们也能够平等地享受到体育服务。

（五）协作性原则

协作性原则在城市社区体育智慧治理中扮演着核心角色，其基础在于以信息流动为中介，建立各治理主体之间的横向和纵向联系。城市社区体育智慧治理涉及社区居民、体育行政部门、社会体育组织以及市场等多元利益主体。在这样一个复杂的治理体系中，协作性原则的应用至关重要。

协同治理通过促进价值共享，实现了治理主体间的有效沟通和协作。这不仅包括社区内的数据流通和信息共享，也包括打破传统的自上而下的行政体制和机制。通过信息技术的应用，如大数据分析和云计算，可以促进社区体育信息资源的高效利用和管理，进而提高治理效率和质量。

协同治理推动了政府数据信息的公开与共享，加强了政府与社区居民、社会组织之间的互动。这种开放性的信息共享不仅提升了公共体育信息资源的使用效率，还增加了治理过程的透明度，提高了社区居民对社区体育活动的信任度和满意度。

在城市社区体育智慧治理过程中，利用信息技术促进多元主体的合作和协调交流至关重要。通过协商方式解决存在的各种风险和障碍，可以构建一个更加民主、畅通的社区体育智慧治理体系。例如，社区居民可以通过智慧平台参与体育活动的规划和决策，社区体育组织可以根据居民的反馈调整服务方式和内容，政府部门则可以基于数据分析对体育政策进行优化。

第二节　社区体育智慧治理的多元参与主体

在智慧治理的理念下，城市社区体育治理经历了从传统的"政府主导"向"多元共治"的转型。这种转变是在"互联网＋"思维的引领下进行的，强调多元主体的协同参与和现代信息技术的充分利用，旨在提升治理和服务的效能。作为城市基层体育治理的基础单元，社区体育在这一转型中扮演着重要角色。

在这个多元共治的框架中，社区体育治理的参与主体包括政府主管部门、居委会、社会体育组织、体育市场以及社区居民。这些不同的主体共同构成了社区体育治理的网络，每个主体都在其中发挥着自己的作用。政府主管部门负责提供政策支持和必要的资源；居委会则更接近社区居民，能够有效地传递居民的需求和意见；社会体育组织和体育市场则在提供体育服务和活动方面发挥着重要作用；而社区居民是服务的接受者和参与者，他们的反馈和参与对于治理体系的优化至关重要。

在智慧治理的背景下，通过信息技术的应用，如大数据分析和云计算，可以更有效地整合这些不同主体的资源和信息，实现更为高效、透明和精准的社区体育治理。这不仅提高了社区体育服务的质量和效率，还提高了社区居民对体育治理过程的满意度和参与度。因此，多元共治的社区体育治理模式，符合当前社会发展的趋势，有利于推动城市社区体育事业的发展。

一、政府主管部门

在城市社区体育智慧治理的体系中，政府主管部门发挥着关键性的作用，主要体现在宏观调控、引领和主导等方面。政府不仅积极制定相关的法规政策、提供财政支持，还在顶层设计上为智慧治理的实施提供了必要的环境保障。这一主体主要由体育行政部门和社区所属的街道办事处组成，它们各自在智慧治理体系中承担着不同的职责。

体育行政部门在智慧治理体系中起到了核心的支持和协调作用。在智慧治理理念的指导下，这些部门通过建立和完善社区体育智慧治理的协调机制，整合并共享体育数据资源，建立一体化的体育信息服务共享平台。这样做不仅协调了多元主体间的关系，合理配置了公共体育资源，还通过技术创新提升了体育智慧治理的效能。

在政策的引导下，体育行政部门还将促进社区体育自治组织或体育社团的建立和运行，并协助其进行治理。此外，政府还将所提供的城市社区体育公共服务融入社区居民的日常生活中，将社会资源与城市社区体育智慧治理相结合。这包括对城市社区内的场地设施和运动器材进行智慧化改造，使社区居民能够享受到更加便捷和高效的体育服务，激发居民的健身热情和参与治理的积极性。

街道办事处作为政府部门的下属单位，在社区体育公共事务管理中扮演着关键角色。其主要职责包括提供社区体育公共设施与服务、制定社区体育政策法规、资助社区体育发展以及引导和支持社区体育组织的自主发展。在城市社区体育智慧治理的框架下，街道办事处的角色尤为重要。它们需要对社区内外的体育资源进行有效开发和整合，确保这些资源能够最大限度地满足社区体育治理的多样化需求。此外，街道办事处还负责吸引和鼓励更多的主体协同参与体育治理活动，这不仅促进了社区内外资源的优化配置，也有助于形成更为完善和高效的社区智慧治理架构。

通过街道办事处的努力，城市社区体育智慧治理可以实现更深入的发展。这包括通过智能信息技术提升公共体育服务的质量，促使社区居民更加积极地参与体育活动，以及通过协调不同治理主体间的关系，增强社区体育治理的整体协调性和提高治理效率。最终，街道办事处的这些举措将有助于提升社区居民的生活质量，增强社区的凝聚力，并促进社区体育事业的持续发展。

二、居委会

居委会在城市社区体育智慧治理中担任着不可或缺的角色，其作用在智慧治理模式下更为显著。作为基层群众性自治组织，居委会不仅是体育事务治理的重要执行者，同时也是社区治理的中坚力量。借助现代技术与治理机制的融合，居委会能够更有效地响应政府治理权力向基层的延伸，通过智慧服务平台的应用，精确分析社区体育信息资源，从而更准确地掌握并响应民众的体育服务需求，并据此进行科学化决策，提供合适的公共体育产品和服务。

居委会在城市社区体育智慧治理体系中的角色可以从"承上启下"的双重职责中得到体现。在"承上"方面，居委会需要与政府管理部门紧密合作，接受上级政府的领导和支持。居委会负责搜集并整理社区体育治理的第一手资料，将这些信息汇总后报给上级政府，帮助政府或职能部门优化和实施体育治理策略，确保治理工作能够有序、高效地进行。居委会作为连接政府和社区居民的桥梁，确保政府政策的有效实施和社区需求的及时反馈。在"启下"方面，居委会的职责是直接与社区民众沟通，将公共体育服务的政策、治理目标与社区民众的体育权益紧密结合起来。居委会通过在社区内成立群众体育自治组织和广泛开展社区体育活动，有效履行其治理职责。此外，居委会还积极动员社区内的体育爱好者参与到社区体育治理中，满足居民的多样化体育需求，从而促进社区的整体健康和活力。

通过这种方式，居委会可以有效地推动社区内的体育活动的开展，提升居民的参与度和满意度。居委会在社区体育智慧治理中所起的作用不仅限于治理执行者，更是社区体育活动的组织者和推动者。通过居委会的努力，可以使社区体育活动更加多样化、普及化，促进社区居民的身心健康，增强社区的凝聚力和活力。同时，居委会还能有效地搜集居民的意见和建议，将这些宝贵的信息反馈给政府部门，促进社区体育政策的不断优化和完善。在智慧治理的背景下，居委会的角色和功能将愈发凸显，其对城市社区体育治理的发展贡献将愈加重要。

三、体育社会组织

随着体育治理环境的不断优化，中国的体育社会组织经历了显著的发展和扩张，这些组织在城市社区体育治理中的作用日益凸显。在信息技术飞速发展的当下，城市社区体育智慧化治理为这些组织提供了全新的发展机遇。

体育社会组织借助政府资金支持和利用大数据及高新技术的数字化管理服务系统，更加积极地参与到社区体育治理中。这些组织通过城市社区体育智慧治理系统，能够实时捕捉社区居民的体育健身和娱乐需求，从而提供更为精准和个性化的服务。它们的活动范围不仅限于举办各种群众体育赛事，还包括提供专业的健身指导和组织健康促进活动等。

在提供公共体育服务方面，社会体育组织通过整合社区内外的体育资源，有效弥补了体育行政部门在服务供给上的不足。这些组织推动城市社区体育事务管理和决策的数字化，加强对社区体育活动的指导、监督和评价。这种做法不仅促进了体育管理部门与社区居民之间的互动和合作，还显著提升了体育社会组织的服务能力和影响力。

通过积极参与社区体育治理，体育社会组织不仅帮助社区居民树立了积极健康的体育健身观念，而且丰富了他们的体育文化生活。这些组织的努力满足了人民群众对多样化体育健身服务的需求，加速了全民健身事业发展的进程。

四、市场主体

在城市社区体育智慧治理中，市场主体扮演着至关重要的角色。这些主体主要是商业企业，它们通过合理分配体育资源来实现私人利益的最大化，同时也成为公共体育服务的重要提供者和推动者。政府管理部门积极鼓励企业通过捐赠和赞助的方式支持社区体育的发展，从而使这些市场主体在城市社区体育治理中起到关键作用。

企业作为市场主体的代表，直接参与到城市社区体育的治理中，通过对社区体育的赞助和支持，响应社区居民日益增长的健身需求。随着这些需求的增加，体育服务的资金需求也随之增长。政府采取独资、合作、联营等多种方式，激励企业参与到社区体育服务的供给中，这不仅拓展了城市社区体育建设的资金来源渠道，而且提升了公共体育服务的质量和水平，更好地满足了社区居民多样化的服务需求。

市场主体通常以服务提供者的身份参与到社区体育治理中。尤其是高新技术企业，它们利用政府采购的方式为城市社区提供公共体育服务，包括智能化的运动健身器材和系统。这些企业收集场地使用和居民健身数据，精准地分析锻炼人群的运动健康档案。通过信息技术，这些企业能对社区居民进行体质监测和针对性的健身运动指导，积极参与到社区体育智慧化管理运营中。

五、社区居民

在新时代背景下，社区居民作为社区治理的核心参与者，对运动健身的需求日益多元化。随着大数据和互联网技术的广泛应用，以及社区智慧体育服务平台的发展，社区居民的参与度和关注度在社区体育事务中显著提升。他们不仅积极参与社区体育治理，还主动行使自己的诉求表达、意见反馈和监督评价等体育权利。

社区居民的参与可以划分为两大类：社区群众体育自治组织和个人居民主

体。社区群众体育自治组织通常由居民自发组成，这些组织可以是正式或非正式的，他们利用社区体育智慧治理平台，通过文本、图像、视频、直播等多种形式，为不同人群和项目提供运动健康指导。这些组织积极发布全民健身活动信息，动员社区内的体育健身爱好者参与，以满足居民多样化的体育需求。

对于个人居民主体而言，他们利用社区体育智慧治理平台和智能健身器材进行日常的运动锻炼。通过这些设施，居民能够养成良好的锻炼习惯，树立社区体育公共意识，并主动参与社区体育事务，提出自己的需求与建议。这种积极的参与不仅有助于提升居民自身的身心健康水平，也促进了社区体育服务的质量提升。

此外，社区居民通过持续地表达体育需求和提供反馈，为提升城市社区体育治理的效率与水平作出了重要贡献。他们的活跃参与推动了城市社区体育治理的智慧化发展，这不仅提高了社区体育服务的效率和质量，也增强了社区的凝聚力和居民的幸福感。这种从居民到自治组织的广泛参与模式，证明了社区体育的智慧化治理在促进社区发展和增进居民福祉方面的重要性和有效性。

社区居民的多元化体育需求和积极参与，展现了社区体育自治的重要性。在社区体育治理过程中，他们不仅是服务的接受者，更是参与者和推动者。通过他们的积极参与，社区体育不仅能更好地服务于居民，也能够成为促进社区发展和居民生活质量提升的重要力量。因此，社区居民在社区体育治理中发挥着不可替代的作用，是推动社区体育持续发展和进步的关键。

第三节　社区体育智慧治理系统的基本框架

城市社区体育智慧治理系统的构建，通过整合大数据和其他智能科技，展示了一个高度协同和多功能的服务模式。这一系统以其"一站式"体育治理体系为核心，有效整合了社区的基础数据资源，从而提供了智能化的体育服务，并优化了社区居民的体育体验。本节构建了城市社区体育智慧治理系统的基本框架，该系统的物理网络架构分为四层：基础层、数据层、管理层和应用层。

一、基础层

城市社区体育智慧治理系统的实施与成功运作，首先依赖于坚实的基础层，即基础设施的建设。这一层次是整个系统运行的基石，涉及网络接入、数据传输、数据存储、安全防护、计算服务等关键环节。具体而言，基础层包括以下内容。

第一，网络接入与数据传输设备。这些设备构成了系统的"神经网络"，通过高效的网络接入与数据传输设备，确保了信息在体育管理系统中的快速、准确流动。

第二，数据存储设备与主机设备。它们是系统"记忆"的核心，负责存储大量的体育数据和信息。这包括从基本的社区体育活动记录到复杂的用户行为分析等各种数据。

第三，机房环境。一个稳定、安全的机房环境为设备的正常运作提供了必要保障，确保了整个系统的稳定性和可靠性。

城市社区体育智慧治理系统在基础层的建设上，特别强调了数据的重要性。数据的收集和处理是智慧治理的核心。为此，系统采用了多种传感器技术，如生物传感器、光电传感器、声音传感器和化学传感器，来收集和传输关于社区体育活动的数据。这些数据通过精密的传感器设备实时收集，然后传输到中央数据库进行处理和分析。

此外，为了处理和管理海量的数据，智慧治理系统构建了多个数据子系统，支持高达10PB（1PB等于1024TB）的项目数据管理。这包括多文件和分布式存储系统，以应对不同规模和需求的数据处理。每个子系统的数据规模根据系统规模而定，范围可以从1TB到10PB。

在算法方面，智慧治理系统采用仿真训练芯片、云推理芯片和终端设备芯片进行数据的存储和计算。这些高效的算法不仅优化了网络系统，还确保了数据的准确分析和快速处理。通过这些先进的技术，系统能够对社区居民的体育需求作出快速响应，并提供个性化的服务。

基础层的高效运作为城市社区体育智慧治理的各个子系统提供了强有力的支撑。这些子系统包括体质监测管理系统、健身指导管理系统等，它们共同构成了一个全面、高效的社区体育服务网络。这种网络不仅提高了社区居民参与体育活动的便利性和效率，也大幅提升了社区体育治理的智慧化水平。

二、数据层

数据层是城市社区体育智慧治理系统框架中至关重要的一环，它承担着数据处理和分析的核心任务。这一层的主要功能包括数据识别与管理、数据交换与传输、数据融合以及数据一致性分析。它的作用是通过高效地识别、整合和处理数据，使这些数据能够有效地应用于城市社区体育智慧治理系统中，从而提升系统的整体效能。

第一，数据识别与管理。这一环节涉及对各类数据的识别、分类和管理。通过对数据的精确识别和有效管理，系统能够确保数据的准确性和可用性，为后续的数据处理和分析打下坚实的基础。

第二，数据交换与传输。在这个环节中，数据在不同的系统和模块之间进行高效的交换和传输。这保证了数据的流动性和及时性，对于快速响应社区体育需求、提供实时的体育服务至关重要。

第三，数据融合。数据融合是将来源不同的数据结合在一起，形成更全面、更深入的数据视角。这一过程增强了数据的综合分析能力，有助于更准确地识别社区体育的发展趋势和居民需求。

第四，数据一致性分析。这一环节涉及对数据进行一致性检查和分析，确保不同数据源之间的数据一致性，以提高数据分析的准确性和可靠性。

数据层主要涉及三个综合治理主体的数据：

一是政府数据，这包括行业数据、组织数据、规划数据等，涵盖了政府在社区体育治理中的各项政策、规划和资源分配等关键信息。

二是社区居民数据，这包括居民的健身数据、体育消费习惯、健身安全信息等，反映了居民在体育活动中的行为模式和需求。

三是社会和市场主体数据，这部分数据涉及健身场所、人力资源、赛事活动等信息，反映了社区体育市场的运营状况和社会资源的分布。

通过这些数据的集成和分析，城市社区体育智慧治理系统能够对社区体育的现状和发展趋势进行全面的评估。这不仅有助于优化社区体育资源的配置，还能够为居民提供更加个性化、高效的体育服务。此外，这些数据的分析还能为政策制定者提供宝贵的参考信息，帮助他们更好地理解社区体育的需求和挑战，从而制定出更加有效的体育政策和策略。总之，数据层的高效运作对于提升城市社区体育智慧治理系统的整体性能和服务水平至关重要。

三、管理层

管理层在城市社区体育智慧治理系统中扮演着枢纽的角色，主要负责系统的数据库管理、操作管理、安全管理和数据维护等关键任务。这一层的有效运作确保了整个系统的稳定性和安全性，同时也提高了系统服务的效率和质量。

第一，数据库管理。这一环节涉及对系统中所有数据库的管理和维护。通过有效的数据库管理，系统能够确保数据的准确性、完整性和及时更新，为整个社区体育智慧治理提供坚实的数据支持。

第二，操作管理。操作管理主要负责系统各项操作的日常管理和监控。这包括系统的运行状态监控、性能优化、故障排查等，确保系统的高效运行。

第三，安全管理。在当前的网络环境下，安全管理显得尤为重要。安全管理包括数据安全、网络安全、系统安全等多个方面，通过各种安全策略和技术手段，保护系统免受外部攻击和内部泄露的威胁。

第四，数据维护。数据维护是确保系统数据长期准确可靠的重要环节。这包括定期的数据备份、数据清理、数据更新等，保证数据的长期有效性和可用性。

在管理层中，混合数据云存储系统发挥着重要作用，它集成了公共云和私有云的优势，实现了资源的共享和通信。这种混合云存储不仅提高了数据存储的灵活性和扩展性，还增强了数据的安全性和稳定性。

此外，管理层还支持各组织群组的管理和用户数据中心的统一身份管理。这意味着系统能够对不同用户群体进行有效的身份识别和管理，为不同用户提供更加个性化和安全的服务。同时，管理层还负责应用系统的基础服务功能管理，包括健身指导服务、活动组织服务、体质监测服务、场地设施服务等。这些服务的有效管理不仅提升了用户的使用体验，也增强了整个系统的服务能力。

四、应用层

应用层作为城市社区体育智慧治理系统的关键环节，扮演着至关重要的角色。它不仅是系统与用户之间的直接接口，也是实现系统终极目标和社会意义的主要途径。作为智慧治理系统与用户之间的桥梁，应用层深刻反映了系统的多元功能和广泛应用。

这一层次的核心作用在于连接系统与用户和满足不同使用者的具体需求。无论是政府工作人员、社区居委会成员、普通居民、社会体育组织还是服务供应商，应用层都能提供相应的服务和支持，确保每一方都能从系统中获得所需的信息和帮助。这种多方位的服务不仅使得体育政策的发布和执行更加高效，也使得社区居民能更便捷地参与和享受体育活动。

更为重要的是，应用层通过其全面的发展和优化，直接影响着系统服务的有效性和普及性。它利用先进的技术，如人工智能、计算机技术、生物识别等，为体育治理工作提供了强有力的技术支持和智能化解决方案。这不仅提高了体育活动的组织和管理效率，也为社区居民提供了更加丰富和多样化的体育服务。

此外，应用层的有效运作对于提升社区居民的健康水平和生活质量具有深远的影响。它不仅使得社区体育活动更加便捷和普及，还鼓励了居民积极参与，从而促进了社区居民的身心健康。同时，通过智慧治理系统的应用，也推动了社区体育事业的全面发展，实现了体育活动的高质量和可持续发展。

应用层具有以下特点。

第一，应用主体多元化。应用层服务的主体包括政府工作人员、居委会、社区居民用户、社会体育组织、服务供应商等。每个主体都有其特定的使用目的和需求，例如，政府工作人员主要关注政策发布和流程审批，而社区居民用户更多关注查询和提交需求，服务供应商则侧重于申请业务和业务展示。

第二，用户界面的多样性。为了满足不同用户的需求，系统规划了两种主要的表现形式：手机端（包括 App 和微信小程序）和电脑 PC 端。这样的设计不仅方便用户访问和使用，还提高了系统的可达性和互动性。

第三，技术的综合应用。系统的建设和运作融合了多项先进技术，包括人工智能、计算机技术、生物识别、自然语言处理、自动控制、图像处理、聚类和协同过滤技术等。这些技术的应用不仅使系统更加智能化，而且提高了信息资源的开发和利用效率。

第四，多元主体的应用需求。系统在设计和实施过程中，充分考虑到了多元主体的应用需求。通过对这些需求的深入分析和理解，系统能够为不同用户提供定制化的服务和解决方案。

第五，智能决策与服务。在具体的实践过程中，系统通过高效处理信息和数据，为体育治理提供智能化的决策支持。这种智能决策机制不仅提高了治理效率，而且增强了决策的准确性和有效性。

第六，全方位的服务体系。系统的目标是形成一个全方位、多元化的智慧体育服务应用体系。这一体系不仅覆盖了体育活动的各个方面，而且满足了不同用户群体的广泛需求。

第七，提升体育智慧治理能力。通过应用层的有效运作，城市社区体育智慧治理系统大大提高了体育智慧治理的能力和水平。这不仅优化了社区体育资源的配置和使用，还提升了居民的体育参与度和满意度。

第四节　社区体育智慧治理系统的内容结构

在大数据时代背景下，网络信息技术与体育治理的深度融合为城市社区体育智慧治理系统的发展提供了新的动力和方向。这种融合不仅改变了传统的体育治理模式，也促进了全民健身理念的形成和普及。通过引入创新的技术和方法，这一系统有效地激发了社区居民对健身的热情，加速了全民健身国家战略的实施，并为社区居民的科学健身提供了强大的技术支持。这种新模式的实施，不仅有助于提升社区居民的身体健康水平，也提高了他们的生活质量。

城市社区体育智慧治理系统的核心在于其精准化的治理能力。系统的设计和实施考虑了健康中国战略的背景，结合了大数据的强大分析和处理能力，创建了一个包括中心和多个子系统的综合治理平台。其中，城市社区体育治理大数据中心作为系统的基础，负责收集和存储社区体育的相关信息资源，为智慧治理提供数据支持。同时，由多个政府部门共同组成的城市社区体育治理集成系统，从智慧决策、规划设计和资源整合等多个方面为社区体育治理提供支撑，提高了整体治理的效率和效果。

此外，城市社区体育智慧服务系统作为智慧治理的核心和关键环节，主要聚焦于提供精准的社区公共体育服务，满足社区居民的个性化体育需求。这个系统的实施，不仅优化了体育资源的配置，还提升了居民的体育参与度和满意度，促进了体育活动的协调发展和持续发展。

一、城市社区体育治理大数据中心

城市社区体育治理大数据中心是实现社区体育智慧治理的基础和核心，它依赖于体育数据的全面统计与深入分析。在建设这一中心时，必须构建统一的数据模型以确保数据的有效传递和转换，并满足治理系统平台的功能需求。

大数据中心主要从三个方面获取治理数据：首先，政府部门提供包括体育方针政策、决策信息、工作记录及研究成果在内的数据。这些数据通过共享机制整合，为体育治理提供宏观决策支持。其次，社会和市场主体的数据通过政府与企业、社会组织的合作交流获取，这些信息帮助更全面地理解体育市场和社会体育的发展动向。最后，社区居民的数据直接反映了居民的体育需求和偏好，包括年龄、性别、健康状况以及他们参与体育活动的各种细节。

城市社区体育治理大数据中心的建设是一个多方合作的过程，涉及政府主管部门、居委会、体育管理部门及社会体育组织等多种主体。这种合作不仅促进了各类数据资源的有效整合，也为城市社区体育的智慧化治理打下了坚实的数据基础。通过这种多元主体的共同努力，大数据中心能够为提供高效、个性化的社区体育服务提供支持，进一步推动城市社区体育事业的智慧化发展。

二、城市社区体育治理集成系统

城市社区体育治理集成系统在大数据的支持下，致力于提升社区体育治理的效率和质量。该系统通过整合各管理部门的资源和优势，实现了对体育信息的系统性分析和全面评估，从而为社区体育的宏观决策提供坚实的数据支持，并实施实时监测和管理。

（一）政策研究和风险管理

在城市社区体育治理集成系统中，政策研究和风险管理扮演着至关重要的角色。该系统不断关注社区体育的发展状况，并实施实时监测，将这些信息与各管理部门的资源结合起来，对社区体育的动态变化进行深入分析。这种分析不仅关注当前的发展趋势，还预测未来的变化，从而使体育政策更具前瞻性和适应性。

系统的这一功能特别强调对潜在风险的识别和管理，意在发现并减少那些可能妨碍社区体育发展的风险因素。通过对政策环境、社区参与度、资源分配等方面的全面研究，系统能够识别出影响社区体育发展的关键问题，并提出相应的解决方案和策略。这不仅增强了社区体育治理的针对性和有效性，也为制定和实施有效的体育发展战略提供了坚实的科学基础。

（二）投入产出分析和财政政策制定

在城市社区体育治理集成系统中，投入产出分析和财政政策制定是一项关键任务。该系统致力于评估社区体育服务的资源投入与获得的成果，从而深入了解社区体育发展的总体状况。这种分析帮助识别体育服务的效率和效果，为提高资源利用率和优化服务提供了重要依据。

系统运用先进的分析方法，如专家模拟仿真，为体育财政政策的制定和实施提供支持。这些方法使政策制定更具科学性和准确性，确保体育资源在社区中得到合理和高效的分配与利用。通过这种方式，系统不仅提高了社区体育服务的整体质量，还促进了体育活动的可持续发展。

（三）智慧化规划设计

在城市社区体育治理集成系统的框架下，智慧化规划设计发挥着至关重要的作用。这一环节专注于对城市社区的体育场地和设施进行高度智能化的规划和设计，确保这些资源能够满足社区居民的体育需求。通过运用大数据平台，系统能够对治理过程中出现的各种关键问题进行深入的分析和评估，从而作出更为科学和合理的规划决策。

此外，智慧化规划设计还涉及综合各方面的意见和建议，特别是来自相关主管部门专业视角的建议。这种综合性规划旨在确保社区体育设施及活动的布局和安排既合理又高效，以满足社区居民日益增长的体育需求，也促进社区体育的全面发展和持续进步。

（四）实时督导和绩效评价

在城市社区体育治理集成系统中，实时督导和绩效评价是一个关键环节，它通过大数据平台实现。这个环节主要由政府管理部门负责，它利用大数据分析来对社区体育治理的效果进行评估，并对其执行过程进行实时的监督和指导。这种监督和评价机制不仅确保了体育治理活动的高效执行，而且保障了这些活动始终保持与社区体育发展总体目标的一致性。通过实时的反馈和调整，系统能够及时发现并解决存在的问题，从而提高社区体育服务的质量和效率。

城市社区体育治理集成系统的建立和运作，体现了大数据时代下体育治理智慧化的趋势和需求。该系统不仅提高了社区体育治理的科学性和精准性，还为社区体育的持续发展提供了强有力的技术支持和决策依据。通过这一系统的实施，可以有效地优化社区体育资源的分配，提升居民的体育活动参与度，同时能够推动社区体育事业的全面发展和进步。

三、城市社区体育智慧服务系统

城市社区体育智慧服务系统通过结合先进的智慧技术平台，实现了政府、居委会、社区居民等多元参与主体在体育信息资源获取和享受社区体育服务方面的优化。这个系统不仅为政府提供了更精确的监管手段，也确保了社区居民能够享受到便捷且高质量的公共体育服务。通过整合信息采集与管理、智能决策支持、公共体育服务以及社区互动与反馈等功能，系统构建了一个高效、互动的体育服务网络。在此系统中，信息采集与管理功能确保了从政府数据、社区活动到居民健康和体育参与等多方面数据的实时更新和准确性；智能决策支持利用大数据和人工智能技术，为体育服务规划和资源分配提供科学依据；公共体育服务功能通过用户友好的接口提供了多样化的体育活动和服务，如在线健身课程和体育设施预约；同时，社区互动与反馈功能增强了服务的互动性和响应性，使居民能够直接参与到体育活动的评价和决策过程中。整体而言，城市社区体育智慧服务系统通过这些相互支持的子系统不仅提升了体育服务的质量和可达性，也提升了社区居民的参与感和满意度，进一步促进了社区的整体健康和活力。

城市社区体育智慧服务平台功能主要包括以下 4 个子系统（见图 9-1）。

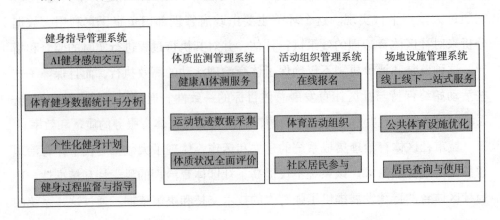

图 9-1　城市社区体育智慧服务平台

（一）健身指导管理系统

城市社区体育智慧治理系统的关键组成部分之一是健身指导管理系统，它旨在为社区居民提供高质量的健身服务。通过采用先进技术，系统能够对体育健身数据进行统计和精准分析，从而为有不同健身需求的群体提供科学和个性化的体育服务。

健身指导管理系统根据个体的健身目标和身体状况制订个性化健身计划，运用现场人工智能指导、智能设备升级、AI 健身感知交互以及 3D 视觉场景模拟等技术，确保每位参与者都能获得适合自己的科学健身指导和运动处方。系统不仅关注健身计划的执行，更重视过程中的监督和指导，以保证健身方法的科学性，预防运动伤害，并确保健身活动的有效性和安全性。

在出现运动伤害或安全问题时，系统能够通过智能设备对伤者状态进行准确判断，并配合专业训练师制定合适的物理治疗方案。此外，系统通过 AI 技术持续追踪伤者的恢复情况，及时优化和改善潜在的安全隐患，确保参与者的健康。

健身数据的收集和分析不仅限于本地处理，还可以汇总上传到更高级别的平台进行全面分析和处理。这些处理后的数据会反馈至健身指导管理系统，帮助服务提供者改进服务质量并调整优化健身计划。这种循环反馈机制不仅极大地提升了社区居民的健身体验和服务质量，还增强了居民的健身意识，有效地解决了传统体育服务供给模式中的问题。

（二）体质监测管理系统

体质监测管理系统是城市社区体育智慧治理系统中的一个关键环节，它通过监督和促进社区居民的体育活动来提供科学的指导和支持。该系统的主要目标是帮助各年龄段的居民了解自己的身体状况，包括身体形态、机能平衡和柔韧度等，从而加深他们对体质测定在健康和健身中的认识，使其更加重视体质测定。

体质监测管理系统利用先进的技术，包括基于运动视觉识别的健康 AI 体测服务、健康大数据分析技术以及体质训练评价系统。这些技术使得系统能够对居民进行科学且全面的体质评估。在具体操作中，系统通过人工智能摄像头捕捉参与者的运动轨迹，并通过运动识别算法实时分析这些数据，准确地提供体质测量结果。所有数据都被自动上传至云平台，实现了整个测评过程的自动化和无人值守操作。

完成体质测评后，居民通过扫描他们的国民体质监测报告上的二维码，即可查看包含基础健康测试、体质监测结果、身体趋势分析以及个性化健身指导建议的详细"运动处方"。这不仅能够让居民准确了解自己的健康状况，而且还为社区提供了一个有效工具，以指导居民选择最合适的健身方法，从而科学地参与体育锻炼。

（三）活动组织管理系统

活动组织管理系统在城市社区体育智慧治理中扮演着关键角色，实现了传统体育项目与现代智慧科技的完美融合。通过整合 PC 端、移动端以及第三方平台的资源，系统推动了"互联网＋社区体育"的发展，并为社区体育活动的组织提供了全面的智慧化支持。该系统专为城市社区群众性体育活动的组织和管理而设计，功能覆盖了体育活动的申请、审批、在线报名、成绩公布和志愿者招募等多个方面。

体育主管部门在系统中发挥着统筹和指导的功能，负责发布社区体育活动信息，并推动线上与线下的有效结合，实现全社会的共同参与。活动组织者和管理部门通过该系统能够有效地组织和安排社区体育活动，同时促进了社会力量的参与，例如，通过政府购买服务的方式，让社会组织参与到社区体育活动和培训项目中。

对于社区居民来说，活动组织管理系统提供了一个便捷的平台，让他们能够轻松浏览赛事信息、参与网络报名和活动项目。居民也可以在系统中参与到公共体育事务的讨论中，表达自己的意见和建议。系统根据浏览量和关键词自动生成热议话题，实时反映社区居民的诉求，从而提供更加精准的服务。

（四）场地设施管理系统

场地设施管理系统在城市社区体育智慧治理中起着核心作用，利用移动互联网和大数据等先进的信息技术，为社区体育活动的场馆和设施提供线上和线下的智能化一站式服务。该系统的主要目的是通过科学分析社区居民的人口特征如性别、年龄、教育水平等，综合考量这些因素对城市体育现状的影响，从而优化公共体育设施的布局和提高其使用效率。

场地设施管理系统确保场地的运营和维护工作由场地所有单位和街道机构委托给专业管理机构或社会组织来执行，使得场地设施的运行状态可以被实时监控和管理。该系统整合了场地预订、人脸识别、健身监测和跟踪等服务功能，旨在深入了解社区居民的体育锻炼需求，并确保场地设施的功能性和服务水平始终处于最佳状态。

对社区居民来说，场地设施管理系统提供了一个便捷的查询平台，使他们能够轻松访问周边运动场地和设施的详细信息，如位置、类型、可用性和配套服务。这个系统的实施不仅使居民更容易地找到适合自己的运动场所，还通过提供安全、舒适的体育锻炼体验，极大地提升了居民的生活质量和体育锻炼的便利性。

第五节　社区体育智慧治理系统的运行设计

城市社区体育智慧治理系统的构建利用了大数据、人工智能等先进信息技术，有效地推动了城市社区体育治理的智慧化和高效运行。该系统的核心在于以数据为基础，重点实现数据共享、资源整合、过程监督和情景模拟这四个关键方面，从而推进社区体育治理的规范化、程序化和精准化。

一、数据共享，提供体育治理信息

城市社区体育智慧治理系统的核心之一是数据共享，这一机制旨在建立体育数据供应与需求之间的互动流程，形成一个开放共享的数据驱动体系。体育管理部门负责协调数据库平台的建设，确保城市社区体育治理大数据中心能够进行数据的登记、管理和发布，实现数据资源供应部门与需求部门之间的有效对接。

数据共享不仅包括政府行政部门和体育管理部门内部的数据交流，还扩展到与其他利益相关方的数据共享。政府部门根据社区体育治理的需求，搜集涵盖体育工作、交通、财政、安全保护等多方面的数据，并在不同的单位和层级之间建立起数据的纵向和横向联系。此外，社会和市场主体也积极参与社区体育智慧治理，共享有关体育设施、体育组织、体育健身及体育产业等方面的数据。社区居民提供的数据包括年龄、性别、职业、运动偏好及健康状况等基本信息。

利用大数据和可视化技术，系统促进了各方面的数据交流和共享。政府和体育主管部门可以向市场、社会和社区居民推送个性化的服务信息，从而提高社区体育服务的质量和效率。数据共享使城市社区体育智慧治理系统能够精准地满足社区居民的体育需求，推动社区体育活动的发展，并为城市社区体育智慧治理提供有效的支持。

数据共享在城市社区体育智慧治理系统中扮演核心角色，整个操作过程涵盖数据的收集与输入、统计与分析以及输出应用。首先，系统广泛收集来自政府、社会和市场的体育相关基础数据，利用人工智能、物联网和大数据等先进技术，将这些数据集中汇总至智慧体育大数据平台。接着，在此平台上对来自不同单位和部门的数据进行深度挖掘和处理，实现全面的统计和分析。这些分析结果为政府部门提供宝贵的数据参考，帮助它们更好地了解和总结当前社区体育治理的实施情况和效果。对数据进行统计分析后得出的结果将直接应用于社区体育治理的实践中，使相关部门能够根据反馈和建议，为社区居民提供更加精准和高效的智慧体育服务。

数据共享的实施有效促进了社区体育治理信息的流通，为政府提供了及时的一手数据，同时也为社区居民、市场主体和体育社会组织等多元主体开辟了更广泛的体育信息和数据获取渠道，推动了社区体育治理的协同和高效运作。

二、资源整合，辅助体育治理决策

在我国城市社区体育治理的现代背景下，资源整合和辅助决策成为至关重要的环节。这一过程涉及政府、市场以及社会体育组织的资源配置，政府在此中扮演着核心角色，充当社区体育事务的主要经费提供者。随着市场经济体制的深化改革和社会治理模式的持续创新，市场和社会主体在社区体育治理中的作用日渐突出。为了更好地满足人民群众不断增长的体育需求，加强市场和社会主体的参与变得尤为重要。

城市社区体育智慧治理系统的实施，通过数据建模和分析，使体育主管部门能够通过实时监测系统识别和满足社区居民的多元化和个性化体育需求。该系统整合了政府、社会和市场的体育数据资源，实现资源的共享和互惠，优化资源分配，从而提高资源利用效率。

应用大数据和其他智慧信息技术，体育治理系统不仅能高效、准确地收集和整合各类体育数据，还能辅助治理主体进行精准的决策。通过构建体育发展的数据模型、设立体育治理仿真实验室等关键措施，智慧治理系统为决策者提供决策的科学依据。这些智慧技术应用使得治理主体能迅速了解治理环境和居民体育需求，为提供个性化的公共体育服务提供参考。

三、过程监督，反馈体育治理成效

城市社区体育智慧治理系统的有效运作强调了过程监督和情景模拟的重要性，确保体育治理不仅依赖于精确的决策制定，也注重决策执行的监控和效果评估。这一系统通过整合关键治理信息，如治理目标、内容、模式与流程，使用先进的算法工具进行编码设定，并结合监管与评估需求，全面整合各方面要素。这种技术操作使整个治理流程通过可视化的数据模型展示出来，增强了问题识别和进展追踪的清晰度和易管理性。

在社区体育治理过程中，系统使社区居民、社会及市场等多元治理主体能够通过电脑端、手机端如 App 或微信小程序等方式主动参与治理。参与主体可以直接反馈体育需求、服务质量和供需匹配度等关键信息，这些实时反馈确保治理过程的透明性和科学性，使决策制定更加贴合实际需求。

考虑到不同治理主体间的需求差异和社区体育的特定发展规律，智慧治理系统设计了一个动态智能反馈模型。该模型根据城市社区体育治理的具体功能需求制定基本策略，并能根据实时数据和反馈调整和优化治理方案。这种动态调整机制不仅有助于及时反映社区体育治理的成效，也保障了治理过程的高效性和目标的准确实现。

四、情景模拟，规避体育治理风险

在城市社区体育智慧治理中，情景模拟的应用成为规避治理风险、提高决策准确性的关键工具。借助大数据和智慧信息技术，如神经网络和决策树算法，治理过程能够通过环境模拟和定量分析深入探讨潜在问题，为制定有效的社区体育治理策略提供坚实的数据支持。这种技术不仅有助于全面收集和整理社区居民的体育需求和偏好信息，还能构建一个多维度的大数据空间，从而揭示居民的体育活动模式并提供个性化服务的重要参考。

智慧体育场馆设计利用建筑设计软件如 Autodesk Revit 构建 3D 智能模型，并通过软件如 Autodesk CFD 进行全民健身环境的模拟仿真实验，这成为智慧治理的一部分。这些模拟和分析过程不仅提供了对项目更深层次的理解和性能预测，还使体育场馆的设计和建设变得更加精确和高效，以最大限度满足公众的多样化和个性化需求。

城市社区体育治理涉及政府、市场主体、社区居民等多方参与者，每个参与者在不同环境下都有各自的需求和期望。例如，社区居民追求高质量服务的同时希望降低费用，而市场主体则寻求良好的市场环境和利益回报。为满足这些多样化需求，建立一个动态的虚拟服务联盟和利用智慧信息技术整合不同主体的优势资源变得尤为重要。政府部门在这一过程中扮演着关键角色，进行服务协商和资源整合。

通过智慧信息技术的应用，城市社区体育治理系统能够有效解决多元主体的问题,并满足他们的需求。利用深度学习算法和其他智慧技术,系统可以防止外部因素的干扰,优化治理情景,从而提升整体治理效率和质量。专家服务系统的模拟功能使得治理系统能迅速提供科学的决策方案,创新治理模式,有效降低治理成本,并显著提高效率和水平。

第六节 大数据背景下社区体育智慧治理的发展对策

在大数据时代的背景下,智慧技术与城市社区体育治理的深度融合显得尤为关键,这不仅是把握科技发展契机、解决智慧治理挑战的关键时期,也是推动体育治理现代化和构建智慧体育服务体系的重要阶段。城市社区体育智慧治理作为一项复杂的系统工程,其成功实施需要综合运用多种策略和措施,具体包括但不限于以下几个方面。

一、优化治理结构,推进多元主体协同治理

(一)优化体育治理结构

在城市社区体育智慧治理中,优化治理结构是提升治理效率的关键步骤,核心在于利用科学的信息技术平台整合和应用数据,以实现数据共建和信息共享。这要求打破传统治理的时间和空间局限,通过科技手段整合各类资源,有效弥补体育治理在横向和纵向上的结构缺陷。

优化体育治理结构需要不同层级的政府部门和各级体育管理部门加强协作与联系,在分工的基础上,通过科学信息技术服务平台实现数据信息的有效共享。这种协作和共享机制有助于统一管理社区公共体育事务,并建立一个统一而高效的社区体育治理协调机制。这样的结构不仅促进了治理效率的提升,还有助于构建一个协同高效的城市社区体育治理主体结构。

(二)推进多元主体协同治理

在城市社区体育智慧治理中,实现主体间的协同治理是关键。政府、社

区、社会体育组织和市场主体等各方都在这一过程中扮演着至关重要的角色，共同推动体育服务的现代化和智慧化。

首先，政府部门在这一体系中起着领导和协调的核心作用。政府不仅需要在顶层设计和政策制定中进行统筹规划，还应通过转变职能，利用现代信息技术来创新体育服务模式。这涉及对社区内外部体育资源的全面整合与优化，建立一个高效、便捷的智慧体育治理体系。这种转变不仅提升了社区体育服务的效能，也促进了服务型政府的发展，为城市社区体育智慧治理的进步创造了有利环境。

其次，社区是治理的核心单元，社区居委会在构建完善的智慧治理体系中，需要确保决策和规划与居民的体育需求和利益保持一致。通过智慧治理平台，社区居委会应积极促进线上线下的互动交流，激发居民参与治理的积极性，强化居民参与治理的意识。

再次，社会体育组织的参与也是实现城市社区体育智慧治理的关键环节。通过优化社会资源的分配，社会体育组织不仅能够支持社区体育活动的举办，还能协助构建和完善治理体系，形成推动社区体育智慧治理的协同力量，从而达成公共体育服务的多样化供给。

最后，市场主体则通过引入先进的智能技术资源，积极参与到社区体育智慧化建设中，专注于打造方便、多样化的智能体育设施，提升居民的运动体验和生活质量。市场主体的创新和资源投入是实现社区体育智慧治理的重要动力。

总之，通过政府、市场以及社会各方主体的共同努力，可以构建并完善我国城市社区体育智慧治理的协同机制，促进各参与主体之间的协作与共同发展，推动城市社区体育治理向着更加高效和智能化的方向发展。这种协同治理模式不仅提高了治理效率，也确保了社区体育服务能够更好地满足居民的个性化和多样化需求，促进了整个社区的健康和活力。

二、提升技术赋能，完善基础信息设施建设

（一）强化治理技术开发

在大数据时代的背景下，强化治理技术开发成为城市社区体育智慧治理的关键，这不仅需要应用现代科技如大数据、云计算、人工智能，而且要求这些技术能够有效整合并利用现有的网络信息资源，持续开发和优化系统服务功能。

首先，通过建立多样化的信息档案来适应不同年龄层社区居民的体育需求，可以有效地将居民的行为和偏好转化为具体的数据信息模型和数字资源。这些数据不仅能为城市社区体育的智慧治理提供准确的支持，也能作为模式参考，帮助决策者更好地理解社区的体育需求。

其次，数字技术的应用允许开发大数据模拟决策工具，这些工具可以把治理过程中的抽象问题转化为具体的数据指标。这种转换不仅能够帮助治理者更直观地理解问题，还可以辅助治理者基于实时数据作出更精确的决策。

最后，利用智能算法和应用规则创建一个合理、有序且科学的数据资源库至关重要。这样的数据库不仅支持智慧决策，还能优化治理流程，使其变得更加简洁高效。例如，智能算法可以预测和分析居民的体育活动趋势和偏好，提供个性化的体育服务方案，从而提升居民的参与度和满意度。

这种科技的融合和应用在城市社区体育治理中的实施，推动了治理流程的自动化和智能化，大幅提升了治理的精确性和科学性。通过这些技术的集成，城市社区体育治理不仅可以更好地满足居民的需求，也可以在资源配置、活动组织、设施管理等方面实现更高效的运营，最终促进整个社区体育环境的优化和居民生活质量的提升。

（二）完善基础信息设施建设

在城市社区体育智慧治理框架下，完善基础信息设施建设是确保高质量体育服务供给的关键步骤。目前，我国城市社区体育的基础信息设施仍存在不足，智慧治理平台的发展处于初期阶段，覆盖社区体育治理的智能感应设备数

量不足，智慧体育场地设施的数量需要增加、功能需要提升，智慧体育产品的技术更新升级也迫在眉睫。

为了实现城市社区体育的智慧化治理，必须优化城市社区健身场地设施的区域布局，以满足社区居民多样化的健身需求。结合大数据等智慧科学技术，整合体育数据信息资源，根据治理需求制定智慧化决策。加强社区体育智慧化治理平台的建设，并与其他相关平台和部门进行有效融合，是实现这一目标的必要条件。

三、推进法治保障，健全法律监督评价机制

（一）健全法律保障体系

在基层体育治理中，数字技术的应用必须依托于健全的法律保障体系。这一体系不仅是数字技术赋能体育治理的基本保障，也是实现这一目标的直接动力。在城市社区体育智慧化治理的实践中，法治框架发挥着至关重要的作用。政府部门在制定城市社区体育智慧治理规划时，应结合实际情况，制定合适的准入制度、评价标准等相关规范，同时完善信息交换共享和智慧体育设施管理等法规制度。这些措施旨在确保社区治理在法律框架内进行，保障数据安全和公共利益。

构建数据安全的法律体系，规范数据收集和使用过程，是提高城市社区体育智慧治理安全性和可靠性的关键。通过精准的法治实施，可以有效增强城市社区体育智慧治理的安全性，确保社区体育服务的质量和效率。法律保障体系的完善不仅提升了数字技术应用的安全性，也为社区体育智慧治理的持续发展提供了坚实的基础。

（二）建立监督评价机制

政府主管部门在城市社区体育智慧治理中肩负着关键的监管责任，尤其是在安全监管方面。因此，建立一个有效的监督评价机制，优化体制结构，协调各部门间的工作显得尤为重要。该机制应包含多方主体参与的监督评价体系，确保从政府资金分配、社区运动场地建设与维护、智慧治理系统的搭建和运

营、社会体育组织的服务提供，到社区体育活动的具体实施等各方面都受到有效监管。

细化问责机制也是其中不可忽视的一部分。这主要是为了预防和杜绝政府公职人员在智慧治理过程中的腐败行为，确保治理过程的公正性和透明度。在未来的改革中，监督评价机制应以提高群众满意度为核心，激发社区居民和大众媒体的参与热情，鼓励群众积极参与监管，使体育治理更加安全、高效，推动城市社区体育治理走向标准化和制度化。

四、强化人才支撑，建立智慧人才培养体系

（一）强化人才队伍建设

人才队伍的建设是推动城市社区体育智慧化治理的核心基础。为了确保社区体育智慧治理的可持续发展，构建一支具备多技能的专业治理人才队伍至关重要。这些人才不仅需要掌握体育理论知识和实践操作能力，还应具备互联网思维和信息数字技术的专业知识。强化人才队伍建设关键在于培养能够融合智慧技术、体育知识和管理能力的复合型人才，以提升社区体育智慧化治理的能力和水平。因此，社区体育智慧治理的人才培养应以市场和社区需求为导向，创新人才培养模式，培育能够适应大数据时代社区体育发展需求的专业人才。

（二）建立智慧人才培养体系

为了增强城市社区体育智慧治理的人才支持力度，建立健全的智慧人才培养体系至关重要。建立这一体系需要政府政策的引导和支持，引进国内外智慧体育领域的高端人才，整合现有的优质人才资源。这不仅包括强化智慧人才的技能，还需要提供先进的技术和经验分享，确保社区体育智慧治理获得强大的智力支持。

需要构建一个高效的智慧体育人才培养机制，旨在打造国家级的高水平体育智慧治理人才智库，同时拓展培养渠道，包括联合人才培养模式的创新。这种模式涉及政府、市场、企业和学校四个主体的共同参与，建立一个综合性的培训和人才发展体系。依托体育科技创新平台，可以建立起智慧化的体育人才

培训渠道。学校在这一过程中起到关键作用，它们不仅提供培养条件，还有利于针对性地培养和输出体育复合型人才。为实现这一目标，学校需要与其他社会主体紧密合作，共同推进体育智慧治理人才的培养。

参考文献

[1] 北京奥运城市发展促进中心，北京市东城区全民健身工作委员会. 社区体育工作实用手册 [M]. 北京：北京体育大学出版社，2011.

[2] 陈华伟. 社区体育资源配置理论与实证研究 [M]. 北京：北京体育大学出版社，2018.

[3] 陈小虎. 社区体育 [M]. 海口：南方出版社，2005.

[4] 陈旸. 社区体育服务绩效评价 [M]. 北京：北京师范大学出版社，2011.

[5] 范恺. 社区体育文化活动探析 [M]. 北京：北京体育大学出版社，2018.

[6] 顾渊彦，李明. 21 世纪中国社区体育 [M]. 北京：北京体育大学出版社，2001.

[7] 李春兰. 现代新型社区体育的建设管理与项目开发研究 [M]. 北京：中国社会科学出版社，2016.

[8] 李金芬，翟少红，宋军. 社区体育科学化的理论研究 [M]. 北京：中国商务出版社，2008.

[9] 李南，杜长亮. 城市社区体育设施规划与服务质量研究 [M]. 北京：科学出版社，2018.

[10] 李晓红. 社区体育文化与社区健身 [M]. 北京：中国纺织出版社，2017.

[11] 欧阳羽，张艳红. 城市社区体育的构建与实证探索 [M]. 长春：吉林出版集团股份有限公司，2023.

[12] 潘丽萍. 社区体育与全民健身 [M]. 上海：上海交通大学出版社，2014.

[13] 钱文军. 城市社区体育研究 [M]. 西安：西北大学出版社，2006.

[14] 叁壹. 社区体育锻炼常识 [M]. 西安：太白文艺出版社，2011.

[15] 王凯珍，李相如. 社区体育指导 [M]. 桂林：广西师范大学出版社，2005.

[16] 王凯珍，汪流. 社区体育 [M]. 2 版. 北京：高等教育出版社，2018.

[17] 王向东. 论社区体育发展的要素 [M]. 北京：人民体育出版社，2015.

[18] 武文杰. 学校体育与社区体育的融合及其健身路径研究 [M]. 广州：广东人民出版社，2023.

[19] 谢旭东. 社区体育论 [M]. 济南：黄河出版社，2007.

[20] 熊俊华. 社区体育理论与发展研究 [M]. 西安：陕西旅游出版社，2021.

[21] 徐宏，吕金江，陈强. 社区体育指导 [M]. 北京：北京师范大学出版社，2009.

[22] 许毓成. 社区体育理论与实践 [M]. 长沙：中南大学出版社，2003.

[23] 俞继英. 社区体育指导 [M]. 北京：人民体育出版社，1997.

[24] 张秀华. 我国城市社区体育发展模式创新构建与实施路径 [M]. 北京：人民体育出版社，2022.

[25] 赵立，骆秉全. 社区体育的理论与实践 [M]. 北京：北京体育大学出版社，2001.

[26] 周骏. 新媒体、虚拟社区与体育传播 [M]. 西安：三秦出版社，2022.

[27] 曹思杭，姜晓珍. 社区体育存在的问题及发展对策研究 [J]. 当代体育科技，2021，11（17）：1-3.

[28] 崔晨. 智慧社区体育空间配置的策略研究 [J]. 体育风尚，2022（14）：58-60.

[29] 何伟. 我国社区体育发展对策研究 [J]. 现代交际，2021（2）：226-228.

[30] 胡雪晴. 城市社区体育管理研究 [J]. 当代体育科技，2020，10（17）：194，196.

[31] 李军. 社区体育文化探析 [J]. 体育世界（学术版），2018（4）：55-56.

[32] 李天洋，杨东明. 农村社区体育管理及其优化研究 [J]. 当代体育科技，2021，11（27）：168-170，181.

[33] 刘典，李林伟. 城市社区体育治理中的主体角色：迷失、归因与破解 [J]. 山东体育科技，2023，45（4）：73-78.

[34] 刘高丽. 体育社会组织对社区体育发展的探究 [J]. 文体用品与科技，2023（5）：79-81.

[35] 刘庆大. 社区体育管理对策研究 [J]. 产业与科技论坛，2020，19（22）：213-214.

[36] 刘玉. 我国社区体育服务智慧治理体系研究 [J]. 体育科学，2023，43（4）：24-37.

[37] 齐海涛. 农村社区体育发展研究 [J]. 食品研究与开发，2020，41（5）：18.

[38] 孙宇. 高校体育资源服务社区体育的路径分析 [J]. 文体用品与科技，2022（8）：22-24.

[39] 谢耀良. 探究社区体育新模式 [J]. 内江科技，2020，41（11）：57，150.

[40] 杨磊. 基于"新常态"背景下的社区体育艺术项目研究 [J]. 文体用品与科技，2023（13）：16-18.

[41] 沈建华. 体育发展新论——学校、家庭、社区一体化体育发展研究 [C]// 中国体育科学学会. 第七届全国体育科学大会论文集. 上海：上海体育学院，2002.